图书在版编目(CIP)数据

知识产权与科技法律探索/李顺德，闫文军编．—北京：科学出版社，2013．3
（国科大文丛）
ISBN 978-7-03-037016-7

Ⅰ．①知… Ⅱ．①李…②闫… Ⅲ．①知识产权法-研究-中国②科学技术管理法规-研究-中国 Ⅳ．①D923．404②D922．174

中国版本图书馆 CIP 数据核字（2013）第 045465 号

丛书策划：胡升华 侯俊琳

责任编辑：侯俊琳 李 㚖 裴 璐/责任校对：张怡君

责任印制：赵 博/封面设计：黄华斌

编辑部电话：010-64035853

E-mail：houjunlin@ mail. sciencep. com

科学出版社 出版

北京东黄城根北街 16 号

邮政编码：100717

http://www.sciencep.com

北京凌奇印刷有限责任公司印刷

科学出版社发行 各地新华书店经销

*

2013 年 4 月第 一 版 开本：720 × 1000 1/16

2025 年 4 月第六次印刷 印张：18 1/2

字数：373 000

定价：74．00 元

国科大文丛

丛书弁言

“国科大文丛”是在中国科学院大学和中国科学院研究生教育基金会的支持下，由中国科学院大学人文学院策划和编辑的一套关于科学、人文与社会的丛书。

半个多世纪以来，中国科学院大学人文学院及其前身的学者和他们在院内外指导的学生完成了大量研究工作，出版了数百种学术著作和译著，完成了数百篇研究报告，发表了数以千计的学术论文和译文。

首辑“国科大文丛”所包含的十余种文集，是从上述文章中选取的，以个人专辑和研究领域专辑两种形式分册出版。收入文集的文章，有原始研究论文，有社会思潮评论和学术趋势分析，也有专业性的实务思考和体会。这些文章，有的对国家发展战略和社会生活产生过重要影响，有的对学术发展和知识传承起过积极作用，有的只是对某个学术问题或社会问题的一孔之见。文章的作者，有已蜚声学界的前辈学者，有正在前沿探索的学术中坚，也有崭露头角的后起新锐。文章或成文于半个世纪之前，或刚刚面世不久。首辑“国科大文丛”从一个侧面反映了中国科学院大学人文学院的历史和现状。

中国科学院大学人文学院的历史可以追溯至1956年于光远先生倡导成立的中国科学院哲学研究所自然辩证法研究组。1962年，研究组联合北京大学哲学系开始招收和培养研究生。1977年，于光远先生领衔在中国科学技术大学研究生院（北京）建立了自然辩证法教研室，次年开始招收和培养研究生。

1984年，自然辩证法教研室更名为自然辩证法教学部。1991年，自然辩证法教学部更名为人文与社会科学教学部。2001年，中国科学技术大学研究生院（北京）更名为中国科学院研究生院，教学部随之更名为社会科学系，并与外语系和自然辩证法通讯杂志社一起，组成人文与社会科学学院。

2002年，人文与社会科学学院更名为人文学院，之后逐步形成了包括科学哲学与科学社会学系、科技史与科技考古系、新闻与科学传播系、法律与知识产权系、公共管理与科技政策系、体育教研室和自然辩证法通讯杂志社在内的五系一室一刊的建制。

2012年6月，中国科学院研究生院更名为中国科学院大学。现在，中国科学院大学已经建立了哲学和科学技术史两个学科的博士后流动站，拥有科学技术哲学和科学技术史两个学科专业的博士学位授予权，以及哲学、科学技术史、新闻传播学、法学、公共管理五个学科的硕士学位授予权。

从自然辩证法研究组到人文学院的历史变迁，大致能够在首辑“国科大文丛”的主题分布上得到体现。

首辑“国科大文丛”涉及最多的主题是自然科学哲学问题、马克思主义科技观、科技发展战略与政策、科学思想史。这四个主题是中国学术界最初在“自然辩证法”的名称下开展研究的领域，也是自然辩证法研究组成立至今，我院师生持续关注、学术积累最多的领域。我院学术前辈在这些领域曾经执全国学界之牛耳。

科学哲学、科学社会学、科学技术与社会、经济学是改革开放之初开始在我国复兴并引起广泛关注的领域，首辑“国科大文丛”中涉及的这四个主题反映了自然辩证法教研室自成立以来所投入的精力。我院前辈学者和现在仍活跃在前沿的学术带头人，曾经与兄弟院校的同道一起，为推进这四个领域在我国的发展做出了积极的努力。

人文学院成立以来，郑必坚院长在国家发展战略方面提出了“中国和平崛起”的命题，我院学者倡导开辟工程哲学和跨学科工程研究领域并构造了对象框架，我院师生在科技考古和传统科技文化研究中解决了一些学术难题。这四个主题的研究也反映在首辑“国科大文丛”之中。

近些年来，我们在“科学技术与社会”领域的工作基础上，组建团队逐步在科技新闻传播、科技法学、公共管理与科技政策三个领域开展工作，有关研究结果在首辑“国科大文丛”中均有反映。学校体育研究方面，我们也有一些工作发表在国内学术刊物和国际学术会议上，我们期待着这方面的工作成果能够反映在后续“国科大文丛”之中。

从首辑“国科大文丛”选题可以看出，目前中国科学院大学人文学院实际上是一个发展中的人文与社会科学学院。我们的科学哲学、科学技术史、科技新闻、科技考古，是与传统文史哲领域相关的人文学。我们的科技传播、科技法学、公共管理与科技政策，是属于传播学、法学和管理学范畴的社会科学。我们的人文社会科学在若干个亚学科和交叉学科领域已经形成了自己的优势。

健全的大学应当有功底厚实、队伍精干的文学、史学、哲学等基础人文学科，以及社会学、政治学、经济学和法学等基础社会科学。适度的基础人文社会科学群的存在，不仅可以使已有人文社会科学亚学科和交叉学科的优势更加持久，而且可以把人文社会科学素养教育自然而然地融入理工科大学的人文氛围建设之中。从学理上持续探索人类价值、不懈追求社会公平，并在这样的探索和追求中传承学术、培养人才、传播理念、引领社会，是大学为当下社会和人类未来所要担当的责任。

首辑“国科大文丛”的出版，是人文学院成立 10 周年、自然辩证法教研室建立 35 周年、自然辩证法组成立 56 周年的一次学术总结，是人文学院在这个特殊的时刻奉献给学术界、教育界和读书界的心智，也是我院师生沿着学术研究之路继续前行的起点。

随着学术新人的成长和学科构架的完善，“国科大文丛”还将收入我院师生的个人专著和译著，选题范围还将涉及更多领域，尤其是基础人文学和社会科学领域。我们也将以开放的态度，欢迎我院更多师生和校友提供书稿，欢迎国内外同行的批评和建议，欢迎相关基金对这套丛书的后续支持。

我们也借首辑“国科大文丛”出版的机会，向中国科学院大学领导、中国科学院研究生教育基金会、我院前辈学者、“国科大文丛”编者和作者、科学出版社的编辑，表示衷心的感谢。

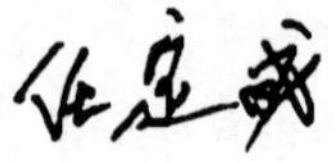

2012年12月30日

序

这是一部研究知识产权和科技法律的著作，由中国科学院大学人文学院法律与知识产权系师生近几年的部分研究成果整合而成。

中国科学院是以科学技术为主要研究领域的学术机构。相应地，我系将与科技有关的法律作为教学、研究及研究生培养的主要方向，目前的研究领域主要包括知识产权法、科技法和竞争法。在知识产权法方面，我系主要研究知识产权法的基本理论、知识产权法律制度及知识产权的管理与运用中的法律问题等。在科技法学方面，我系主要研究科技法基本理论、科技进步和科技创新中的法律及相关政策问题，并关注科技进步所带来的法律问题。在竞争法学方面，我系主要研究竞争法的基本理论及竞争法立法和执法中的有关问题，并特别关注科技发展和知识产权行使中的竞争法问题。本书从一个侧面反映了我系师生在这三个领域的研究状况。

本书分为六个部分。第一部分研究的是知识产权法律制度完善中的有关问题，第二部分讨论与知识产权创造有关的法律问题，第三部分探讨与知识产权管理和运用有关的法律问题，第四部分探讨与知识产权保护有关的法律问题，第五部分探讨知识产权的权利限制及规制知识产权滥用中的法律问题，第六部分探讨科技发展所带来的法律问题。

我们期待着以此书为基础，在未来做出更好的成果，贡献给学术界、法律界和广大读者。我们也期待着以此书为靶的，得到国内外同人的批评，以帮助我们不断扩大学术视野，提高学术水平。

中国科学院大学人文学院的领导及各位老师对我系的工作给予了大力的支持，对本书的编辑出版给予了大力的帮助；科学出版社的领导和编辑为本书的编辑出版付出了辛勤的劳动。在此一并表示感谢。

李顺德　闫文军

2012年9月10日

目录

第三部
知识产权管理和运用

第四部
知识产权保护

第五部
知识产权滥用的规制

第六部
科技与法律

第一部
知识产权法律制度

我国专利法第三次修改的主要内容及其意义*

我国专利法制定于1984年，1992年、2000年分别进行了修改。2008年年底全国人大常委会又对专利法进行了第三次修改，并已于2009年10月1日正式生效。1992年的修改，是在中美知识产权谈判之后，根据双方达成的协议而进行的；2000年的修改，则是我国为了加入世界贸易组织（WTO），根据WTO有关知识产权保护的标准而进行的。前两次修改的一个重要动因就是使我国知识产权保护水平达到"国际标准"[1]。因此，可以认为前两次修改是我们在一定外部压力之下，进行的非主动修改。2008年的第三次修改，则是在完全没有外部压力的情况下，根据我国的具体国情和客观需要，进行的主动修改。应该说，以前是"要我改"，这次是"我要改"。所以，第三次修改与前两次修改相比，具有截然不同的重要意义。第三次修改的内容非常广泛，涉及36项之多，同时修改的幅度也很大，必然会对我国的技术进步和科技创新产生重大推动作用。

一、专利授权标准由"相对新颖性"提高到"绝对新颖性"

修改前的专利法采用的授权标准是"相对新颖性"标准。所谓相对新颖

* 本文作者为尹锋林，原载《学习论坛》，2010年第1期，第78～80页。

性就是指，申请专利的发明创造，如果没有在国内外公开发表过，同时也没有在国内公开使用过或者以其他方式为公众所知，那么就符合相对新颖性标准，可以被授予专利权。根据国家知识产权局《关于〈中华人民共和国专利法修订草案〉（征求意见稿）的说明》，修改之前的专利法之所以采用“相对新颖性”标准，主要是考虑到改革开放之初我们存在以下几个方面问题：一是我国发明创造总体水平与发达国家相比仍有一定差距，需要引进和吸收国外的虽已通过使用而在国外公知，但却不为国内公众所知的技术；二是我国专利审查机关在专利制度建立之初，其审查基础文献不尽充分，对国外通过使用而公知的技术了解甚少；三是在发生专利争议时，对发生在国外的使用、销售或口头公开行为进行取证较为困难。

随着我国经济社会的发展，特别是伴随着经济全球化和网络技术的突飞猛进，出版公开与使用公开（或非出版公开）之间的界限越来越模糊。在当前这种形势下，对在国内外没有被公开发表过，且在国内没有被公开使用过或以其他方式为公众所知的，但曾在国外被公开使用或以其他方式为国外公众所知的发明创造，如果仍然根据“相对新颖性”标准授予其专利权，不仅会导致我国的专利质量不高，同时，更会严重妨害国内企业自由地、免费地利用国外的这些公有技术。

这次修改考虑到了这个问题，将授权标准由相对新颖性标准提高到绝对新颖性标准。所谓“绝对新颖性”，就是指申请专利的发明创造，只有满足不属于现有技术，不为国内外公众所知这个条件，才能达到授权的新颖性标准，才可以被授予专利权。显然，根据这个标准，对没有在国内外公开发表过，也没有在国内被公开使用过，但是在国外曾被公开使用过的技术，就不能再被授予专利权。

二、对专利权的保护力度大幅提升

首先，赋予了外观设计专利权人许诺销售权。许诺销售是以做广告、在商店货架或者展销会会场陈列等方式做出的销售商品的许诺。修改之前的专利法在外观设计专利权中没有规定许诺销售权。为了加强对外观设计专利的保护，这次在外观设计专利中增加了许诺销售的权利。因此，根据修改后的专利法，外观设计专利权人可以制止他人未经其许可，以做广告、在商店货架或者展销会会场陈列等方式许诺销售该专利产品。

其次，大幅提高了法定赔偿标准。修改之前的专利法没有对专利侵权的法定赔偿数额做出具体规定。最高法院在 2001 年《关于审理专利纠纷案件适用法律问题的若干规定》中对法定赔偿问题进行了明确规定。根据该司法解释的规定，如果权利人的损失、侵权人获得的利益或专利许可使用费均难以确定，那么法院就可以根据专利权的类别、侵权的性质和情节等因素确定一般在 5000 元以上 30 万元以下的赔偿数额，最多不得超过 50 万元。这次修改考虑到我国在司法实践中适用法定赔偿的案件较多，因此，以法律的形式对法定赔偿问题做出了明确规定，并将司法解释的赔偿数额提高了一倍，即法院在适用法定赔偿时，应该根据案件的具体情况确定在 1 万元以上 100 万元以下具体的赔偿数额。

再次，对权利人为制止侵权所支付的合理开支问题做出了明确规定。由于专利侵权之诉的复杂性，其诉讼成本通常相对较高。如果权利人胜诉，其诉讼成本仍由其自己承担，往往会导致权利人得不偿失。修改之前的专利法没有对权利人为制止侵权所支付的合理开支问题做出规定。这次修改考虑到了这个问题，以法律的形式明确规定赔偿数额应当包括权利人为制止侵权所支付的合理开支。因此，根据这个规定，权利人因诉讼所发生的律师费、调查取证等费用均可以要求被告承担。这样，也就有效地防止了“赢了官司输了钱”问题的发生。

三、专利侵权诉讼程序大幅简化，由“五审”结案精简到“两审”结案

专利法修改之前，包括权利人和被控侵权人在内的很多当事人，对专利侵权诉讼多有抱怨，认为专利侵权诉讼程序复杂漫长，费时费力。这个抱怨确实有一定合理性，因为根据修改之前的专利法，如果全部程序都走下来，专利侵权诉讼至少需要五个程序：民事一审、专利复审委员会无效审、行政一审、行政二审、民事二审。具体而言，专利权人如果认为他人侵犯了其专利权，首先需要到有管辖权的法院对侵权人提起民事诉讼，起诉被告侵权，

这是民事一审。在民事一审程序中，被告通常要提出现有技术抗辩，即主张原告的专利技术在专利申请日之前就已为公众所知，不符合新颖性标准，该专利权应该无效，被告的行为当然也不应构成专利侵权。但是根据我国专利法，法院并无权利宣布专利权无效，因此如果被告提出现有技术抗辩，那么法院就须中止诉讼，让被告到国家知识产权局专利复审委员会请求宣告该专利权无效。专利复审委员会经过审查，需要做出决定，宣告该专利权是否有效。无论是否有效，当事人都可以在三个月内向北京市第一中级人民法院提起行政诉讼，请求撤销专利复审委员会的决定。在行政诉讼中，被告是专利复审委员会，民事一审案件的对方当事人应列为第三人参加诉讼。行政一审判决做出后，当事人还可以向北京市高级法院提出上诉，进行行政二审。行政二审裁判为行政案件的终审判决。然后，该案又回到民事一审法院，由民事一审法院做出一审判决。当事人不服，还可提出民事上诉，进行民事二审。民事二审判决为该案的最终判决。通过上述分析，一个专利侵权之诉，通常需要上述五个程序才能最终结案，这样复杂、漫长的程序确实对原被告双方都极为不利。

关于现有技术抗辩问题，世界各国主要有两种做法：一种做法是赋予法院完全的决定权，法院可以在专利侵权个案之中径直判断原告的专利技术是否属于现有技术，如果属于现有技术法院则可以直接判决原告的专利权无效，被告不构成侵权；另外一种做法是赋予法院有限的决定权，如果法院认定原告的专利权应当在无效程序中被宣告为无效，则法院可判决专利权人不得针对被告实施自己的专利权，被告不构成侵犯专利权，但是法院并无权力宣告原告的专利权无效。前一种做法的典型国家是美国；后一种做法的典型国家是日本[2]。

为了有效简化诉讼程序，我国在这次修改中重点借鉴了日本的有关立法经验，增加了涉及现有技术抗辩的有关规定。根据修改后的专利法 62 条之规定，在专利侵权纠纷中，如果被告有证据证明他所实施的技术属于现有技术，也就是说他所实施的技术在专利申请日之前就已经在国内外被公众所知，那么他的行为就不构成专利侵权。因此，根据第 62 条，如果被告认为他所实施的技术属于现有技术，那么他就不必再到专利复审委员会请求宣告专利权无效，更不必再进行行政一审程序、行政二审程序。被告可以直接向民事一审法院提出抗辩，证明自己所实施的技术属于现有技术，民事一审法院直接做出判断即可。这样，在大多数专利侵权案件中，只需经过一审、二审程序就可以结案。从“五审”结案到“两审”结案，程序大为简化。

值得注意的是，法院根据专利法 62 条所获得的权力依然是有限的。法院只能就个案认定被告所实施的技术是否属于现有技术，从而判决被告是否构成侵权；但是法院依然没有权力裁判原告的专利权是否有效。宣告专利权是否有效的权力仍然专属于专利复审委员会。因此，即使法院根据专利法 62 条判决原告败诉，原告所享有的专利权仍然是有效的，他仍然可以依据其专利权，起诉其他人专利侵权。这是需要我们加以注意的。当然，法律之所以做出这样的规定，也是有其考虑的：一方面是为了有效简化专利侵权之诉的诉讼程序；另一方面也考虑到了我国各地的法官专业水平参差不齐，如果各地有专利案件管辖权的法院均有权直接宣布专利权无效，那么就可能产生更多的派生问题。因此，立法机关才做出了这样折中的立法选择。

四、增加了对遗传资源的保护

遗传资源的保护问题越来越引起国际社会的重视。《生物多样性公约》确立了遗传资源保护的三原则：国家主权原则、知情同意原则和惠益分享原则。关于遗传资源的知识产权保护问题和知情同意、惠益分享问题，已引起了发展中国家与发达国家之间的激烈讨论。发展中国家遗传资源相对丰富，但是对遗传资源的开发利用能力普遍不强。为了有效防止跨国公司非法获取和利用本国特有的遗传资源，一些发展中国家开始在本国的专利法中，对遗传资源的保护做出特别的规定。

这次修改，我国采用了国际上的一些立法例，在第 5 条中增加了一个保护遗传资源的原则性规定，即对违反法律、行政法规的规定获取或利用遗传资源，并依赖该遗传资源完成的发明创造不授予专利权。为了保障上述原则得到具体实现，使其具有更强的可操作性，这次修改还在专利申请程序中，增加规定了遗传资源来源的披露程序。根据修改后的专利法第 26 条的规定，对依赖遗传资源完成的发明创造，申请人应当在专利申请文件中说明该遗传资源的直接来源和原始来源；申请人无法说明原始来源的，应当陈述理由。

上述修改从原则上和程序上均确保了我国遗传资源能够得到比较有效的保护。这两项规定既是《生物多样性公约》三原则在我国法律中的具体体现，同时，也并不违反任何有关知识产权保护的国际条约。当然，修改后的专利法26条所规定的遗传资源来源的披露程序仍然与《生物多样性公约》知情同意原则、惠益分享原则有一定的差距，同时也未突出违反披露义务的法律责任，但是这些问题都可以通过稍后即将修改的专利法实施细则或专利审查指南得到相应的解决。

第三次专利法修改除了上述四项内容之外，还有许多重要的修改和完善之处，比如专利共有、强制许可、平行进口、假冒专利、行政执法、专利代理、诉前证据保全等方面的内容均有较大幅度的补充和修改。由于第三次专利法修改是我们在没有外部压力条件下的完全主动的修改，同时，也由于立法者、实务界和学界的共同努力，确保了这次修改更加符合知识产权保护的规律和我国的基本国情，这次修改必然会对保护专利权人的合法权益、鼓励发明创造、推动发明创造的应用、提高创新能力、促进科技进步和经济社会发展等专利法立法目标的实现产生积极而深远的影响。

参考文献

[1] 郑成思．知识产权法．北京：法律出版社，2001：112，113.

[2] 长则幸男，古谷真帆．探讨中国知识产权法．东京：日本发明协会出版社，2009.

专利“禁止重复授权”相关条款修改评析*

《中华人民共和国专利法》（简称《专利法》）的第三次修改，已于2008年12月27日通过，将自2009年10月1日起施行。此次修改的重要内容之一就是提高了专利授权标准，将专利授权的“相对新颖性标准”改为“绝对新颖性标准”；将破坏新颖性的“抵触申请”范围扩展到申请人自己的在先申请；增加了对外观设计“创造性”的要求；将平面印刷品的主要起标志作用的设计排除在外观设计保护之外；将“禁止重复授权”提升到《专利法》中；同时也明确了对不同类型专利之间“转换保护”的条件。限于篇幅，本文仅就“禁止重复授权”条款提升、专利之间“转换保护”条款的修改，以及相关的“抵触申请”范围扩展问题加以评析说明。

一、“禁止重复授权”、“转换保护”机制的相关法律规范及修改

我国《专利法》第九条规定：“两个以上的申请人分别就同样的发明创造申请专利的，专利权授予最先申请的人。”《专利法实施细则》第十三条第一款规定：“同样的发明创造只能被授予一项专利。”上述法律规范通常被理

* 本文作者为李顺德，原载《电子知识产权》，2009年第3期，第20～24页。

解为专利的“申请在先授权”原则和“禁止重复授权”原则。

在各国的专利法律制度中，“同一发明只能被授予一项专利权”，即“禁止重复授权”原则是一个普遍适用的基本原则。对这一原则本身，并无争议。作为一种制度设计，我国现行的专利制度不允许同一申请人的一项发明创造同时受到实用新型专利权与发明专利权的双重保护，对此亦无争议。引起争议的，不是是否允许“同一申请人的一项发明创造同时受到实用新型专利权与发明专利权的双重保护”，而是是否允许“同一申请人的同一项发明创造在实用新型与发明之间进行转换保护”的“转换保护”机制。

所谓专利之间“转换保护”，就是指“同一申请人的同一项发明创造在实用新型与发明之间进行转换保护”的制度设计，也有人称之为“交叉保护”。

我国专利“转换保护”机制的法律基础是《专利法》第九条和《专利法实施细则》第十三条第一款。根据上述法律规范，在 1995 年 9 月 28 日中华人民共和国专利局发布的《专利局审查指南公报》（第 6 号）确立了专利“转换保护”机制，明确规定，在对专利申请或者无效宣告请求的审查过程中，发现同一申请人就同样的发明创造既申请实用新型专利又申请发明专利，且两件申请均符合授予专利权的其他条件时，应通知申请人在二者之间任择其一；如果申请人书面声明放弃其在先获得的实用新型专利权的，则可以对发明专利申请予以授权或者维持该发明专利权有效。此后，《专利审查指南》虽经修改，但始终保留了实用新型专利权与发明专利权的这一“转换保护”机制。2001 年《专利审查指南》正式将“转换保护”机制列入（参见 2001 年《专利审查指南》第 2 部分第 3 章第 6.2.2 节），2006 年《专利审查指南》第 2 部分第 3 章第 6.2.2 节，对此予以保留，只是进行了个别文字调整，未做实质性修改。

2008 年《专利法》在第九条中增加一款，作为第一款：“同样的发明创造只能授予一项专利权。但是，同一申请人同日对同样的发明创造既申请实用新型专利又申请发明专利，先获得的实用新型专利权尚未终止，且申请人声明放弃该实用新型专利权的，可以授予发明专利权”。保留原第九条全文作为第二款。

这一修改，实际上是将现行《专利法实施细则》第十三条第一款的内容提升到《专利法》中，加以补充、明确。

这一修改，明确肯定和保留了发明专利与实用新型专利的“转换保护”机制，只是进一步增加了“转换保护”的限定条件。

二、“禁止重复授权”、“转换保护”机制的争议

对“转换保护”机制的争议是由对“禁止重复授权”原则的不同理解而引发的。由于对《专利法》第九条和《专利法实施细则》第十三条第一款等法律规范的理解不同，产生了对“转换保护”机制是否构成“重复授权”的争议。

这一争议是由一个具体案例引发的。现将此案概述如下：发明人舒某于1991年2月7日申请一项名为“一种高效节能双层炉排反烧锅炉”的实用新型，公开日为1992年2月26日，授权公告日为1992年9月30日。该实用新型的权利要求为：一种主要由反烧炉排、正烧炉排和炉体构成的高效节能双层炉排反烧锅炉，其特征在于正烧炉排和反烧炉排的各个炉条是间隔的一上、一下两层构成波浪形排列。该实用新型权利于1999年2月8日起终止。

1992年2月22日，舒某又以同一发明名称向专利局申请了一项发明专利，授权公告日为1999年10月13日。该专利的权利要求为：一种立式或卧式双层炉排平面波浪型反烧炉排锅炉，其特征是上层水管反烧炉排是平面波浪型布置。

针对舒某的发明专利，某锅炉厂向专利复审委员会提出无效宣告请求，理由是该发明专利不符合《专利法实施细则》有关“同样的发明创造只能被授予一项专利”的规定，构成了重复授权。专利复审委员会经审查认为：发明专利在授权时，实用新型专利权已经终止，故不存在两个专利权共同存在的情况，该发明专利权的授予不违反专利法实施细则的相关规定。据此，专利复审委员会于2001年3月26日做出决定，维持该发明专利有效。

该锅炉厂不服该决定，向北京市第一中级人民法院提起行政诉讼。北京市第一中级人民法院经审查认定，本案所涉及的发明专利与在先申请并授权的实用新型专利，“发明专利技术特征包含于实用新型专利技术特征中”，“属于相同的发明主题，是同样的发明创造”。该法院认为，对2001年修改

前的《专利法实施细则》第十二条第一款所规定的“同样的发明创造只能被授予一项专利”，应理解为“同样的发明创造不能同时有两项或两项以上处于授权状态的有效专利存在”，于 2001 年 9 月 17 日做出一审判决，维持专利复审委员会无效宣告请求审查决定①。

该锅炉厂不服北京市第一中级人民法院的判决，向北京市高级人民法院上诉。北京市高级人民法院于 2002 年 4 月 22 日做出二审判决，认为舒某的实用新型专利已过保护期后，该项技术已经进入公有领域，专利局又将发明专利权授予舒某的做法相当于把公有领域的技术又赋予了专利权人，因而构成“重复授权”，故撤销了专利复审委员会的决定。专利复审委员会依据北京市高级人民法院的生效判决，宣告舒某的发明专利权无效②。

舒某和国家知识产权局专利复审委员会不服二审判决，向最高人民法院申请再审。最高人民法院经过复查听证和开庭审理，于 2008 年 7 月 14 日做出终审判决【（2007）行提字第 4 号判决】，判决撤销北京高院的行政判决，维持国家知识产权局专利复审委无效宣告请求审查决定及北京市一中院一审判决。

最高人民法院终审判决认为，首先，被比对的两项权利要求所要求保护的范围不同，不论二者的说明书内容是否相同，都不属于同样的发明创造。对于权利要求保护范围部分重叠的，也不能认为属于同样的发明创造。其次，禁止重复授权应理解为“同样的发明创造不能同时有两项或两项以上处于有效状态的授权专利存在”。判决还指出，在多数情况下专利权的终止会导致该技术进入公有领域，但作为一种排他权的专利权，其终止仅表明权利人不能再就该技术向他人行使该专利权，并不表示在该技术上已经不存在任何其他权利，不能得出一项专利权一旦终止有关技术就进入了公有领域的结论。

这一案件在国内知识产权界引起广泛的注意和争议。北京市第一中级人民法院的一审判决所认为的“同样的发明创造只能被授予一项专利”，应理

---

① 2001 年修改前的《专利法实施细则》第十二条第二款的规定与现行的《专利法实施细则》第十三条第一款的规定完全相同。

② 《北京市高级人民法院行政判决书》，（2005）高行终字第 231 号。

解为“同样的发明创造不能同时有两项或两项以上处于授权状态的有效专利存在”，与北京市高级人民法院二审判决所认为的“重复授权是指同样的发明创造被授予两次专利权，基于同样的发明创造的两项专利权同时存在并不是构成重复授权的必要条件”，集中反映出争议的两种不同意见。

部分学者赞同北京市高级人民法院二审判决的意见，将这种“转换保护”视为“重复授权”[1]，认为“转换保护”在形式上表现为对同一申请人的同一项发明创造的先后两次授权——通过两次授权实现发明专利与实用新型专利的转换，就是“重复授权”，违反《专利法实施细则》第十三条第一款。

部分学者赞同北京市第一中级人民法院一审判决的意见，认为《专利审查指南》所创设的“转换保护”机制是符合立法本意的，不是“重复授权”，也不违反《专利法实施细则》第十三条第一款。

无论是赞成现行“转换保护”机制的人，还是质疑这一机制的人，都是肯定《专利法》禁止重复授权原则的。两者的区别仅仅在于赞成“转换保护”机制的学者不把“转换保护”视为“重复授权”，而不是赞成“重复授权”[2]。

这些争议在《专利法》的第三次修改中继续进行。虽然《专利法》的第三次修改已经完成，但争议并未结束。

三、“转换保护”机制的现状及利弊分析

在发明专利与实用新型的“转换保护”或“禁止重复授权”的问题上，国际上并不存在单一的立法模式。对不同的申请人就相同的发明创造分别申请发明或实用新型而言，禁止重复授权的原则是所有的国家或地区都奉行的原则。对于同一申请人就相同的发明创造分别申请发明专利或实用新型来说，并非所有的国家或地区都禁止“转换保护”。无论法律是否禁止“转换保护”，权利人都不能对同一发明创造同时行使两种权利，也不能转让其中的一个权利而保留另一个权利[3]。

在涉及“转换保护”或“禁止重复授权”的争议中，有人提出，既然已经设置了本国优先权，没有必要保留“转换保护”机制。

本国优先权制度固然给了专利申请人在发明专利申请与实用新型专利申请之间进行转换的机会，但是，在实用新型与发明专利的转换问题上，该制度对专利申请人的利益的保护力度远不及“转换保护”机制。因此，不能说有了本国优先权制度，“转换保护”机制就是可有可无了。

从我国实际运行的情况看，“转换保护”机制有利有弊，但利大于弊。该机制之“利”主要体现在以下几个方面。

第一，“转换保护”机制既避免了使同一技术方案同时受到两个或两个以上专利权保护的情况发生，又满足了实践中为数不少的发明创造者希望就同一发明创造在不同时间点既申请实用新型，又申请发明专利现实需要。

第二，“转换保护”机制有利于鼓励发明创造者积极申请发明专利。如果只允许同一申请人对同一发明创造要么提出发明专利申请，要么提出实用新型申请的话，那么，由于发明专利获得授权的机会比较少，申请人申请发明专利的积极性就会大大降低。

第三，“转换保护”机制可以弥补从发明专利申请日到发明专利授权以前，发明专利申请人的合法权益得不到有效保护的缺陷。我国《专利法》虽然对发明专利从公开日到授权前这一段时间提供了“临时保护”，但是这种“临时保护”缺乏法律上的强制力，申请人既不能根据“临时保护”的规定禁止他人实施其技术，也不能通过法律的手段强制他人缴纳使用费，一切都要等到发明专利被授权后才能真正行使权利。而“转换保护”机制利用实用新型授权快的特点，有效地弥补了这一缺陷。

第四，“转换保护”机制能有效弥补实用新型稳定性较差的弱点，并减少“问题专利”的数量。由于实用新型在授权前没有经过实质审查，所以在专利无效宣告程序中，实用新型权被宣告无效的概率是比较高的，亦即实用新型中的“问题专利”较多。由于发明专利要经过严格的实质审查，所以如果实用新型权人能通过“转换保护”机制将实用新型转换为发明专利，就能有效提高专利的稳定性、权威性，并减少“问题专利”的数量。

根据我国的实际情况，在专利制度中保留和完善“转换保护”机制是必要的。

四、对《专利法》第九条修改的评析

2008 年《专利法》第九条第一款明确肯定、保留了发明专利与实用新型专利的“转换保护”机制，与 2008 年《专利法》出台前业已存在的“转换保护”机制相比，增加了“转换保护”的限定条件，将这一转换限制为必须具备“同日对同样的发明创造既申请实用新型专利又申请发明专利”，“先获得的实用新型专利权尚未终止”，“且申请人声明放弃该实用新型专利权”等 3 个必要条件，实质上是缩小了专利“转换保护”机制的适用范围。现对这 3 个限定条件一一加以评析。

我国 2008 年《专利法》出台前业已存在的“转换保护”机制，对同样的发明创造既申请实用新型专利又申请发明专利并没有限定必须“同日”提出申请，允许在先申请提出以后、公开以前，提出在后申请即可，不受 12 个月优先权期的限制。例如，在本文所涉及的舒某一案中，在先申请提出是 1991 年 2 月 7 日，在先申请公开是 1992 年 2 月 26 日，在后申请提出是 1992 年 2 月 22 日，就属于这种情况。按照 2008 年《专利法》第九条第一款的规定，这种情况的“转换保护”不再允许。

限定“转换保护”的专利申请必须“同日”提出申请，主要是考虑到，如果没有必须“同日”提出申请的条件限制，用在后申请本身的申请日计算专利保护期，将可能导致对同一技术的专利保护期限变相延长超过《专利法》法定的保护期，有其合理性，但是与 2008 年《专利法》第二十二条第二款对破坏新颖性的“抵触申请”范围的修改有些重复。2000 年《专利法》第二十二条第二款原文为：“新颖性，是指在申请日以前没有同样的发明或者实用新型在国内外出版物上公开发表过、在国内公开使用过或者以其他方式为公众所知，也没有同样的发明或者实用新型由他人向国务院专利行政部门提出过申请并且记载在申请日以后公布的专利申请文件中。”2008 年《专利法》第二十二条第二款修改为：“新颖性，是指该发明或者实用新型不属于现有技术；也没有任何单位或者个人就同样的发明或者实用新型在申请日以前向国务院专利行政部门提出过申请，并记载在申请日以后公布的专利申请文件或者公告的专利文件中。”修改的要点在于，将破坏新颖性的“抵触申请”范围由“他人”的在先申请扩大到“任何单位或者个人”的在先申请，当然也应该包括申请人本人的在先申请。这就是说，如果某申请人欲将一先一后提出的实用新型申请和发明申请进行“转换保护”，按照2008年《专利法》第二十二条第二款的规定，在先申请可以构成在后申请的“抵触申请”，破坏了在后申请的新颖性，导致不能进行“转换保护”。由此看来，2008年《专利法》第二十二条第二款对破坏新颖性的“抵触申请”范围的修改，已经可以涵盖2008年《专利法》第九条第一款对同样的发明创造既申请实用新型专利又申请发明专利必须“同日”提出申请的条件，即使没有2008年《专利法》第九条第一款的上述必须“同日”提出申请的条件限定，也可以达到禁止同一申请日一先一后提出实用新型申请和发明申请进行“转换保护”的目的。之所以会出现这样的重复，据笔者揣测可能是由于仓促而疏漏，因为在《专利法》修改的前面几稿中均没有对2008年《专利法》第二十二条第二款提出这一修改，只是在最后通过的正式文本才见到这一修改。如果这一修改在前面几稿中已经提出，能有更多的人参与意见，相信这一重复是可以避免的。

对于“先获得的实用新型专利权尚未终止”这一限定条件，是在2008年8月25日提交全国人大常委会审议的《专利法修正案（草案）》中才增加的。在2008年9月10日全国人大法工委召开的《专利法修正案（草案）》征求意见座谈会上，笔者曾经提出这一条件没有必要设定的意见。据有关人士解释，之所以要设定这一条件是出于以下考虑。如果对同样的发明创造既申请实用新型又申请发明专利的申请人，在先获得的实用新型授权以后，在获得在后申请的发明专利授权以前就放弃了该实用新型，造成实用新型权终止，将会误导社会公众以为该项实用新型保护的技术方案已经进入公有领域，从而自由使用该技术，而当在后申请的发明专利授权以后，受到侵权追究，这对社会公众是不公平的，因此要求相关实用新型权利人必须承担维持其权利的义务，作为其日后进行“转换保护”的必要条件。笔者认为，这一解释难以成为设定这一限定条件的充分理由。

笔者认为，这一限定条件没有必要设定是基于以下考虑。

第一，作为准备日后进行“转换保护”的申请人，获得实用新型授权以后，一般不会主动放弃其实用新型授权。其之所以选择“转换保护”这一机制，就是为了在发明专利授权以前取得比为发明专利申请提供的“临时保护”更为有效的法律保护，否则只需申请发明专利申请就可以了，没有必要再申请实用新型以便进行“转换保护”。要求进行“转换保护”的申请人，获得实用新型授权以后，必须承担维持其权利的义务，作为其日后进行“转换保护”的必要条件，似有杞人忧天之感。

第二，作为准备日后进行“转换保护”的申请人，获得实用新型授权以后，即使在发明专利授权以前放弃了其实用新型授权，造成实用新型权终止，也不意味着所保护的技术方案已经进入公有领域，从而使任何人可以自由使用该技术。关于这一问题，在本文所涉及的舒某一案争议中已经得到澄清，即使实用新型权法定保护期已过，正常终止，也不意味着所保护的技术方案已经进入公有领域。在最高人民法院对本案的再审判决书［中华人民共和国最高人民法院行政判决书（2007）行提字第4号］中也明确表明这一观点：作为一种排他权的专利权，其终止仅表明权利人不能再就该技术向他人行使该专利权，并不表示在该技术上已经不存在任何其他权利，不能得出一项专利权一旦终止有关技术就进入了公有领域的结论……在允许同一申请人对同样的发明创造既申请实用新型专利又申请发明专利的情况下，申请人应审查要求放弃一项在先的实用新型专利权时，该发明专利申请处于临时保护期，也不能认为有关技术已经进入公有领域。同时也正如最高人民法院对本案的再审判决书中所指出的那样：“任何理性的市场经营者不仅应当认识到某一项专利权的终止并不当然意味着其可以自由使用所涉及的专利技术，而且应当能够注意到本领域所有已经公开的专利文件，而不能仅关注某一份文件即下结论并据此鲁莽行事。”在“转换保护”的机制中，实用新型权终止，不会误导社会公众以为该项实用新型保护的技术方案已经进入公有领域。

第三，造成“先获得的实用新型权终止”，并非一定是出于实用新型权利人的原因，如同本文所涉及的舒某一案那样，可以是由于专利局审查周期过长。如果出现这种情况，导致在后申请不能获得发明专利授权，让申请人承担由于专利局的审查原因而造成的不利后果，是否公平？是否妥当？有人认为，现在《专利法》对实用新型的保护期已经由过去的8年延长到10年，专利局也采取多种措施加快发明专利的审查周期，因此，不会再出现舒某一案的情况，立法之时可以不必考虑此种可能。笔者认为，制定法律规范应该严谨，应该考虑到各种可能出现的情况，尽管再出现类似情况的几率很小，但是不能绝对保证不会再出现类似情况，因而不应排除这种情况出现的可能。

第四，如果既申请实用新型又申请发明专利的技术方案，是“产品”加“方法”的发明创造（具备单一性），在实用新型的权利要求书中只能有一项有关“产品”保护的独立权利要求（当然可以有若干从属权利要求），而在发明专利的权利要求书中可以包括有关“产品”保护和有关“方法”保护的两项独立权利要求（当然可以有若干从属权利要求）。在发明专利获得授权以前，“先获得的实用新型权”由于不具备新颖性，被他人提出无效请求，经专利复审委员会审查做出无效决定，这一“先获得的实用新型权”相当于被“终止”(严格的说是被“无效”)。在这种情况下，按照“先获得的实用新型专利权尚未终止”这一限定条件来衡量，显然是不能满足的，因而同日提出的发明专利申请不能通过“转换保护”的机制获得授权。但是，如果当初申请人就同一发明创造仅仅申请了发明专利，没有同时申请实用新型，按照正常情况，发明专利申请的“产品”保护独立权利要求虽然不能得到授权，然而“方法”保护的独立权利要求（只要其符合专利性条件）仍然可以得到授权保护。产生这一后果是否合理?

由此可见，将“先获得的实用新型专利权尚未终止”这一限定条件作为进行“转换保护”的必要条件是没有必要的，不仅没有必要，甚至有画蛇添足之嫌。

至于“且申请人声明放弃该实用新型专利权”这一限定条件，是必要的，过去也一直是照此办理的，没有争议。

参考文献

[1] 刘国伟．由一个判例谈禁止重复授权原则．http：//www. sipo. gov. cn/sipo/tsqk/zscqzz/t20031128 _ 29180. htm［2008-11-09］．

[2] 汤宗舜．关于禁止重复授予专利权问题的探讨．知识产权，2003，(6)：4.

[3] 李顺德，董天平，曹刚．发明、实用新型专利的交叉保护问题研究//国家知识产权局条法司．《专利法》及《专利法实施细则》第三次修改专题研究报告．北京：知识产权出版社，2006.

我国创意保护之现实困境*

从金正科技电子有限公司诉摩托罗拉（中国）有限公司抄袭其广告作品，到湖南卫视怒告江苏卫视《非诚勿扰》有抄袭之嫌，再到天创国际演艺制作交流有限公司对张艺谋《印象大红袍》“360度旋转观众席”为“世界首创”一说提出质疑，创意“抄袭”纠纷被炒得沸沸扬扬，也引发了人们对创意以及创意保护的更多思考。本文从现阶段我国创意法律保护的困境分析入手，探讨如何在我国法律框架体系下对创意提供更全面的保护，以促进创意产业的健康成长。

一、创意之概念厘定

创意，是“有创造性或独创性的设计、构思等”[1]。现实生活中，“创意的表达主要有两种：一是idea或ideas，英文原意是思想、主意、念头、打算等；二是creative或creativity，指创造性的、有想象力的，或者创造力、创造，被引申为创意。单独使用时，idea或ideas一词被使用的频率更高”[2]。对于许多新兴的文化领域，构思或创意是未来艺术作品的源泉和基

---

* 本文作者为张艳，原题为《论我国创意保护之现实困境》，原载《法学论坛》，2011年第3期，第156～160页。

础，正如有学者所言，创意之于艺术作品相当于未来会发育为胎儿并最后成长为婴儿与成人的受孕卵，它尽管不具备最终的“成品”的全部条件，但是却具备了“成品”的全部基因。甚至可以说，创意是全部人类创造性活动的一个起始阶段，没有创意，人类的全部创造性活动均无法进行[3]。在判断某一智力成果是否为创意时必须确定具体的判断标准，这是我们讨论创意法律保护问题的前提和基础。那么实践中，针对创意概念的模糊性和抽象性，如何把握创意的判断标准呢?

首先，作为有创造性或独创性的智力成果，新颖性是创意的根本属性。新颖性意味着创意所表述的设计、构思等尚未被人们所广泛认知或应用。对新颖性的理解，在1988年的“莫莱诉全国广播公司”（NBC）一案中，美国第二巡回上诉法院强调：即使是新颖的和独创的思想观念，都或多或少地综合了本身并不新颖的要素。独创性并不存在于真空中。然而，一个思想观念，如果在本质上仅仅是对一个基本主体（在本案中就是家庭情景喜剧）略加变化，就不可能产生新颖性①。

不仅如此，在新颖性问题上采用绝对标准还是相对标准的问题也曾经引发了理论与实践争议，但就整个社会发展趋势而言，相对新颖性标准已经在各国获得更普遍的认同。相对新颖性标准仅仅要求创意权利人的创意对于他人足以成为一项有价值的服务，从而使得他人从该创意的使用或转让中获利[1]。例如，在2000年纳代尔案中，美国地方法院最初从绝对新颖性角度来理解纽约州法律的要求，指出，即使原告的思想观念在1996年10月的时候对于被告来说是新颖的，也不具有法律所要求的新颖性和独创性。因为无数的证据显示，原告玩具中的基本特征，在此之前已经存在于玩具行业中[4]。第二巡回上诉法院则推翻了地方法院的观点，裁定只要有关的思想观念对被告来说具有新颖性，就会充分满足合同对价的要求，就可以受到思想观念提供权的保护②，从而在司法审查中树立了相对新颖性标准。在我国，相对新颖性标准也逐渐被人们所接受，这就意味着某些创意虽然在国外已经

---

① Murray v. National Broadcasting Co.，844 F. 2d 988（2d Cir. 1988）.

② Second Circuit：Nadel v. Play-By-Play Toys & Novelties，Inc.，208 F. 3d 368，383（2d Cir. 2000）.

被公开知晓或者已经有相应的产品出售，但只要在我国还没有公开知晓或者没有相应的产品出售，且对创意使用人而言具有新颖性价值，同样可以获得法律保护。

其次，可操作性是创意的基本要求。根据这种逻辑，没有具体化为可操作方案的观念和想法，包括那些无法在商业活动中得到适用的观念和想法，都不能成为创意而受到法律保护[4]。但是，对于某一想法或主张达到何种程度的可操作性才能获得法律保护的问题也存在争议。在 1975 年的史密斯案中，美国内华达州最高法院提出了“立即实施”标准，即只有当某一想法或主张达到可以立即实施的程度才被认为是具体的、可操作性的创意，从而赋予法律保护[4]。该标准一经提出，立即引起人们的强烈反对，人们认为，以“立即实施”作为可操作性的核心内涵是对创意的过高标准要求，它基本上否定了具有新颖性的具体思想观念获得法律保护的可能性，无法保障观念提供者的合法利益，不利于鼓励人们的创新思维，也不利于具有新颖性的思想观念的交流与传播。有鉴于此，现在理论和司法实践中一般接受实施可能性标准，即只要某一观念或想法已经具体化为可操作方案，包括可能在商业活动中得到适用，就被认为具备可操作性而受到法律的保护。

二、我国创意保护之困境探究

当前我国创意保护面临的困境的实质就在于创意保护问题上陷入了规范文本内容与社会现实需求相互脱节的尴尬处境[5]，创意领域的侵权现象仍大量存在。可见，如何在遵循价值平衡的原则下实现创意的法律保护，是一个现实性很强的法律难题。

（一）创意保护之必要性

从创意的劳动价值属性来看，创意保护符合创意的本质需求，有利于维护创意人的合法权益。创意保护集中体现了社会对创意人合法权益的尊重。任何一个好的创意，客观上都凝聚了创意人的智力劳动成果。同时，创意的形成具有高风险、高投入等特征，然而创意本身的复制成本较低，创意及创意产品很容易被复制。如果我国现行法律及制度安排无法确认创意人对其创造性劳动成果的合法权益，不对形形色色的创意侵权行为予以严厉制裁，听由创意侵权行为肆意泛滥，就无法体现对创意人合法权益的尊重和保护。

而从更深层面的社会效应来看，创意保护是创意产业健康、可持续发展的保证。众所周知，创意是创意产业发展的基础。创意产业在快速发展中已经成为许多国家经济发展的新增长点。据 2006 年统计的数据，全世界文化创意产业每天创造产值 220 亿美元，并以 5% 的速度递增。在发达国家，文化创意产业所创造的产值已经构成 GDP 的重要部分，例如，文化产品是美国最大的出口产品，每年的出口额达 600 多亿美元，甚至超过了航天航空和电子产品的出口额[6]。我国创意产业在近 20 年内得到迅猛发展，发展创意产业成为推进我国产业结构调整和经济增长方式转变的重要途径，各地加快创意产业发展的扶持政策已陆续出台并正在发挥作用。然而，如果对这些政策进行认真考察，就会发现，现有政策更多关注于从财政、税收、融资等方面对创意产业的发展予以扶持[7]，而缺乏从知识产权等法律角度对创意产业的创意成果进行明确界定和全面保护，更谈不上充分发挥法律在解决社会纠纷中的作用，为创新主体的合法权益提供有力的法律保护，从而进一步激励创新，其结果就是创意法律保护远远落后于创意产业兴起的客观需求。

（二）创意保护之局限性

究其本质，创意具有一定的知识产权属性。创意本身属于一种智力成果，具备“无形资产”的特征。同专利、商标等知识产权类型一样，创意具备某种财产权的性质，一旦创意被利用，体现在一定产品、作品或其他物品的生产、销售等市场化活动中，它可能为创意者带来巨大的经济利益。尽管创意被窃取或复制不会导致智力成果本身产生损耗，也不会影响其原始拥有者继续持有该智力成果，但会因其共享的使用致使原始创意者利益的损失[8]。然而，创意本身的抽象性、模糊性又导致它与传统知识产权的保护客体如发明、商标、作品、软件、外观设计等存在较大差异。因此，从更确切的意义上来说，创意并不能完全适用传统的知识产权保护制度，它在很多情形下无法纳入传统知识产权保护的客体范畴。尤其是现实生活中，创意的可操作性，以及创意的价值等问题目前缺乏普遍接受的可行判断评估方法，这就意味着一旦出现创意侵权纠纷，如果借助现行知识产权模式进行保护，也往往无法在实践中贯彻落实，获得令人满意的效果。

如前所述，在整个知识产权制度中，创意同著作权有着密切的联系，将创意纳入著作权法框架内予以保护，是对创意的最优化保护途径，同时也最符合创意者的利益需求。然而，我们面对的现实是，很多创意无法借助著作权制度予以保护，这不仅体现在国内法，也体现在国际惯例中。一方面，我国《著作权法》沿袭了西方的“思想/表达两分法”模式，在这一模式下，作者的“独创性意念”本身不属于著作权保护的范畴，现行著作权仅仅保护作者的独创性意念的“表达”，或者说现行著作权法的保护对象必须是有载体的创作作品[9]。而另一方面，对于以思想理念形式存在的创意本身不给予著作权保护也是国际公约的重要内容。世界知识产权组织在解释《伯尔尼公约》具体条款的《指南》第2.3条中指出：“一个基本要点在于，创意本身不受版权保护。要寻求这种保护必须去找专利法而不是版权法。因此，除了专利保护之外，人们一旦公开了自己的创意，就无法阻止他人使用这一创意。但是创意一旦被详细阐述和表达出来，版权保护就完全存在于这些文字、笔记、图画等之中。换句话说，并非创意本身而是表达的形式可以受到保护。”[10]

可见，在现行著作权制度框架下，创意通过某种有形的形式予以固定是其受保护的前提条件，没有以有形形式固定下来的舞台表演、口述作品等无法获得著作权保护[3]。而现实生活中，通过载体表现，并以某种有形形式固定下来的创意毕竟只是其中很小部分，绝大多数创意仍停留在初步想法阶段，如现在非常典型的影视剧本创意被剽窃问题。很多影视剧本的原创者在同制片人进行协商时通常都只有故事大纲。一些制片人会拿着原创者的大纲另找“枪手”写，在总体剧情类似的情况下对剧本的内容和人物进行改头换面，著作权就无法保护。这些商业创意本身不属于突破性新技术，无法获得专利和著作权的保护[11]。

不仅如此，在现实生活中，创意往往以一种想法的形式出现，远未形成具体的技术方案，而专利权授予的条件又在无形中提高了专利法保护的标准，增加了创意寻求专利法保护的难度。且在现实生活中，能够以可视性标志存在，并能够起到区分商品或者服务来源作用的创意并不多见，这又使得创意寻求商标法保护受到很大局限。

由此可见，尽管寻求知识产权制度下的保护是实现创意保护的良好愿望，但我国现有知识产权制度本身无法独立承担起创意保护的重任。因此，积极寻求包括知识产权制度在内的多种法律保护模式是我们必然的选择。

三、我国创意保护之路径选择

创意保护问题看似简单明了，但实际上相当复杂，绝非某部单独立法就能解决的问题。就我国而言，既然现有知识产权制度无法独立承担起创意保护的艰巨任务，有必要根据中国的具体情况进一步研究不同情形下的创意的法律保护模式。

（一）创意之知识产权法保护

在知识产权体系中，现行《著作权法》是保护有形创意作品的最主要法律依据。实践中一些已经以作品的形式表达出来的创意，是可以纳入著作权保护范畴的。我国《著作权法》、《著作权法实施条例》等明确规定：作品指文学、艺术和科学领域内，具有独创性并能以某种有形形式复制的智力创作成果。中国公民、法人或者其他组织的作品，不论是否发表，依照本法享有著作权。创意作品属于文学、艺术和科学领域的智力创作成果，而创意的表达载体（如广告策划报告、广告文案等）都可以纳入《著作权法》保护的范畴。

如果从著作权角度对创意进行保护，就应当鼓励创意人积极将创意转化为文字形式的策划案。在这种情况下，“想法、构思”等在一定程度上有了载体，行为人对这个载体本身，即对策划书等的抄袭、剽窃造成侵权的，可以采用著作权来保护[9]。不仅如此，结合现代创意发展的趋势，积极借鉴计算机软件的保护模式，适当扩大著作权法的保护范畴，将一些具备新颖性和可操作性的创意纳入著作权法的保护范围[2]，也应当是当前从著作权视角加强我国创意保护的重点内容之一。

当然，创意的知识产权保护并非局限于著作权法保护。我们在强调创意的著作权法保护的同时，可以根据实际情况选择创意的专利法保护或者商标法保护途径，如对于一些可以形成具体技术方案的创意，可以从专利法的角度予以保护；对于一些以可视性标志存在，并能够起到区分商品或者服务来源作用的创意，从商标法的角度予以保护等。

（二）创意之反不正当竞争法保护

对于某些无法通过著作权的形式予以保护的无形创意而言，可以借助《反不正当竞争法》的相关规定为创意主体提供保护。我国《反不正当竞争法》第十条规定："经营者不得采用下列手段侵犯商业秘密：（三）违反约定或者违反权利人有关保守商业秘密的要求，披露、使用或者允许他人使用其所掌握的商业秘密。第三人明知或者应知前款所列违法行为，获取、使用或者披露他人的商业秘密，视为侵犯商业秘密。本条所称的秘密，是指不为公众所知悉、能为权利人带来经济利益、具有实用性并经权利人采取保密措施的技术信息和经营信息。"根据这一规定，对于某些没有通过载体的形式表现出来的无形创意，尽管它们无法通过著作权法来获得保护，但只要它们满足《反不正当竞争法》中关于商业秘密的要件界定，即具有秘密性、实用性、技术性特征，就可以通过商业秘密的方式来寻求法律保护。而且，1998年修订的《关于禁止侵犯商业秘密行为的若干规定》第五条也明确指出，权利人（申请人）认为其商业秘密受到侵害，向工商行政管理机关申请查处侵权行为时，应当提供商业秘密及侵权行为存在的有关证据。被申请人及利害关系人等，应当如实向工商行政管理机关提供有关证据。权利人能证明被申请人所使用的信息与自己的商业秘密具有一致性或者相同性，同时能证明被申请人有获取其商业秘密的条件，而被申请人不能提供或者拒不提供其所使用的信息是合法获得或者使用的证据的，工商行政管理机关可以根据有关证据，认定被申请人有侵权行为。可见，如果在创意人与对方明确约定不得擅自公开创意等保密事项，而对方又擅自向第三人公开时，创意人完全可以追究对方的法律责任。不仅如此，如果交付执行的第三方事前明知或者应知该创意是他人所享有权利，创意人可追究该第三方侵犯商业秘密的责任。

（三）创意之合同法保护

在其他法律依据缺位的情况下，合同是解决当事人双方创意纠纷的重要方式之一。一般而言，创意人作为创意提供方会与创意使用方签订合同，约定彼此间的权利义务，包括创意人如何提供创意、使用方如何支付报酬、创意内容能否转让等。在特殊情况下，这类合同还可以在双方同意的基础上约定，无论接受者是否使用了有关的思想观念，都应当向创意提供方支付报酬[4]。需要明确的是，在涉及创意的合同法律关系中，创意人依法享有请求给付权、合同权利保护请求权以及合同权利处分权等重要的权利，这些是创意人通过合同形式维护自己合法权益的重要体现。具体而言，首先，创意人有权请求对方按照合同约定或者法律规定履行义务，这是创意人行使其合同权利，实现订约目的的体现。鉴于创意人的利益只能通过对方义务的履行才能实现，因此，请求给付权是创意合同权利效力的最本质体现。其次，创意人享有合同权利保护请求权。在对方拒绝履行或不适当履行合同义务的情况下，创意人有权请求国家机关予以救济，强制义务人履行或承担其他违约责任。另外，创意人享有合同权利处分权。创意合同中的权利义务由当事人自行约定的，创意人完全可以按照自己的意愿自由处分自己的权利，即创意人既可以通过免除对方的义务来抛弃权利，也可以将自己的合同权利与对方相应的合同权利抵消，甚至还可以将合同权利转让给第三人[12]。当然，如果创意人希望通过合同法的形式对自己的好创意进行保护，那么创意人在订立合同时，应当注意所签订合同条理清晰，内容严密，否则就很难在今后的诉讼中维护自己的合法权益。

总之，创意自身的独特性质，决定了创意的法律保护不可能拘泥于单一的路径模式。从我国现状来看，根据创意的不同内容和形式，有侧重地选择复合型法律保护模式，是有效保护创意人智力成果，推进我国创意产业蓬勃发展的应有之义。

参考文献

[1] 韩明安．当代汉语新词词典．北京：中国大百科全书出版社，2004：100.

［2］任自力．创意保护的法律路径．法学研究，2009，(4)：93-107.

［3］王太平．美国对创意的法律保护方法．知识产权，2006，(2)：34-40.

［4］李明德．美国对于思想观念提供权的保护．环球法律评论，2004，秋季卷：344-365.

［5］张艳，张芳．我国民间社会团体发展的法治困境及立法展望．宁夏社会科学，2010，(3)：20.

［6］聂振华．文化创意产业产权保护存在的问题及对策．创新科技，2009，(10)：19-21.

［7］邵培樟．文化创意产业的知识产权创新与保护．浙江经济，2009P，(4)：50，51.

［8］刘军舰．论艺术创意的知识产权属性．南京艺术学院学报，2010，(3)：145-148.

［9］眭鸿明，刘珏．结社活动的深层广告创意法律保护方法浅议．中国广告，2008，(4)：31-33.

［10］伯尔尼联盟．保护文学和艺术作品伯尔尼公约：1971年巴黎文本指南（附英文文本）．刘波林译．北京：中国人民大学出版社，2002：218.

［11］李瀛，郑洁．创意侵权：谁动了谁的“奶酪”．中国发明与专利，2010，(6)：43-45.

［12］王利明，房绍坤，王轶．合同法（第三版）．北京：中国人民大学出版社，2009：63-384.

中国遗传资源私权保护之正当性与路径*

遗传资源作为人类重要的遗产，是现代生物技术创新的源泉。当下，世界生物领域的科技进步往往要在遗传资源的沃土中寻求研究思路和灵感，从遗传资源里发现新的生物技术生长点，从而实现全球生物科技的推陈出新。随着基因技术的不断深入，遗传资源受到越来越多的关注，各国和国际社会也加强了对遗传资源的保护。尽管在遗传资源保护的必要性上人们已基本达成共识，但对于遗传资源如何保护的问题仍有着众多争议。在此，笔者仅仅从私权保护的视角就如何加强我国遗传资源保护问题进行探讨。

一、遗传资源之私权属性

“遗传资源”是具有实际或潜在价值的遗传材料[1]。长期以来，人们针对遗传资源的权利性质是属于公共权利抑或私人权利存在着不同的看法，而该问题的回答直接决定了遗传资源的保护路径选择，进而影响到保护制度的具体安排。因此，对遗传资源的研究还是必须从其权利属性开始。

遗传资源的私权属性在遗传资源的权利归属上有体现。我国遗传资源多以国有的形式出现，但并不排除集体所有和私人所有的情形。可见，我国遗

---

* 本文作者为张艳、宦吉娥，原载《内蒙古社会科学》，2011年第5期，第54～57页。

传资源的所有权归属在一定程度上体现了其私权属性。不仅如此，遗传资源的私权属性在知识产权制度下得到了更加充分的体现，突出反映在作为遗传资源重要组成部分的遗传信息具有知识产权的客体特征。我国学者吴汉东教授从法律属性的角度对知识产权的客体特征进行了总结：一是非物质性，即知识信息是区别于物的另类客体，属于非物质财富的范畴；二是创造性，即知识、信息与人们智力活动有关，产生于知识或精神领域；三是价值性，即知识、信息作为民事客体，其意义在于它们构成了知识产权法所保护的利益[2]。

就内容而言，遗传资源不仅包括特定的生物载体，也包括该生物载体所携带的遗传信息。其中，遗传信息最充分地体现了遗传资源的私权属性。具体而言，一是遗传信息具有非物质性的特点。遗传资源所蕴涵的遗传信息是某一社区或国家中个体或群体智力劳动的结果，反映了某一个体或群体在智力劳动和精神财富上的积淀。它本身属于知识形态的精神产品，具有价值与使用价值，却没有外在的形体，人们对遗传资源中遗传信息的“占有”不是一种对实在物的具体控制，而是表现为对遗传信息的认识和利用[3]。遗传资源所蕴含的遗传信息的无形性特点，决定了它在私权保护手段上与知识产权法律制度相契合。将遗传资源中的部分要素转化成知识产权，实质上就是将公共物品的某些要素变成私人物品，是公共资源的私有化，但是这并不会影响遗传资源作为公共物品的完整性[4]。二是遗传信息具有创造性的特点，属于一种智力成果。遗传信息是历代劳动人民集体智慧的结晶，是后代人对前人未知遗传知识探索的结果。正是由于遗传资源属于智力成果的范畴，所以决定它适合用传统知识产权制度来保护。三是遗传信息蕴含着巨大的商业价值，能够给人们带来巨额的市场利益。无数基于遗传资源研发而产生的专利技术表明，遗传资源中的遗传信息一旦被认知和利用，进入商业化使用就可以产生较高的经济效益[3]。

二、遗传资源私权保护之正当性追问

遗传资源所蕴涵的巨大价值引发了人们对于遗传资源保护的热烈讨论，而对于遗传资源私权保护的问题仍众说纷纭。因此，从法理的角度来探讨遗传资源私权保护的正当性，并正确界定遗传资源私权保护与公权保护的关系，是实现遗传资源有效保护的前提。

首先，遗传资源的私权保护并非仅仅来源于立法者意识形态的主观选择，它有着更为深刻的经济和社会根源。古希腊哲学家、政治学家亚里士多德早就提出："凡是属于多数人的公共事物常常是最少受人照顾的事物，人们关怀着自己的所有，而忽视公共的事物；对于公共的一切，他至多只留心到其中对他个人多少有些相关的事物。人们要是认为某一事物已有别人在执管，他就不再去注意了，在他自己想来，这不是他对那一事物特别疏忽。"[5]同样的道理，如果仅仅从公权保护的角度来认识遗传资源问题，人们往往将保护遗传资源的责任过多寄托于政府身上，而忽视了自身的义务和责任。

从经济学的视角来分析，遗传资源的私权保护具有其正当性和必要性。一方面，遗传资源的私权保护更有利于确立一种利益公平机制。毕竟"权利的配置必然涉及利益关系的改变，总会有一些人的利益要受损，因为没有人受损，就不可能有人受益；或者，现在不受损，将来就不会受益"[6]。在遗传资源问题上，遗传资源的所有者、贡献者与研发者、使用者并非总是保持绝对的一致，或者说由同一主体来承担。现实生活中，遗传资源的所有者与遗传资源的研发利用者之间往往存在利益冲突。如果说任何人都可便利地、无代价地获取和利用遗传资源，那么必然产生这样一种结果：所有人都出于自身利益考虑，最大限度地利用遗传资源来满足自身的需求，而不愿为遗传资源的保护付出代价。即使少数人愿意为维护遗传资源付出努力，如果长期无法得到合理的回报或利益补偿，也会挫伤他们保护遗传资源的积极性。这也就是我们所谓的"公地悲剧"现象在遗传资源领域的反映。可见，就实现社会利益公平而言，遗传资源的私权保护是一种客观需求。而另一方面，遗传资源的私权保护有利于形成有效的激励与约束机制，提高遗传资源的保护效果及利用效率。美国学者登姆塞茨提出，影响和激励行为是产权的固有属性。以产权制度在公有制和私有制上的比较为例，共有制意味着共同体否定了国家或单个的市民干扰共同体内的任何人行使共有权利的权利，私有制则意味着共同体承认所有者有权排除其他人行使所有者的私有权[7]。"在私有产权下，私产所有者做出一项行动决策时，他就会考虑未来的收益和成本倾向，并选择他认为能使他的私有权利的现期价值最大化的方式来安排使用资源；而且，他们为获取收益所产生的成本也必须由他自身来承担，因此，共有产权下的许多外部性就在私有产权下被内在化了，从而产生了更有效地利用资源的激励机制。"[8]总之，作为无形智力资产的一种，遗传资源具有巨大的潜在经济价值，对遗传资源的商业性使用往往能产生一定的经济利益。通过遗传资源的私权保护，明确遗传资源的产权关系，授予相关权利人特定经济权利，有利于遗传资源的保存与发展[9]。概括而言，私权保护可以赋予遗传资源的权利主体以垄断性权利，使其在遗传资源的商业化利用中实现自己的劳动价值，有利于遗传资源的保存、发展及利用。更确切地说，对遗传资源的权利归属，遗传资源的获取条件，遗传资源的遗传信息价值的尊重以及遗传资源商业化利用后的利益分享等重要的问题，从私法的角度予以规制，可以激励遗传资源权利人的积极性，从而有效防止对遗传资源的不正当使用或贬损性使用，促进遗传资源的保存、发展和有效利用。

其次，从遗传资源保护之功能定位而言，遗传资源之私权保护并不否定公权保护的价值和意义，而是对公权保护的必要补充。尽管遗传资源总体来讲具备公共物品的特征，国家可以从公权保护的层面加大对遗传资源的保护力度，积极履行政府的保护职责，但仅仅将遗传资源保护中的全部重担寄托于政府的单方面努力显然是不够的。应当看到，在遗传资源的保护过程中，调动地方及原住民的积极性对于实现遗传资源的保护及利用的意义重大。然而，我们面对的现实是，在现代化发展浪潮和所谓 GDP 增长需求的冲击下，很多遗传资源所在地的族群、社区已经逐渐忽视了对当地生态环境以及遗传资源的保护，许多宝贵的遗传资源正濒临消亡。为了激发原住民保护、发展和利用当地遗传资源的积极性，通过将遗传资源的部分因素私权化，为权利人带来相应的经济回报将会是一个比较有效的办法[10]。

三、我国遗传资源私权保护之路径探讨

我国作为《生物多样性公约》的成员国，从政府立场的层面上明确了保护遗传资源，促进遗传资源利用的态度。然而，要将保护落实到一套行之有效的法律制度，则是一个艰巨的、具有挑战性的问题。鉴于遗传资源的私权

保护可以授予遗传资源的权利主体以垄断性权利，使其真正享有权利，有利于保存、发展、合理利用本群体、本国家的遗传资源[11]，那么，结合我国国情，如何来推进和完善我国遗传资源的私权保护依然是理论界和实务界面临的现实课题。

（一）明晰遗传资源的产权制度

法律作为社会现实需求的客观反映，对遗传资源提供的法律保护应该以解决当前遗传资源保护中面临的现实问题为指向，这就需要我们对遗传资源的权利归属、义务主体、研发及利用中的主体关系做出符合“遗传资源保护”这一目标的法律调整。

首先，必须明确遗传资源的权利主体。美国佛罗里达州立大学哲学、法学教授迈克尔·D. 贝勒斯提出：任何有价值的资源均须由特定的主体拥有[12]。遗传资源的权利主体既包括遗传资源的所有人，也包括在该遗传资源培育和发展中的贡献人及该遗传资源的研发人。尽管不同权利主体在遗传资源保护中发挥的作用不同，但他们基于其创造性劳动取得相关权利主体的身份，都应当得到法律的确认和尊重。

其次，应当明确遗传资源权利主体之间的关系。在遗传资源保护的问题上，“促进遗传资源的研发与利用”这一目标要求对遗传资源的保护不应仅限于使其不致被消灭，还应使其中的遗传信息为世人所认知和利用，充分发挥遗传资源的社会价值。遗传资源保护的落脚点应放在遗传资源的动态可持续利用上[11]，这也就意味着在明晰遗传资源的产权制度时，必须对遗传资源不同权利主体之间的关系予以界定，明确各自享有的权利范围，同时也要求其及时履行自己的相应义务，片面强调任何一方的权利，而忽视其他主体的权利要求，无法从根本上解决当前我国遗传资源保护的困境。

（二）确立遗传资源惠益分享制度

惠益分享理论的提出可以追溯到经济伦理理论中的关民理论。美国威廉·伊文教授和爱德华·弗里曼教授在其关民理论中指出，“应由利益创造者和相关的贡献者共享利益”，其核心内容就是惠益分享[9]。实现遗传资源惠益分享是《生物多样性公约》所确立的基本原则之一。《生物多样性公约》在第 1 条中明确其目标是“按照本公约有关条款从事保护生物多样性、持续利用其组成部分以及合理分享由利用遗传资源而产生的惠益；实施手段包括遗传资源的适当取得及有关技术的适当转让，但需顾及对这些资源和技术的一切权利，以及提供适当资金”[1]。该公约第 19 条则再次强调，“每一缔约国应采取一切可行措施，以赞助和促进那些提供遗传资源的缔约国，特别是其中的发展中国家，在公平的基础上，优先取得基于其提供资源的生物技术所产生成果和惠益”[1]。

如前所述，究其本质，遗传资源具有一定的知识产权属性，对于遗传资源所蕴涵的遗传信息的认知本身属于一种智力成果，具备“无形资产”的特征[13]。遗传资源研发和利用中所产生的惠益如何分配的问题是当今世界各国所面临的一个重要而迫切的问题。长期以来，现行知识产权制度在此问题上过于倾向于保护遗传资源研发者的利益，而忽视了遗传资源维护者及培育者的合法利益，导致不同国家、不同社会群体在遗传资源问题上分歧严重。事实证明，要从根本上解决这一问题，必须确立一种合理的遗传资源惠益分享制度。

具体而言，在遗传资源的知识产权保护中，需要平衡三个方面的利益关系，即遗传资源专有权利与义务之间的关系，遗传资源所有者（或贡献者）、研发者、使用者三者之间的关系，私人利益与公共利益之间的关系，从而保护遗传资源，促进遗传资源的正当利用，避免发生遗传资源垄断行为[14]。落实到遗传资源惠益分享制度构建问题上，应当通过立法来明确遗传资源的获取、披露和使用的条件，严格规定对任何获取、披露和使用遗传资源的行为都必须取得事先知情同意[9]，逐步确立和完善旨在保证对一切研发及利用遗传资源所获得的惠益予以公平和公正分享的制度，同时对于那些未经遗传资源所有权人授权，窃取他人遗传资源而开展的研发和利用行为予以必要的惩处措施。通过这些具体的制度安排来协调遗传资源保护及研发中的利益关系，实现遗传资源的合理开发和利用，避免一些不良社会效应的发生，积极有效地防范生物海盗行为。

（三）确立遗传资源私权的合理限制制度

在现代法治框架体系下，私法作为一种授权性规范，当授予遗传资源权利人一种垄断性权利（如知识产权）时，任何人要利用该遗传资源或其遗传信息，除法律另行规定外，都应征得许可并支付相应的使用费。但需要明确的是，同其他任何权利一样，这种垄断性的私权的行使不是绝对的，而是有限度的[15]，即这种垄断性的私权并非某种超越一切约束的绝对控制权，在特定情形下它必须受到一定的限制。

就本质而言，遗传资源私权的合理限制，是基于社会公共利益等因素的考虑，对遗传资源的私权内容及其私权行使予以必要的、合理的约束。这种约束是社会利益冲突权衡的结果，是社会公平正义观的反映，也是社会可持续发展的保证。遗传资源的私权限制主要包括两方面内容。其一，对遗传资源所有权人的私权限制。对遗传资源所有权人的私权限制意味着，遗传资源所有权人在对其遗传资源享有处分权的同时，也应当为那些研究意义重大且迫切，获取程序合法且内容合理的遗传资源研发活动提供便利条件。众所周知，作为现代生物技术的创新之源，遗传资源为现代医药及农业的发展提供了大量的物质资源，也在现代生物技术的发展中呈现出巨大的社会价值[16]。如果对研发人和使用人的行为做过多的限制，片面强化遗传资源所有人的经济利益保护，将妨碍人们对遗传资源的正常研发和利用，不利于遗传资源价值的体现。其二，对遗传资源研发人的私权限制。对遗传资源研发人的私权限制意味着，遗传资源研发人尽管享有对其研发成果获得知识产权保护的权利，但不得排除他人出于社会公益目的等特殊需要而合理正当地使用其研发成果。这一点在现代专利强制许可制度中得到体现，但对于实践中如何把握基于遗传资源研发成果的专利强制许可的度的问题，仍然有待进一步深入探讨。

总之，在遗传资源问题引发越来越多关注的今天，对我国遗传资源权利人的私权保护应当以“尊重劳动，利益分享”为准则，以“合理限制”为补充，在其合理的经济权利受到尊重和保护的前提下，遗传资源所有人有义务为遗传资源的研发和利用创造必要的条件。遗传资源使用人出于社会公共利益等非营利性目的，有权在该遗传资源的研发及利用中获得强制许可权利。只有这样，才能把握我国遗传资源保护及利用中的私权关系平衡，减少遗传资源权利纠纷，真正实现遗传资源保护与利用的协调发展。

参考文献

[1] 秦天宝．国际与外国遗传资源法选编．北京：法律出版社，2005：4，5，11.

[2] 吴汉东．知识产权法．北京：法律出版社，2004：17-22.

[3] 甘明，刘光梓．论非物质文化遗产保护法权利主体制度的构建．广西民族研究，2009，(1)：172-175.

[4] 郭富青，孙昊亮．地名资源商业化开发的法律秩序研究．法律科学，2006，(2)：129-137.

[5] 亚里士多德．政治学．吴寿彭译．北京：商务印书馆，1996：48.

[6] 王蓉．环境保护中利益补偿法律机制的研究．政法论坛，2003，(5)：42.

[7] 登姆塞茨·H. 关于产权的理论//科斯·R，阿尔钦·A，诺斯·D等．财产权利与制度变迁——产权学派与新制度学派译文集．刘守英，胡元君，陈剑波等译．上海：上海三联书店，上海人民出版社，1994：98-105.

[8] 刘守英．译者的话//科斯 R，阿尔钦 A，诺斯 D等．财产权利与制度变迁——产权学派与新制度学派译文集．刘守英，胡元君，陈剑波等译．上海：上海三联书店，上海人民出版社，1994：7，8.

[9] 黄玉烨．论非物质文化遗产的私权保护．中国法学，2008，(5)：138，141，142.

[10] 徐辉鸿，郭富青．非物质文化遗产商标法保护模式的构建．法学，2007，(9)：94-98.

[11] 黄玉烨．我国民间文学艺术的特别权利保护模式．法学，2009，(8)：119-127.

[12] 迈克尔·D. 贝勒斯．法律的原则：一个规范的分析．张文显译．北京：中国大百科全书出版社，1996：90.

[13] 张艳．我国创意保护之现实困境．法学论坛，2011，(3)：158.

[14] 黄玉烨．保护传统文化的政策目标论纲．法商研究，2008，(1)：86-90.

[15] 张艳，张芳．我国民间社会团体发展的法治困境及立法展望．宁夏社会科学，2010，(3)：19，20.

[16] 张艳，胡新和．基因技术发展所引发的我国遗传资源保护危机及其应对．自然辩证法研究，2011，(5)：108.

事先知情同意制度在我国的适用*

一、引　　言

“北京鸭”流失英国，“樱桃谷”鸭变身北京烤鸭原材料；猕猴桃流失新西兰，奇异果抢占中国市场；野生大豆流失美国，孟山都公司全球申请大豆基因专利……这一系列鲜活而惨痛的案例一再向我们敲响警钟，必须采取措施防止生物遗传资源流失，保护国家利益和国家安全免遭威胁。事先知情同意制度在生物遗传资源保护方面起着安全阀的作用，基于此展开讨论对完善生物遗传资源立法保护意义重大。事先知情同意制度在国际上主要适用于医疗、危险物质跨界流动、生物安全和生物遗传资源保护四个领域。我国学者在前三个领域的研究较早，而在生物遗传资源保护领域的研究只是近几年才开展的。目前国内研究主要从《生物多样性公约》出发，对事先知情同意制度的概念、适用范围以及要素等方面进行探析[1,2]。但纵观现有研究，对世界各国事先知情同意制度的立法实践研究还较少，更鲜有从实践角度系统探讨我国事先知情同意制度的具体法律适用。本文即尝试对此进行初步探讨。

---

* 本文作者为李敏、唐素琴，原载《科技与法律》，2009 年第 6 期，第 65～68 页。

二、国内法明确事先知情同意制度的必要性

事先知情同意（prior informed consent，PIC）制度，始于1989年的《关于控制危险废物越境转移及其处置的巴塞尔公约》（简称《巴塞尔公约》），1992年的《生物多样性公约》首次将该制度引入遗传资源保护领域[3]。2002年的《关于获取遗传资源并公正和公平分享通过其利用所产生惠益的波恩准则》（简称《波恩准则》）有关PIC制度的诠释对各国的立法有进一步的指导作用。《生物多样性公约》第十五条第五款规定："遗传资源的取得须经提供这种资源的缔约国事先知情同意，除非该缔约国另有决定。"据此，PIC作为一项遗传资源获取原则被国际公约所确认。然而，国际公约只是给出了一个原则性的法律框架，对PIC的概念、适用范围和程序并未加以界定，且公约规定可否取得遗传资源的决定权属于国家政府，并依照国家法律行使。因此，PIC制度作用的发挥仅靠国际条约的原则性规定是远远不够的，它仰赖于各国具体的立法规定。

在实践中，遗传资源获取的立法日益受到重视，但是各国法律表现形式不完全相同。菲律宾、巴西和澳大利亚等制定专门性立法，哥斯达黎加、印度等制定综合性生物多样性保护立法，还有不少国家正在或计划制定遗传资源获取和惠益分享的立法，如加拿大、印度尼西亚和芬兰。这些国家立法都规定了PIC制度[4]。我国目前没有生物遗传资源获取方面的专门立法，对PIC制度也没有明确规定，个别法律只是就遗传资源进出境的管理做出规定。2008年新修订的《专利法》第五条第二款规定："对违反法律、行政法规的规定获取或者利用遗传资源，并依赖该遗传资源完成的发明创造，不授予专利权。"这是我国现行法律中首次对遗传资源可专利性的条件做出限定，虽然并没有明确提及PIC，但结合国际经验，这已经为探讨PIC制度奠定了基础。

总而言之，遗传资源保护的实践及现行立法的实施迫切需要对PIC制度的国内立法和进一步法律适用做出规定。通过国内立法确定和完善PIC制度，既是履行《生物多样性公约》义务的要求，也是保护我国生物多样性的必然选择。

三、确立PIC制度的适用原则和适用范围

(一) PIC制度的适用原则

探讨PIC制度的适用原则可以从国际准则中得到启示。《波恩准则》是生物多样性公约缔约方大会上通过的，虽然没有强制约束力，但对世界各国的相关立法具有指导作用。《波恩准则》第26条规定了实施PIC制度的原则：①法律上的确定性和清晰性；②应有助于以最低成本获取遗传资源；③对获取遗传资源的限制应是有透明度的，并应有法律依据，以便保护生物多样性而不得有悖于《生物多样性公约》的各项目标；④应得到提供国的国家主管部门的同意，还应酌情根据具体情况和按照国内法律取得所涉利益相关者的同意，如土著社区和地方社区的同意。

依据《生物多样性公约》的目标及《波恩准则》的指导规范，建议我国在确立PIC制度时，应遵循以下原则：一是遗传资源获取便捷原则。根据《生物多样性公约》的目标要求，应该致力于创造条件，便利其他国家取得遗传资源，不对这种取得施加不合理限制。二是遗传资源获取的透明、非歧视原则。即任何遗传资源的获取都应该向公众充分公开，使相关公众有渠道了解遗传资源的获取和使用情况，且对遗传资源获取的限制应该是非歧视的，具有合法理由和客观标准。三是遗传资源获取程序明确原则。遗传资源获取的具体程序，允许获取的遗传资源范围及对获取的限制都应该在法律中作明确规定，并有合理且合法的理由。

(二) PIC制度的适用范围

目前，国际上就PIC制度的适用范围问题还存在明显分歧。2009年举行的遗传资源获取与惠益分享（access to genetic resources and benefit-sharing，ABS）特设工作组第七次会议上，以欧盟为代表的发达国家强调：促进获取是国家义务，不希望对获取设置太多的障碍，要求对用于研究的遗传资源获取采取简化程序或者不适用PIC程序。而以生物多样性大国集团为代表的发展中国家则强调：PIC适用于所有遗传资源、衍生物和相关传统知识

的获取，包括对用于研究的遗传资源获取[5]。

适用范围在外国立法上也有明显差别。巴西 2001 年的《保护生物多样性和遗传资源暂行条例》第 16 条规定："当物种局限于特定的地域或濒临灭绝时，遗传资源成分标本的获取和传播许可应依赖于主管机构的事先知情同意。"第 17 条规定："如果获取和传播行为与公共利益相关，则对其进入公共或私人区域获得遗传资源成分标本的行为，不要求事先取得该资源所有人的许可。"印度 2002 年的《生物多样性法》中规定，以任何目的的获取生物遗传资源或相关知识都应申请 PIC，且经批准的生物资源或相关知识再行转让仍需获得批准。可见，巴西对其生物遗传资源的管制政策相对宽松，只有特定地域或濒临灭绝的物种才要求获取时的 PIC，且对与公共利益相关的获取活动，可以不申请审批。而印度的管制政策就较严格，一切获取、开发活动都必须遵照 PIC 程序，且经过批准的资源不得随意转让。

笔者认为，我国立法对 PIC 制度的适用范围，应以保护我国生物遗传资源为前提。原则上，一切获取遗传资源、衍生物和相关传统知识的行为都应履行 PIC 程序，但不同等级的资源、不同用途的资源可以适用不同的审批程序。我国应该尽快拟订一个对外提供生物遗传资源的目录，并采取分级管理制度。

四、PIC 制度的具体适用

尽管各国立法对 PIC 制度的规定不一，但笔者认为确立该制度时必须强调"事先"、"知情"和"同意"三个基本要素。"事先"为时间要求，要求利用者在获取生物遗传资源活动之前提出申请。对遗传资源申请者而言，"知情"需要提供与利用遗传资源有关的具体信息；对遗传资源提供者而言，所提供的信息应该足以使他们了解该生物研发活动。"同意"指资源的权利主体有权做出是否同意获取的决定。下面笔者将围绕这三个要素进行探讨。

(一)"事先"的要求

从时间上来说，遗传资源利用者的说明和征求同意的义务必须在实际获取遗传资源之前完成，任何事后的补救行为都被视为无效。具体到获取之前的多长时间申请，《生物多样性公约》未给出明确规定，各国可以自行决定在收集活动的哪个阶段启动 PIC 程序。目前，国际上唯一明确规定申请期限的是圭亚那[2]。该国 2001 年《环境开发条例》规定，《研究协定》申请应至少在研究活动开展之前 3 个月提出。其他国家只是笼统提及需要事先获得相关主体的知情同意。但巴西、印度和菲律宾等大多数国家都规定了事先知情同意的决定时间，如菲律宾 1995 年的 247 号行政条例规定，只有在提交研究建议 60 日后才能签发事先知情同意证明[6]。

笔者认为，何时开展生物开发活动、何时提出申请基本上是获取者自由决定的事项，授权主体在此方面是被动的，法律不应规定强制性的期限。相关审批主体只需在接到申请后的适当时间做出决定即可。国家主管当局的审批属于国家行为，是行政许可，必须限制许可时限，一方面可以提高工作效率，另一方面也防止审查时间过长而对生物资源的利用者造成不合理的妨碍。

（二）“知情”的内容

“同意”的前提为“知情”，即权利主体在充分了解获取活动相关信息的情况下做出同意的意思表示。这就要求遗传资源利用者就其获取活动作充分、详细的说明。《波恩准则》第 36 条给出了一些指示性条款，涉及 15 项内容。这些条款为成员国提供可选择适用的建议，各国可依据各自不同的情况以及所关注的事项做出补充或筛选。可以说，《波恩准则》所列事项已经相对全面。

实践中，各国关于披露信息内容的要求不尽相同。有的明确规定需要提供的信息内容，有的只是作笼统的规定，并不列举具体的信息要求，如不丹的《生物多样性法》和阿富汗的《环境法》规定了获取申请所必须包含的具体信息；哥斯达黎加的《生物多样性法》规定获取者必须提供申请表和技术指南中要求的一切信息，同时提出部分建议在共同商定条件时考虑；菲律宾法律规定了获取者必须首先申请《研究协定》，在《研究协定》中列举了应该提供的信息，且规定了《研究协定》的最低要求；而巴西和印度法律未就

“知情”内容作明确规定[4]。

总体来说，申请者所提供的信息应该足够使权利主体了解到该项获取活动的背景、意义、目的和影响，从而使其能够做出正确的判断。此外，有关信息必须足够使获取活动及随后的惠益分享安排是公正合理的。依据《生物多样性公约》的不无理限制生物资源的获取精神，结合我国的生物遗传资源保护实践，笔者认为我国在具体适用 PIC 制度时，至少应该要求获取者提供以下信息：申请者的身份信息（包括单位名称、地址、联系方式等）；获取活动开展信息（如采集的地理区域、获取的生物遗传资源类型和数量、采集方法、采集活动的开始日期和持续时间等）；资源使用信息（包括拟使用的性质和目的、使用期限和地点、使用可能带来的利益和可能造成的风险等）；环境影响评价报告；惠益分享协议；承诺使用信息的及时反馈。

（三）“同意”的认定

1. “同意”的主体

PIC 制度的核心是“同意”。目前各国一般都规定准予获取的批准或拒绝由国家主管当局来决定，但部分国家要求同时取得将要获取的遗传资源所在地理区域相关机构或资源提供者的 PIC，如澳大利亚、巴西、墨西哥、巴拿马和菲律宾等；还有国家要求取得有关利益方的 PIC，如阿富汗、南非[4]。

我国对本国的遗传资源拥有主权，因此对遗传资源、衍生物和相关传统知识的任何获取、利用行为都应征得我国有关主管机关的同意。我国目前的生物资源管理机构比较分散，中央级管理机构涉及 38 个主管部门，且部门之间机构设置有重复，管理有交叉。此种情形下，我们首先应该建立一个统一的协调管理机构，使生物资源得到统一领导和有力协调。该协调管理机构下设主管审批的机构。菲律宾 1995 年的 247 号行政条例是亚洲国家遗传资源获取立法的参考典范[7]。菲律宾实行跨部门的松散联合，设立生物与遗传资源跨部门委员会，成员包括环境与自然资源部、科学与技术部、农业部、菲律宾科学界、卫生部、外交部、国家博物馆、生物多样性保护领域非政府组织、土著社区或其他组织的人员。该种人员组合可以照顾到国家发展所需的各个方面，有利于国家做出及时、准确的遗传资源获取判断。

借鉴菲律宾的实践，我国可以设立一个生物遗传资源综合管理委员会，成员由环境部、农业部、林业局、教育部、卫生部、科技部、商务部、外交部、国家知识产权局、中科院、农科院以及生物遗传资源领域的资深科学家和生物多样性保护领域的非政府组织组成。除此之外，视情况还可以邀请一些当地居民参加。

此外，获取生物遗传资源直接关系到其提供者的利益。因此，除申请我国生物遗传资源综合管理委员会的同意，还需经过该遗传资源提供者的同意。我国拟应实行双重的 PIC。

2. “同意”的形式

鉴于生物遗传资源所涉利益的复杂性和重大性，也出于规范性和确定性的考虑，“同意”应该采取书面形式。不仅同意的决定需要书面形式做出，而且拒绝的决定也应以书面形式做出并进行备案。遗传资源提供者和国家主管当局也应当采取书面形式。目前，世界各国也都要求给予 PIC 采取书面的形式。

3. “同意”的拒绝情形

《生物多样性公约》没有明确规定哪些情况下，主权国家可以限制对其生物资源的获取，这就给各国留有自主立法的空间。印度法律规定了国家主管当局可以决定限制或禁止遗传资源获取请求的六种理由：申请获取的是濒危物种或特有和稀有物种；获取活动很可能对当地居民生活造成负面影响；获取活动很可能造成难以控制和清除的负面环境影响或导致遗传退化或影响生态系统的功能；遗传资源的用途违反了国家利益和印度加入的其他国际条约。巴西法律也有类似规定，对于原地生物遗传资源，许可只可以给予本国已经在生物和相关领域从事研发工作的公立或私立研究机构；外国法人参与采集原地遗传资源成分标本和获取相关传统知识的，仅在下列情况下方可获得许可：与本国某一公共机构结合，该公共研究机构有义务负责活动的协调，并且要求所有参与者都是在生物和其他相关领域从事研发活动的机构。

笔者认为，我国应该在法律中明文规定限制或禁止获取生物资源的情形。借鉴印度和巴西立法，我国可以规定如下拒绝同意获取的理由：申请获取的是濒危、珍稀物种；申请的获取活动可能对当地居民的生活造成负面影响；申请的获取活动可能造成难以控制和清除的负面环境影响；申请的获取活动可能导致遗传退化或影响生态系统的功能；生物资源的用途违反国家利益、社会公众利益或我国加入的其他国际条约。

五、结　　语

《生物多样性公约》的 PIC 制度对发展中国家丰富的生物遗传资源是一种有力的保护措施。各国普遍认识到该制度的现实意义，在国内法中设立 PIC 程序。我国也应及早设立符合我国国情的 PIC 制度，规定资源利用者应该在遗传资源、衍生物和相关传统知识获取活动开始前以书面形式向遗传资源提供者和我国的主管部门提出申请。申请的信息应该包括获取活动的背景、意义、目的和影响，且惠益分享安排公正合理，以使审批机关做出正确判断。

参考文献

[1] 刘斌．论事先知情同意制度（PIC 制度）．山东科技大学硕士学位论文，2006.

[2] 秦天宝．论遗传资源获取与惠益分享中的事先知情同意制度．现代法学，2008，30（3）：80-91.

[3] 史学瀛．生物多样性法律问题研究．北京：人民出版社，2007：130.

[4] CBD. Meeting Documents of the Hoc Open-ended Working Group on Access and Benefit-Sharing on the Work of its Fifth Meeting，Overview of Recent Developments at National and Regional Levels Relating to Access and Benefit-Sharing. UNEP/CBD/WG-ABS/5/4，Montreal，2007.

[5] CBD. Meeting Documents of the Hoc Open-ended Working Group on Access and Benefit-Sharing on the Work of its Seventh Meeting，Collation of Operative Text Include Related Explanations and Rationale Submitted by Parties，Governments，International Organizations，Indigenous and Local Communities and Relevant Stakeholders in Respect of the

Main Components of the International Regime on Access and Benefit-Sharing Listed in Decision IX/12, Annex I. UNEP/CBD/WG-ABS/7/5, Paris, 2009.

[6] 秦天宝. 国际与外国遗传资源法选编. 北京: 法律出版社, 2005: 252.

[7] 吴汉东. 知识产权国际保护制度研究. 北京: 知识产权出版社, 2007: 62.

第二部
知识产权创造

正确理解和使用“自主知识产权”概念*

“自主知识产权”是我国创造的一个名词，目前已经得到广泛认可和使用，频繁出现在新闻媒体和广告宣传中。一项科技成果的完成，一件新产品的问世，一项新技术的产生，最时髦、最引人注目的提法，已经不再是“填补国内空白”，而是“具有自主知识产权”。这一方面表明，知识产权保护意识在我国日益得到普及、深入；另一方面，也不免使人产生疑问，这些“自主知识产权”是否真的“自主”?

有人认为，只要是我国民事主体作为权利主体的知识产权皆可称为“自主知识产权”，以区别于来自海外的知识产权。这一看法有失偏颇。以我国的民事主体作为权利主体的知识产权，从权利主体的角度来看，可以称为“自有”知识产权，或者称为“自己”的知识产权，但是是否能够称为“自主知识产权”则需另当别论。“自有”与“自主”是两个不同的概念。“自有”的含义是“自己所有”，所强调的是权利是属于“自己”的，至于此项权利的行使是否可以完全独立自主，是否还要受到他人权利的制约和限制，则需要视其他条件而定。“自主”的含义是“自己做主”，即此项权利的行使可以完全独立自主，不应受到他人权利的制约和限制。一般而言，“自主”权利的前提条件应该是“自有”，而“自有”权利未必都是“自主”的。所

* 本文作者为李顺德，原题为《正确理解和使用“自主知识产权”》，原载《科学新闻》，2008年第7期，第10～12页。

以，应该将“自有”知识产权与“自主”知识产权加以区分，不能将两者混为一谈。

所谓“自主”知识产权，并不是一个严格的法律概念，一般可以理解为，是指自己创造完成的智力成果，依法取得的、不受他人制约的知识产权。“自主”知识产权应当具备三个必要条件：一是自己所创造的智力劳动成果，应该满足某项知识产权法律保护客体的全部法定条件；二是依法履行取得该项知识产权的必要法定程序；三是在该项智力劳动成果中，不存在受他人知识产权制约的情况和因素。

在以上三个构成要件中，前两者是构成一般知识产权的必要条件，也就是说，可以构成“自有”知识产权，第三个条件则是“自主”知识产权的特殊构成要件，是区分“自主”知识产权与“自有”知识产权的一个基本条件，不容忽视。

在“自有”知识产权的范围内，版权、商业秘密等知识产权是依法定条件自动生成的，因此构成“自主”知识产权相对是比较容易的，大多数“自有”版权、商业秘密可以形成“自主”知识产权。在商业标记（如商标、商号）领域，只要是自己独立设计、注册登记所获得的商业标记权，不是通过从他人处获得的许可使用权，就可以称为是“自有”知识产权，也可以称为是“自主”知识产权。

但是，在专利领域，构成“自主”知识产权则比较困难。以自己开发的一件新产品为例，如果这一新产品是在他人专利的基础上改进、开发而成的，即使可以针对自己的改进、开发成果，申请、取得新的专利，所取得的新的专利也只是改进专利。而改进专利的实施，要受到作为借鉴、改进基础的他人在先专利（包括基本专利和改进专利）的制约和限制，在他人在先专利有效存在的情况下，未经在先专利权利人的许可，实施自己的改进专利，仍然构成对他人在先专利的侵权。这种改进专利的实施并无“自主”可言，只能称为“自有”知识产权，而不能称为“自主知识产权”。如果开发的新产品属于原始创新，针对这一新产品申请、取得的是一项或多项基本专利，即这件新产品专利中所包含的全部技术创新成果都可以由专利权利人自己独立支配、行使，不受他人专利或其他知识产权的制约和限制，才可称为是

“自主知识产权”。

一项新技术、一件新产品通常都是在现有技术的基础上创新开发而形成的，因此不可能完全与现有技术无关。

现有技术，大致可以分为两类，一类是处于公有领域、不受或不再受知识产权保护的公有领域技术，另一类是仍处于知识产权保护下的专有领域技术（包括专利、技术秘密等）。

一项新技术、一件新产品所涉及的现有技术，纯粹是属于公有领域的技术，与专有领域的技术完全无关，也就是根本不涉及他人的知识产权，这种情况十分罕见。在大多数情况下，一项新技术、一个新产品总要或多或少地涉及他人专有领域的技术，也就是涉及他人的知识产权，只是涉及的数量及程度不同而已。

对于前述第三个条件中的不受他人“制约”，应该有个正确的理解，并不是说在一项发明创造中完全不涉及他人的知识产权。所谓不受“制约”，是指该项发明创造的主体部分、关键部分，是由自己开发的或完全属于自有的知识产权保护范围，而涉及他人知识产权的部分，是非主体的、非关键的，是可以有多种技术替代的，因此实施此项技术有自主权，不会因他人知识产权的制约，使此项发明创造无法实施或难于实施。

我国所研制的EVD，在处理程序的编解码上有所突破，而编解码技术也确实是DVD类机器的核心技术之一，但不能由此就认为EVD是完全具有“自主知识产权”的产品。如果EVD仅在编解码技术上有所突破，并具有了自有的知识产权，但仍需要采用原来DVD的其他专利技术和受他人知识产权保护的关键零部件，就不能说EVD机是完全具有“自主知识产权”的新产品。实际上，它只是在EVD编解码技术上“具有自主知识产权”。

实际上，现在国内所宣传的具有“自主知识产权”的技术或产品大部分是不能“自主”的。将不能“自主”的“知识产权”作为“自主知识产权”进行宣传、利用，实际上是在误导公众。

因此，采取科学的、实事求是的态度来理解、宣传“自主知识产权”十分必要。社会各界在使用“自主知识产权”一词时，应该更加严谨、科学，避免动辄就冠以“自主知识产权”。

提倡自主创新，提倡拥有自主知识产权，关键是要采取科学的态度，努力通过自己的智力劳动投入，取得技术上的突破，获得创造性智力劳动成果；同时，又要有自觉的知识产权意识，创造条件，在自己取得的创造性智力劳动成果的基础上，形成自主的知识产权。

大科学研究骨干人员的知识产权意愿及相关因素
——基于某大科学项目的实证调查*

一、研究背景

自20世纪中叶起，大科学①研究成为全球现代科技发展的重要部分。大科学的研究特点主要表现为投资强度大、多学科交叉、研究目标宏大等。近年来，多个国家基于各自的发展目标和小科学研究基础，相继开展了一些重大科学项目。我国也陆续启动了一批对增强国家实力和经济科技发展具有带动性、标志性的重大科技项目②。大科学研究的高度技术关联性和产业带动

---

* 本文作者为刘朝、张靖、师洪波，原题为《大科学研究骨干人员的知识产权意愿及相关因素分析——基于某大科学项目的实证调查》，原文为我国"地壳探测工程"的培育性启动计划"国家深部探测技术与实验研究专项"第八项目"地壳探测系统工程研究"课题（SinoProbe-08-04）的阶段性成果。

① 1961年，美国物理学家温伯格最先指出，当代科学已经发生了极大的变化，从小科学变成了大科学。1963年，美国科学学家普赖斯在《小科学，大科学》一书中又指出，由于现代科学取得了如此辉煌的成就，科学已经成为国民经济的重要支柱，现代科学的规模如此之大，社会对科学的投入是如此之巨，以致我们不能不用"大科学"一词来称呼它。D. Price，Little science Big science，New york London，1968. 参见赵红洲：《大科学观》，人民出版社，1988年。

② 我国于2006年确立了建设创新型国家的战略，并颁布实施了《国家中长期科学和技术发展规划纲要（2006～2020年）》（简称《纲要》）。在《纲要》中明确提出，要围绕国家目标，进一步突出重点，筛选出若干重大战略产品、关键共性技术或重大工程作为重大专项。

性，决定了知识产权是其管理的关键问题之一。在知识经济时代，知识产权成为衡量一个国家综合国力特别是科技实力的重要标志，知识产权已经成为科技竞争的焦点。与建设创新型国家的要求相比，当前中国科技创新主体在知识产权的创造、管理、保护和应用等方面仍然存在亟待解决的障碍和薄弱环节，这些薄弱环节对大科学项目的影响如何？在小科学研究中发展起来的知识产权机制是否适应大科学项目？若有不适应之处需要做出怎样的改变？这些问题有必要在实施层面上尽快加以解决。

通过对文献的查阅，可以看出，学者对我国大科学项目的管理、科研项目中知识产权的突出问题和症结的分析以及对克服我国科技创新中的知识产权的障碍的建议等方面已经做了相当数量的研究。然而，探讨大科学项目知识产权问题的研究却相当缺乏。在所查阅的文献中，对大科学项目的研究有两个主题。第一，对大科学项目的概念、特征和管理模式的研究。第二，对大科学项目管理中存在的问题和对策的研究。对科研项目的知识产权问题的研究也有两个主题。第一，对我国科研项目中知识产权的突出问题及主要症结的研究。第二，科技成果专利技术转化问题研究。

上述研究为我国大科学项目管理和科技创新的知识产权问题研究打下了很好的基础。但是在把大科学项目的知识产权问题作为分析对象并给予关注方面所做的努力还是非常有限的，特别是对大科学研究人员的知识产权意愿缺乏了解，很难听到来自研究人员的声音。而这恰恰对正在进行的诸多大科学项目的自主知识产权产等问题的探讨都是非常重要的，因为知识产权对发明（设计）人的激励作用的强弱或者知识产权权益分配对大项目团队协作关系的影响，都将决定大科学项目创新能力提升的成效。

基于这样的思考，本研究的目的主要是探讨大科学项目骨干人员的知识产权意愿及其影响因素，分析他们对知识产权的期望、对研发成果形式的意愿和专利成果产业化的愿望等，从而为中国大科学项目知识产权管理的一系列问题提供背景分析。主要研究的问题有：第一，大科学骨干研究人员的知识产权意愿有哪些？第二，影响这些意愿的因素有哪些？第三，这样的意愿状况所反映的问题是什么？

特别需要指出的是，本研究仍在进行之中，本文也仅是对研究成果的初步总结。尚有很多研究问题需要更深入的分析和更多的探讨，这主要是由于目前研究人员知识产权意愿的形成与现行知识产权制度的激励效能和大科学管理体制这两大问题有复杂的关联，这在第四部分将有更为详细而具体的阐述。

另外，与本文主题相关联的大科学研究人员对知识产权的认知以及对专利成果产业化的具体要求有着丰富的内容，也是我们调查和研究的重点主题。本文特意没有涉及这两方面的内容，将另文讨论。

二、研 究 设 计

（一）概念界定

“知识产权是私权”①，私权的基本原则是允许“个人根据自己的意愿形成相互之间的经济关系和其他关系”[1]，在私权中，权利人的意愿对于权利的产生、保护和行使等具有决定作用。本研究的“知识产权意愿”，并非指权利人的意愿，而是发明（设计）人的知识产权意愿。因为在大科学项目中，知识产权的产出基本是职务发明，研究成果的知识产权归属于承担研究任务的单位②，研究人员是发明人（或设计人）③，并非权利人。

激励理论是为知识产权提供正当性的一种重要理论，“在论证知识产权的正当性上，建立在提供激励基础上的讨论被认为是最有力和最广泛适用的理论”[2]。大科学的研究人员虽然不是权利人，他们的意愿也并非法律意义上知识产权权利人的意愿，但他们是大科学的创新主体，是创造知识产权的发明（设计）人，更是大科学知识产权制度激励作用的直接对象。根据弗鲁姆的期望理论④，激励取决于行动结果的价值评价（即“效价”）和其对应的期望值的乘积。期望理论直观揭示了研究知识产权创造主体意愿的依据和价值。基

---

① 世界贸易组织《与贸易有关的知识产权协议（TRIPS 协议）》引言。

② 《中华人民共和国专利法》第 6 条规定：“执行本单位任务或者主要是利用本单位的物质技术条件所完成的发明创造为职务发明创造。职务发明创造申请专利的权利归单位所有。”

③ 《中华人民共和国专利法》第 16 条规定：“被授予专利权的单位应当对职务发明创造的发明人或设计人给予奖励；发明创造专利实施后，根据其推广应用的范围和取得的经济效益，对发明人或设计人给予合理的报酬。”

④ 北美著名心理学家和行为科学家维克托·弗鲁姆（Victor H. Vroom）于 1964 年在《工作与激励》中提出来的激励理论。期望理论的基本模式是：激励力量（motivation）$=\sum$效价（valence）×期望值（expectancy）。

于期望理论和私权的基本原则，本文的研究内容包括研究人员对研发成果的知识产权及其产业化及其他成果形式的期望等，并统称为知识产权意愿。

（二）研究思路

由于目前尚未发现有足以反映大科学项目知识产权实际状态的统计资料，本研究首先采用个案基础上的实证和概括的方法是必要的。

基于大科学项目的研究人员数量庞大同时分工和层级明确的特点，考虑到不同研究群体的差异性，同时基于调查者主观认知的偏好抑或是局限，也是由于社会调查客观条件的制约，作为系列调查的第一步，我们把样本的选取集中于骨干研究人员（主要是各级项目负责人或管理人员）。根据私权原则和知识产权激励理论以及预调研的结果，本研究确定了知识产权意愿的衡量指标。本文将比较不同背景、承担不同任务以及以往拥有知识产权成果经历的骨干研究人员的知识产权意愿，并着重分析个人因素对研究人员知识产权意愿的影响。

当我们考虑知识产权意愿的个人相关因素时，影响研发人员意愿的因素可以大致地划分为内在和外在两大类。本研究对于外在因素主要采取定量分析，对于内在因素将主要采用定性分析。同时本研究所用的数据来自追踪性调查的第一步，所调查的某大科学项目尚处于研发的第一阶段，暂时还无法获得已经拥有知识产权成果①或者已经进行产业化的研究人员的意愿，因此不同研发阶段这一时间因素的影响被排除在本次分析范围之外。

（三）数据来源和分析方法

本文分析的基础是我们于 2011 年 1 月在某大科学项目进行的实证调查的资料。调查对象为该项目骨干研究人员，抽样方法为承担管理任务最高两级的研究人员（项目负责人和课题负责人）整群抽样，其他骨干人员随机抽样。共发放问卷 138 份，回收有效问卷 106 份，问卷回收率为 76.8%。样本

① 这里的“已经拥有知识产权成果”是指作为发明（设计）人，在该大科学项目的成果已经获得知识产权授权，并不包括以往参与项目。后者在下文的相关因素分析中有专门的分析。

特征见表 1。

表 1 样本基本情况

样本		计数	百分比
性别	男	74	83.1
	女	15	16.9
年龄范围	小于等于 25 岁	6	6.7
	25～35 岁	29	32.2
	35～45 岁	17	18.9
	45～55 岁	27	30.0
	55 岁以上	11	12.2
职称	研究员（教授）	41	50.6
	副研究员（副教授）	13	16.0
	助研（讲师）	13	16.0
	其他	14	17.3
承担项目管理任务	项目负责人	13	16.3
	课题负责人	34	42.5
	子课题负责人	14	17.5
	其他管理人员	12	15.0
	一般骨干人员	15	18.8
专业领域属性	基础研究	28	35.0
	应用基础研究	32	40.0
	应用研究	19	23.8
	技术开发	9	11.3
	其他	3	3.8

本研究综合运用了定量和定性分析方法。定量分析方法主要采用单变量描述分析和双边量列联表分析。所用的数据分析工具是 SPSS11.5 统计软件和 Excel 2003。本研究还采用了访谈和实地调查等方法，收集了较为丰富的定性资料，与定量数据一并分析和讨论。

三、数据分析

（一）知识产权意愿概述

调查问卷的设计以个人评价的主观指标为主。涉及本文“知识产权意愿”这一主题的指标，包括研发过程中是否考虑申请知识产权、成果完成前是否着手申请、论文与专利冲突时的选择，以及首先考虑的成果形式，还有对研发成果的期望及是否关心产业化，数据见表2～表5。

表2　申请知识产权的意愿

指标	选项一	选项二
研发过程中是否考虑申请知识产权	是	否
人数/个	60	26
百分比	69.8	30.2
成果未完成前是否会着手申请专利	是	否
人数/个	48	38
百分比	55.8	44.2
论文与专利冲突时会选择	发表论文	申请专利
人数/个	47	36
百分比	56.6	43.4

表3　首要的成果形式意愿①

首先考虑的成果形式	论文	专著	专利	技术秘密	其他
数量	71	22	18	13	5
百分比	79.8	24.7	20.2	14.6	5.6

表4　对研发成果的期望①

研发成果的期望	获得知识产权	获得知识产权并产业化	发表论文	出版专著	获得奖励	其他
数量	13	40	44	25	17	2
百分比	14.9	46.0	50.6	28.7	19.5	2.3

表5　对产业化的关注程度

是否关心研究成果产业化	不关心	有点关心	一般	比较关心	非常关心
人数	1	7	19	41	20
百分比	1.1	8.0	21.6	46.6	22.7

首先可以发现在研发过程中被调查者申请知识产权的意愿。表2显示，有69.8%的被调查者表示在研发过程中会考虑申请知识产权，并有55.8%的被调查者表示在成果未完成之前，会提前着手申请专利来对自己的智力成果进行保护，这两项结果显示了骨干研究人员对知识产权的期望和重视。但是当发表论文和申请专利冲突时，超过一半的被调查者表示会选择发表论文(56.6%)。按照现有知识产权法律安排，二者发生冲突的情况是论文的发表

① 在调查问卷中本表涉及的题目可以选择多项。

会破坏专利审查中对新颖性的要求[①]，对于发表论文的选择就意味着对专利的彻底放弃。

进一步观察论文和专著在被调查者意愿中的地位。表 3 显示高达 79.8%的被调查者表示对成果形式的首要意愿是发表论文，其次是出版专著(24.7%)，只有 20.2%的被调查者表示成果形式的首要意愿是专利。

从表 4 对研发成果的期望中，可以看出，被调查者首要关注的是发表论文（50.6%)，其次是获得知识产权并产业化（46.0%)。需要注意的是，“获得奖励”并未得到被调查者的关注（19.5%)。值得特别注意的是，仅仅期望获得知识产权的只有 14.9%。这一对比一方面说明产业化带来的经济利益在被调查者的意愿中占有重要的地位；另一方面，结合表 2 和表 3 对论文与专利的重视程度数据可以看出，在被调查者的意愿中，获得专利的主要期望是产业化带来的经济利益，至于作为发明人所能得到的奖励、署名、绩效考核以及评职称加分等激励措施，并不足以让他们在论文和专利冲突时选择不放弃专利。表 5 的数据进一步显示了这一趋势，在对成果产业化的关注程度上，尽管被调查者在学科领域的应用性程度上存在一定的差异，仍有高达 69.3%的被调查者表示比较或非常关心自己研究成果的产业化，而表示不关心的只有 1%。

（二）知识产权意愿影响因素分析

1. 社会人口因素（性别、年龄、职称）与申请知识产权的意愿之间的关系

通过列联表分析得出，年龄、职称与“在研发过程中是否考虑申请知识产权”相关；且职称与“成果完成前是否会着手申请专利”也相关；性别因素对申请知识产权的意愿无显著影响。表 6 显示中青年被调查者比 55 岁以上的被调查者明显地更倾向于在研发过程中考虑申请知识产权。表 7 显示职

① 《中华人民共和国专利法》第 22 条第二款规定：新颖性是指在申请日以前没有同样的发明或者实用新型在国内外出版物上公开发表过、在国内公开使用过或者以其他方式为公众所知，也没有同样的发明或者实用新型由他人向国务院专利行政部门提出过申请并且记载在申请日以后公布的专利申请文件中。

称的影响中副教授（副研究员）群体尤为明显，这一群体中的多数表现出对申请知识产权缺乏关注。同样的趋势也存在于表8的职称对“研发中是否会提前着手申请专利”的影响中。也就是说，副研究员（副教授）对知识产权的期望既不及研究员（教授），也不及助研（讲师）群体。

表6 年龄与研发过程中是否考虑申请知识产权的关系

变量			研发过程是否考虑申请知识产权		
			是	否	合计
年龄范围	小于等于25岁	计数	5	1	6
		百分比	83.3	16.7	100.0
	25～35岁	计数	22	6	28
		百分比	78.6	21.4	100.0
	35～45岁	计数	9	8	17
		百分比	52.9	47.1	100.0
	45～55岁	计数	21	5	26
		百分比	80.8	19.2	100.0
	55岁以上	计数	3	6	9
		百分比	33.3	66.7	100.0
合计		计数	60	26	86
		百分比	69.8	30.2	100.0

	卡方检验		
	值	df	渐进 Sig.（双侧）
Pearson 卡方	10.990[a]	4	0.027
似然比	10.480	4	0.033
线性和线性组合	2.499	1	0.114
有效案例中的 N	86		

表7 职称与研发过程中是否考虑申请知识产权的关系

变量			研发过程是否考虑申请知识产权		
			是	否	合计
职称	研究员（教授）	计数	24	13	37
		百分比	64.9	35.1	100.0
	副研究员（副教授）	计数	4	9	13
		百分比	30.8	69.2	100.0
	助研（讲师）	计数	12	1	13
		百分比	92.3	7.7	100.0
	其他	计数	13	1	14
		百分比	92.9	7.1	100.0
合计		计数	53	24	77
		百分比	68.8	31.2	100.0

续表

变量	研发过程是否考虑申请知识产权		
	是	否	合计
	卡方检验		
	值	df	渐进 Sig.（双侧）
Pearson 卡方	16.156[a]	3	0.001
似然比	17.272	3	0.001
线性和线性组合	5.501	1	0.019
有效案例中的 N	77		

表 8　职称与成果完成前是否会着手申请专利的关系

变量			成果完成前着手申请专利		
			是	否	合计
职称	研究员（教授）	计数	24	13	37
		百分比	64.9	35.1	100.0
	副研究员（副教授）	计数	4	9	13
		百分比	30.8	69.2	100.0
	助研（讲师）	计数	10	3	13
		百分比	76.9	23.1	100.0
	其他	计数	6	8	14
		百分比	42.9	57.1	100.0
合计		计数	44	33	77
		百分比	57.1	42.9	100.0

	卡方检验		
	值	df	渐进 Sig.（双侧）
Pearson 卡方	7.837	3	0.050
似然比	7.980	3	0.046
线性和线性组合	0.700	1	0.403
有效案例中的 N	77		

a. 0 单元格（0.0%）的期望计数少于 5。最小期望计数为 5.57

2. 层级、经验和背景与“在论文和专利冲突时的选择”意愿之间的关系

表 9 显示，在参加该大科学研究之前是否拥有知识产权[①]的相关经历与“论文与专利冲突时的选择”没有相关性，也就是说之前作为发明人或者权利人的经历，并未让他们在专利与论文冲突时选择专利。表 10 的数据表明，在论文与专利冲突时，各负责人以及管理人员均有一半以上的人趋向于选择

① 包括职务发明的发明（设计）人，下同。

发表论文，而一般参与人员则反而更多地会选择申请专利。从表 11 数据中可以看出，不同学科背景的科研人员，在发表论文与申请专利冲突时所做的选择是存在差异的。对于基础以及应用基础研究领域的科研人员，更倾向于会选择发表论文；而在应用研究、技术开发及其他领域的科研人员，则更趋向于选择申请专利。

表 9　之前拥有知识产权的相关经历与论文与专利冲突时选择的关系

			是否拥有知识产权			合计
			有	没有	不知道	
论文与专利	发表论文	计数	12	33	2	47
		百分比	50.0	60.0	50.0	56.6
	申请专利	计数	12	22	2	36
		百分比	50.0	40.0	50.0	43.4
	合计	计数	24	55	4	83
		百分比	100.0	100.0	100.0	100.0

	卡方检验		
	值	df	渐进 Sig.（双侧）
Pearson 卡方	0.755[a]	2	0.685
似然比	0.753	2	0.686
线性和线性组合	0.305	1	0.581
有效案例中的 N	83		

表 10　项目中管理层级与论文与专利冲突时选择的关系

		发表论文	申请专利
项目负责人（12）	数量	9	3
	百分比	75.0	25.00
课题负责人（32）	数量	19	13
	百分比	59.4	40.6
子课题负责人（14）	数量	9	5
	百分比	64.3	35.7
其他管理人员（11）	数量	6	5
	百分比	54.5	45.5
一般骨干人员（11）	数量	3	8
	百分比	27.3	72.7

表 11　学科属性与论文与专利冲突时选择的关系

		发表论文	申请专利
基础研究（26）	数量	19	7
	百分比	73.1	26.9
应用基础研究（28）	数量	19	9
	百分比	67.9	32.1

续表

		发表论文	申请专利
应用研究（18）	数量	8	10
	百分比	44.4	55.6
技术开发（9）	数量	4	5
	百分比	44.4	55.6
其他（3）	数量	0	3
	百分比	0.0	100.0

3. 层级、经验和背景与“对研发成果的期望”之间的关系

从表 12 的数据可以看出，在对研发成果的期望上，绝大部分的群体首选的依然是发表论文，同时获得知识产权并产业化也是科研人员第二大趋向实现的方式。在“获得知识产权并产业化”这一倾向上，相比于项目或课题负责人以及一般骨干人员，项目管理人员群体表现出对于知识产权的更大期望，这说明大科学项目的管理人员对于研究的知识产权产出表现出更多的重视。

从表 13 数据中可以看出，在对研发成果的期望上，不同学科属性之间科研人员的选择是存在差异的。基础研究、应用基础研究以及其他领域的科研人员们更趋向于选择发表论文，而应用研究以及技术开发领域的人员则更多趋向于选择获得知识产权并实现产业化。在第二选择上，不同的学科领域之间差异则不是很明显，大多数科研人员都趋向于选择出版专著以及获得奖励等。

表 12　项目中管理层级与“对研发成果的期望”的关系

		获得知识产权	获得知识产权并产业化	发表论文	出版专著	获得奖励	其他
项目负责人	数量	2	4	8	6	3	0
（12）	百分比	16.70	33.30	66.70	50.00	25.00	0.00
课题负责人	数量	8	11	19	10	8	0
（34）	百分比	23.50	32.40	55.90	29.40	23.50	0.00
子课题负责人	数量	0	7	7	4	2	1
（14）	百分比	0.00	50.00	50.00	28.60	14.30	7.10
其他管理人员	数量	0	12	3	4	2	0
（12）	百分比	0.00	100.00	25.00	33.30	16.70	0.00
一般骨干人员	数量	2	5	6	2	3	0
（14）	百分比	15.40	38.50	46.20	15.40	23.10	0.00

表 13　学科属性与“对研发成果的期望”的关系

		获得知识产权	获得知识产权并产业化	发表论文	出版专著	获得奖励	其他
基础研究	数量	2	7	16	9	5	0
(26)	百分比	7.70	26.90	61.50	34.60	19.20	0.00
应用基础研究	数量	5	14	19	12	6	0
(31)	百分比	16.10	45.20	61.30	38.70	19.40	0.00
应用研究	数量	2	13	8	5	6	1
(19)	百分比	10.50	68.40	42.10	26.30	31.60	5.30
技术开发	数量	2	7	2	2	3	0
(9)	百分比	22.20	77.80	22.20	22.20	33.30	0.00
其他	数量	1	1	2	1	0	0
(3)	百分比	33.30	33.30	66.70	33.30	0.00	0.00

4. 层级、经验和背景与“首要的成果的形式意愿”之间的关系

从表 14 数据中可以看出，无论是哪一种学科背景，科研人员最趋向选择的成果形式都是发表论文；但是成果选择的第二选择上，不同学科领域之间则存在一定的差异——基础研究和应用基础研究的科研人员们更趋向于选择专著的形式；而应用技术、技术开发以及其他领域的科研人员则更趋向选择专利或技术秘密的形式。表 15 数据显示，无论哪一层级的被调查者首先考虑的成果方式都是发表论文，这一倾向在最后高层级的项目负责人这一群体中体现的尤为明显。

表 14　学科属性与“首先考虑的成果形式”的关系

		论文	专著	专利	技术秘密	其他
基础研究	数量	23	7	2	3	2
(26)	百分比	88.50	26.90	7.70	11.50	7.70
应用基础研究	数量	29	10	6	2	1
(31)	百分比	90.60	31.30	18.80	6.30	3.10
应用研究	数量	13	3	6	4	0
(19)	百分比	68.40	15.80	31.60	21.10	0.00
技术开发	数量	6	2	5	3	0
(9)	百分比	66.70	22.20	55.60	33.30	0.00
其他	数量	2	1	2	1	0
(3)	百分比	66.70	33.30	66.70	33.30	0.00

表 15　项目中管理层级与“首先考虑的成果形式”的关系

		论文	专著	专利	技术秘密	其他
项目负责人	数量	12	4	1	1	0
(12)	百分比	100.00	33.30	8.30	8.30	0.00
课题负责人	数量	28	7	9	2	1
(34)	百分比	82.40	20.60	26.50	5.90	2.90
子课题负责人	数量	11	4	2	4	0
(14)	百分比	78.60	28.60	14.30	28.60	0.00
其他管理人员	数量	9	2	3	2	0
(12)	百分比	75.00	16.70	25.00	16.70	0.00
一般参与人员	数量	10	2	4	3	1
(14)	百分比	71.40	14.30	28.60	21.40	7.10

5. 层级、经验和背景与“对产业化的关注程度”之间的关系

调查显示，层级、经验与对产业化的关注程度没有影响。从表 16 数据中可以看出，无论是哪一种学科背景，均有 60% 以上的科研人员表示比较或非常关心自己研究成果的产业化，同时这种关心在技术开发领域中的科研人员身上体现的尤为明显，在所调查的技术开发群体中，几乎全部的被调查者表示自己比较或非常关心自己研究成果的产业化。

表 16　学科属性与“对产业化的关注程度”的关系

		不关心	有点关心	一般	比较关心	非常关心
基础研究	数量	0	5	6	12	3
(26)	百分比	0.00	19.20	23.10	46.20	11.50
应用基础研究	数量	1	1	5	17	7
(31)	百分比	3.20	3.20	16.10	54.80	22.60
应用研究	数量	0	1	4	9	5
(19)	百分比	0.00	5.30	21.10	47.40	26.30
技术开发	数量	0	0	0	5	4
(9)	百分比	0.00	0.00	0.00	55.60	44.40
其他	数量	0	0	1	0	2
(3)	百分比	0.00	0.00	33.30	0.00	66.70

四、结论与讨论

知识产权意愿属于观念层面的范畴。科研人员知识产权意愿的形成和变化具有复杂性和模糊性。被调查者对于自己意愿的形成或改变的原因也未必

清楚，很大程度上也是隐约感知的。不过，这并不意味着对于意愿原因的探究由于难以精确而没有价值。我们认为，这种意愿本身就是一种事实，而为了正确地认识它，也应该从可探查的客观方面对它进行研究。通过前面的研究，本文获得了一些有价值的结果，下面将对这些结果进行分析和讨论。

第一，大科学研究骨干人员对知识产权给予了充分的重视与关注，但论文仍占据成果期望的首要地位，包括从事应用研究与技术开发的人员。

有接近三分之二的被调查者具有申请知识产权的意愿，并有超过一半的被调查者表示在研发过程中会提前着手申请专利。但是当发表论文与申请专利发生冲突时，多数人会选择论文而放弃专利，即使从事应用研究和技术开发的骨干研究人员仍有接近一半的被调查者表示会放弃专利。一般来说，从事基础研究的人不关注知识产权并做出这种选择很正常，但是对于近一半的应用技术研究人员来说，论文仍远远重要于专利，原因何在？如果原因是许多学者已注意到并已指出的，我国长期以来重论文轻专利的考评机制造成科研中不重视知识产权，那么一个不容忽视的事实是，自 2006 年知识产权上升为国家战略以来，多数高校和研究单位已经把专利在绩效和职称评定考核中的权重加大到和索引论文同样，并附加从国家到地方多种名目的专利奖励，为什么这些措施并没有改变科研人员的意愿？

这就是问题所在。在访谈中部分被调查者表示，知识产权“不需要他们关心”，作为职务发明，知识产权的每一步管理都掌握在单位的手里，科研人员缺乏控制权，因此缺乏意愿和兴趣。同时在访谈中部分副研究员（副教授）表示，副研究员（副教授）一般并未承担项目或课题负责人的管理职责，所以并不关心项目的知识产权产出。至于知识产权发明人的身份所带来的对于绩效和职称评审等优势，对于副研究员群体的激励作用并未像对于助研（讲师）群体那样显著。

但这仍然不够。进一步的调研发现，一个更重要的原因似乎是中国目前的专利态势及其症结，因而这一原因具有极大的挑战性。访谈中有被调查者表示，中国的专利质量低，因而他不愿申请专利，宁愿把成果以技术秘密的形式保护。当我们进一步询问以技术秘密的形式保护时，他将如何处理产品被反向并仿造的隐患，以及如何处理后续产业化中难度更大的保密及权益保护问题时，被调查者表示尚未有明确的考虑。国际国内近年来不同的统计数字均显示，中国已经成为专利数量大国并且增长迅速。一方面是专利申请量激增，但是另一方面，科研人员的专利意愿依旧不高。于是人们有理由问，既然在考核和激励上已经做到论文和专利并重，那么在科研人员的意愿中为什么仍然更重视论文？进一步的问题是，既然专利数量泛滥但质量低是造成研究人员不重视专利的一个原因，那么在各种所谓绩效考评和职称评定中是不是再加上专利质量这一考核指标就能像提升数量一样迅速地提升专利质量呢？比上述两大问题更为重要的是，中国大科学研究对于科研人员的知识产权激励究竟面临什么样的未来选择：是在小科学机制上做出实质性的改变，还是终究是小科学激励的大规模复制？

第二，知识产权的产业化得到了大科学骨干研究人员的特殊关注。

定量分析结果显示，被调查者对产业化的关注度较高，说明他们很关注知识产权带来的经济利益，期望自己在付出智力和体力上的辛勤劳动后，能为自己带来一定的经济收入。当然这种关注无法超过对论文的重视，当二者冲突时，多数人仍然会选择论文。在访谈中了解到有的成果已经在申请专利，并已经在考虑产业化实施，但由于被调查者自己也不清楚的原因，其所在单位在相关问题上进展缓慢。这也反映了大科学专利成果产业化的一个困境，大科学项目的承担单位多，各自的体制和管理水平不一，与大科学自身在部分问题上需要的“顶层设计，高端综合”机制存在矛盾。

关于专利成果产业化问题是近年来研究的热点，很多学者研究了产业化的各种模式，以及产业化风险分担和效益分配等问题。但是，产业化得到重视的同时科研人员的利益是否得到了充分的保障？在现有的法律安排下给发明人的回报是否符合他们的意愿？这些问题就少有人问了。一个原因可能是，在管理上，对于产业化的重视更多地体现在单位的政绩上；在学术研究上，对专利转化率低的现状已经有共识，但真正的原因现在还不清楚。

值得一提的是，在探究被调查者的知识产权及其产业化意愿的同时，在探讨知识产权目前能带来的是不是他们真正想得到的之前，我们应该关注的还有科研人员是否真正知道知识产权能给他们带来什么？关于他们对于知识产权的认知和对于产业化的具体权益需求等问题，有着丰富的内涵，也是我们调查和研究的重点，将另文讨论。

第三，在大科学项目的评价和激励机制与小科学尚未产生根本性变化的条件下，这种状况将长期存在。

本研究这些证据当然还不足以让我们可靠地估计大科学项目骨干研究人员知识产权意愿的未来走向，但是至少，从科研人员意愿的角度，我们可以判断目前的知识产权激励尚不能最大限度地激发每一个人的创新精神，也不能更好地有助于发挥大科学协同效应。我们不能确切地断言未来 10～20 年内——多数大科学项目研究周期——这一状况的进一步变化，但是可以判断，在大科学项目的评价和激励机制与小科学尚未产生根本变化的条件下，这种状况将长期存在。当然，我们期望有可能继续深入地探讨问题的成因和改变的可能，而不仅仅是目前的个案实证探讨。无论如何，本研究构成值得持续调查并比较的一个背景分析。

参考文献

[1] 米·科斯特．司法自治及其限制//中德经济法研究所年刊．南京：南京大学出版社，1994.

[2] 冯晓青．知识产权法哲学．北京：中国人民公安大学出版社，2003.

第三部
知识产权管理和运用

健全知识产权执法和管理体制*

在日前国务院发布的《国家知识产权战略纲要》（简称《纲要》）中，“健全知识产权执法和管理体制”问题占有十分重要的位置。

《纲要》提出的五大战略重点之首就是“完善知识产权制度”。“健全知识产权执法和管理体制”是“完善知识产权制度”的重要内容之一。《纲要》第9条明确提出：“健全知识产权执法和管理体制。加强司法保护体系和行政执法体系建设，发挥司法保护知识产权的主导作用，提高执法效率和水平，强化公共服务。深化知识产权行政管理体制改革，形成权责一致、分工合理、决策科学、执行顺畅、监督有力的知识产权行政管理体制。”《纲要》第45～53条具体提出了“提高知识产权执法水平”和“加强知识产权行政管理”的战略措施。

一、健全知识产权执法和管理体制是完善知识产权制度的关键所在

经过近30年的努力，我国的知识产权法律制度从无到有，从少到多，逐步成熟，逐步完善。从立法层面上看，我国的知识产权法律制度已经基本

* 本文作者为李顺德，原载《中国发明与专利》，2008年第8期，第8～12页。

达到 WTO 的《与贸易有关的知识产权协议》（TRIPS 协议）所要求的国际水平，这是一个举世公认的事实。但我国的知识产权法律制度需要继续发展和完善，这不仅仅是指立法，更为重要的是加强和完善知识产权的执法和管理，其中改善我国知识产权执法和管理体制的任务显得极为突出。在知识产权的执法和管理方面，我国还存在着许多不尽如人意的地方，甚至是比较突出的问题，亟待解决。因此，“健全知识产权执法和管理体制”成为我国“完善知识产权制度”的关键所在。

广义地理解，“知识产权执法”可以包括“知识产权管理”。WTO 的《与贸易有关的知识产权协议》（即 TRIPS 协议）的第三部分标题“Enforcement of Intellectual Property Rights”比较贴切的翻译就是“知识产权执法”。在这一部分中，涉及知识产权执法的有民事程序和民事救济、行政程序和行政救济、刑事程序和刑事救济。由此，我们可以理解为：广义而言，知识产权执法应该包括上述 3 种程序和 3 种救济；从另外一个角度来看，也可以理解为，知识产权执法应该包括知识产权的司法和知识产权的行政管理、行政执法。

狭义地理解，“知识产权执法”仅仅包括知识产权的司法和知识产权的行政执法，不包括知识产权的行政管理。

我们所说的“司法”，通常是指被法律赋予司法权的机关，依法处理各种民事、刑事和进入诉讼程序的行政案件，以及非讼案件的行为。

我们所说的“行政”，通常是指国家行政机关和取得行政授权的组织，依法对国家和社会事务进行组织和管理的行为，是国家意志的体现，具有强制力。

我们所说的“行政执法”，通常是指国家行政机关和取得行政授权的组织，为了实施、执行法律、法规、行政规章和其他具有普遍约束力的决定、命令，完成国家行政管理职能，对行政相对人采取的直接影响到行政相对人的权利义务的、具有法律效力的具体行政行为，包括行政决定、行政命令、行政处理、行政许可、行政授权、行政检查、行政监督等行为。

我们所说的“行政管理”，通常是指国家行政机关和取得行政授权的组织，依据法律、法规授予的行政权，管理国家和社会事务的行为，是政府为公民和社会提供服务的一种法律措施。

所谓“知识产权行政执法”，是指专业行政执法机构和取得相应行政授权的专业执法组织，以及准司法行政机构和行政管理机关，依据知识产权法律规范查处知识产权侵权纠纷的行为。

所谓“知识产权行政管理”，是指知识产权行政管理机关和取得相应行政授权的组织，依据知识产权法律规范管理国家有关知识产权的事务，为公民和社会提供知识产权法律服务的行为，包括知识产权的行政权及相关的管理，包括知识产权争议调解，不包括直接查处知识产权侵权纠纷。

长期以来有一种流行的说法，称中国内地在知识产权方面实行的行政执法与司法平行的“双轨制”在世界上是特有的。其实，这种说法是不对的，至少是不确切的。在知识产权方面实行行政执法与司法平行的“双轨制”，是世界上多数国家的通行做法。在许多国家，除了法院等司法机关负责知识产权的司法保护以外，作为专业行政执法机构的警察局和海关都担负着知识产权行政执法的重任，应该说这也是行政执法与司法平行的“双轨制”。中国与西方发达国家和世界上大多数国家的“双轨制”不同之处在于，在知识产权领域实行的是行政管理机关直接执法和法院等司法机关司法并存的“双轨制”。这里所说的行政管理机关直接执法，是指专利局、商标局、版权局等行政管理机关所实施的以行政机关为主体的直接行政执法，不包括警察局和海关的知识产权专业行政执法，也不包括一些涉及知识产权的准司法行政机构的行政执法。

二、“作用”符合国际发展潮流

强化司法，强化专业行政执法、淡化行政管理机关直接执法是世界范围内的一个总的发展趋势，我国也不例外。《纲要》提出要“发挥司法保护知识产权的主导作用”，符合这一发展趋势，也符合我国加强知识产权保护的实际需求。

20 世纪 80 年代，我国知识产权法律制度建立之初，有关知识产权的司法体制尚未建立，面临着较为繁重的知识产权执法和争议纠纷处理任务，仅仅依靠司法机构是难以胜任的。随着知识产权法律制度建立而产生的知识产权行政管理机关，理所当然地分担起行政执法的重任，既是必要的，也是现实的选择。

在中国内地知识产权法律制度建立和实施的历史过程中，知识产权行政机关的行政执法起到非常重要的、积极的作用，形成世界上特有的行政管理机关直接执法与司法平行的“双轨制”，这是特定历史条件下的产物。

随着中国内地知识产权法律制度的不断完善，知识产权司法体制逐步建立、健全，行政管理机关直接执法与司法平行的“双轨制”的弊端日益显现，对于这一特有体制改革的呼声也日益增强。自 20 世纪 90 年代末期以来，随着国家行政体制改革的不断深入，已经出现了将行政管理与行政执法分开的趋向。2000 年修订的专利法与 2001 年修订的商标法和著作权法，已经反映了这样的趋向，即行政管理机关虽仍旧承担部分直接执法职能，但是，仅限于确定侵权与否，不再允许责令赔偿和确定损害赔偿数额，实际上已经弱化了相关行政管理机关的直接执法职能。

当初确立行政管理机关直接执法与司法平行的“双轨制”是历史发展的需要，当今提出要“发挥司法保护知识产权的主导作用”，逐渐淡化行政管理机关直接执法，同样是历史发展的要求。淡化行政管理机关直接执法，并不意味着要弱化行政执法，反而是为了加强专业行政执法。

三、加大知识产权执法力度，提高执法效率和水平，势在必行

“提高知识产权执法水平”是《纲要》提出的九大战略措施之一。“提高知识产权执法水平”包括提高知识产权司法和知识产权行政执法的水平。

（一）加大知识产权司法惩处力度，完善知识产权审判体制

为了提高知识产权司法水平，《纲要》提出 8 项具体措施和任务。

1）研究设置统一受理知识产权民事、行政和刑事案件的专门知识产权法庭；

2）研究适当集中专利等技术性较强案件的审理管辖权问题，探索建立知识产权上诉法院；

3）进一步健全知识产权审判机构，充实知识产权司法队伍；

4）加强知识产权司法解释工作；

5）降低维权成本，提高侵权代价，有效遏制侵权行为；

6）建立和完善司法鉴定、专家证人、技术调查等诉讼制度；

7）完善知识产权诉前临时措施制度；

8）加大行政执法机关向刑事司法机关移送知识产权刑事案件和刑事司法机关受理知识产权刑事案件的力度。

由于篇幅所限，这里仅对前面两项加以探讨。

1. 关于“设置统一受理知识产权民事、行政和刑事案件的专门知识产权法庭”问题

考虑到知识产权案件的特殊性，1993 年我国开始在法院系统单独设立知识产权庭，统一受理知识产权案件。2000 年，在全国法院体制改革中，将知识产权庭更名为民事审判庭，专门审理知识产权民事案件，再次明确与知识产权有关的行政案件和刑事案件，分别由行政审判庭和刑事审判庭受理。2006 年，虽然对外恢复知识产权庭的称谓，但是，职能分工并未改变。

几年来的实践证明，这一职能分工造成许多不利后果。

1）知识产权民事案件和刑事案件分庭审理，已经造成没有知识产权民事案件管辖权的基层法院，可以受理知识产权的刑事案件的不正常现象。按照规定，我国知识产权的民事案件由中级以上人民法院以及经过最高人民法院认定的北京、上海等地个别基层法院管辖。而依据我国《刑事诉讼法》的规定，涉及知识产权（商标、版权、专利、商业秘密等）犯罪的刑事案件，一审管辖权基本属于基层法院。这样就产生了一种近似荒唐的现象，没有知识产权民事案件管辖权的基层法院，却可以受理知识产权的刑事案件，显得十分不协调，十分不严肃。

2）知识产权民事案件和刑事案件分庭审理，“先刑后民”的处理模式，容易造成误判。由于我国传统的“重刑轻民”审判习惯的影响，对于既有民事纠纷又有刑事纠纷的案件，通常采取“先刑后民”的方式处理，加上刑事审判庭对于知识产权法律的生疏，往往产生刑事判决之后，却发现系争的“知识产权”，其实是无效的，谈不上民事侵权，更谈不上刑事“犯罪”；或

者被认定的“犯罪”行为根本不构成民事侵权，也就不能构成刑事“犯罪”；或者是被认定的“犯罪”行为，仅仅构成一般民事侵权，而不构成“犯罪”，这些情况极易造成误判。

3）知识产权民事案件和刑事案件分庭审理，在侵权定性、数额确定等方面的认识存在显著差别，造成判案标准不统一。知识产权庭审理知识产权侵权纠纷，均按照知识产权法的相关规定；刑庭审理知识产权犯罪依据刑法，两庭在对侵权行为定性时存在明显差别，对涉案金额的确定也存在根本的不同。

4）行政庭和知识产权庭同时负责审理知识产权行政机构的行政决定，往往造成立案和审理的混乱。法院对知识产权行政机构的行政决定进行司法审查的时候，由于行政庭和知识产权庭都可以审理，直接带来许多问题，也给当事人投机增加了机会。尽管最高人民法院对此有一个明确规定，在实践中这一规定并没有真正严格执行，往往是当事人可以自由选择审判庭，或者法院立案以后随意处置，使得两庭的收案存在交叉，行政审判庭和知识产权庭都存在着审理本应由对方审理的案件的现象，甚至出现了多方当事人针对一份无效决定起诉，却被分到两个庭分别审理的现象。

5）行政庭和知识产权庭同时负责审理知识产权行政机构的行政决定，同样造成没有知识产权民事案件管辖权的基层法院，可以受理知识产权行政案件的不正常现象。由于基层知识产权行政管理机构直接进行行政执法（如行政处罚等），往往要涉及知识产权有效性问题，因而基层法院受理的有关知识产权行政管理机构的行政案件，实际上不仅要审理程序问题，还要审理实体问题，容易造成混乱。

6）知识产权庭和行政庭审理知识产权案件客观存在显著差别，导致执法结果不统一，有损司法权威。两庭审理知识产权案件，在审理思路、审理范围、裁判标准、裁判文书制作重点等方面存在的明显差异，甚至已经产生了“同案不同判”的现象。

7）在案件涉及行政机关的知识产权案件中，行政机关作为被告有违诉讼法中当事人的基本构造，属于一种错位审判模式。涉及行政机关的知识产权案件，往往是涉及权利人和利害相关人利益的民事争议，行政机关在案件中实际是中立的裁决机构，行政决定是针对双方争议的问题居中做出的裁决，在决定过程中适用的是类似民事诉讼的程序，行政机关与原告并不存在利益冲突。行政机关在此类案件的处理过程中实际上处于准司法机关的地位，在此类案件中，行政机关作为被告有违诉讼法中当事人的基本构造，属于一种错位审判模式。

8）涉及行政机关的知识产权案件，行政机关作为被告诉讼积极性不高，直接损害第三人利益。涉及行政机关的知识产权案件，利害冲突涉及的实际是权利人和利害相关人，而不是行政机关，因此，行政机关作为被告诉讼积极性不高，提交证据不够充分及时，庭审态度不主动，这样直接影响到第三人的利益，使其难以得到有效保护。

对于上述种种弊端，通过将知识产权的民事、行政、刑事案件统一审理，是目前解决这些问题最为有效的途径。

自 1996 年以来，国内已经有一批基层法院和中级人民法院进行了民事、行政、刑事案件“三审合一”或“二审合一”的试点。实践证明，“三审合一”或“二审合一”有效节约了审判资源，统一了审判标准，效果明显。

2. 关于“探索建立知识产权上诉法院”问题

知识产权案件具有较强的专业性，其中专利（包括实用新型）、商业秘密中的技术秘密、计算机软件、集成电路布图设计和植物新品种案件更为特殊。这类案件不仅涉及权利是否有效、侵权是否成立等法律问题，还涉及与法律相关的技术问题。到 2007 年 12 月底，全国具有专利、植物新品种、集成电路布图设计一审案件管辖权的中级法院分别为 69 个、38 个和 43 个，负责专利、植物新品种、集成电路布图设计二审案件管辖权的高级人民法院有 31 个。对于上述技术性较强的案件而言，二审管辖显得十分分散，60 多个一审法院对应 31 个二审法院，平均每个二审法院管辖两个一审法院。由于各二审法院对法律的理解不同，出现了法律适用标准不同，同案不同判的结果。这对于统一审理标准、提高办案水平、加强监督管理都是十分不利的。

从国际上看，设置技术性较强知识产权专门上诉法院是许多国家的通行做法，美国、英国、德国、日本等发达国家，泰国、菲律宾等发展中国家均采取了这一模式。借鉴世界各国的成功经验，设置一个统一的知识产权专门上诉法院，应该成为我国知识产权司法制度改革的目标之一。在一步到位地设置一个全国统一的知识产权专门上诉法院条件不成熟的情况下，选择一些审理知识产权案件较多、审查经验较为丰富、办案水平相对较高的高级人民法院，设置几个区域性的知识产权专门上诉法院，将商业秘密中的技术秘密、著作权中的计算机软件等二审案件也集中到上诉法院，作为具有较强技术性的知识产权案件的审理，既有必要，也有可能。这种集中，有利于统一审理标准、提高审案水平。设置专门上诉法院，有利于引入技术法官、技术调查官等行之有效的人员和机制，提高知识产权案件审理水平。根据德国、日本等国家的经验，在技术性较强知识产权专门上诉法院设置技术法官、技术调查官等专业人员，对于提高审理技术性较强知识产权案件的审理水平和审理效率，具有十分积极的作用。

（二）加强知识产权专业行政执法

为了提高知识产权行政执法水平，《纲要》提出 6 项具体措施和任务。

1）合理配置执法资源，提高执法效率；

2）研究专利无效审理和商标评审机构向准司法机构转变的问题；

3）提高知识产权执法队伍素质；

4）有计划、有重点地开展知识产权保护专项行动；

5）加大行政执法机关向刑事司法机关移送知识产权刑事案件的力度；

6）加大海关执法力度，加强知识产权边境保护。

十分明显，《纲要》提出的这 6 项具体措施和任务，主要是为了整合现有知识产权行政执法资源，加强知识产权专业行政执法。

由于篇幅所限，这里仅对前面两项加以探讨。

1. 关于“合理配置执法资源，提高执法效率”问题

我国现有的知识产权行政管理和行政执法体制主要包括知识产权局、工商行政管理总局、版权局、商务部（局）、农业部、林业局、海关、文化部、质量监督检验检疫总局、公安部（局）等系统。存在的主要问题是：机构设置过多；职能设置复杂、交叉；对外交往协调困难；受编制的制约，许多机构的管理和执法人员明显不足；知识产权注册、登记、审理、确权期限过

长；行政管理和执法难以及时、到位；行政管理机关负责直接执法，使政府承担了过重的本可避免的知识产权执法责任。

为了解决中国内地现行知识产权行政管理和行政执法体制存在的上述问题，加强知识产权行政管理和行政执法，便于与国外知识产权行政管理机构的对口交流、沟通、协调，必须逐步对现有的知识产权行政管理和行政执法体制进行改革。改革方向之一，就是整合现有知识产权行政管理部门和执法部门，实现知识产权行政管理和执法的集中、统一、高效。这种整合，有利于对外对口交流、便于参与国际谈判的协调、统一，加强行政管理。这种整合，符合行政机关精简、高效的改革方向。这种整合，有利于解决不同类型知识产权之间管理的协调、沟通。改革方向之二，就是实施行政执法与行政管理职能分离，设立专业行政执法队伍，加强行政专业执法。将分散在多个系统的行政执法人员整合起来，设立统一的专业行政执法队伍，有利于有效降低过去由于执法队伍分属不同系统而带来的相互协调成本，使得行政执法队伍的职责更加明确，不会发生不同执法队伍之间的相互推诿的行为；有利于对执法队伍的执法效果的监督、检查；有利于增加和配备更多、更有效的专业执法工具和执法手段，集中打击那些易于分辨的盗版和假冒等量大面广、社会危害性大、对知识产权保护法律环境影响突出的违法侵权行为；有利于针对行政专业执法的特点，加强对执法人员的培训和教育，培养既有专业知识又有综合能力的执法人员。这样的行政执法机制，改多头行政执法为统一行政执法，不但不会削弱已有的行政执法，而且可以大大强化行政专业执法。

2. 关于“专利无效审理和商标评审机构向准司法机构转变的问题”

目前，在我国知识产权执法体制中存在的一个十分现实的问题，就是涉及专利权和商标权的确权环节过多，甚至可以形成往复诉讼的“怪圈”，严重影响了司法和行政执法的效率，造成极大的资源浪费。

这里所说的专利权和商标权的“确权”，是指知识产权行政机构对专利、商标等申请的受理、审查，进行确认的行为，或者是在专利、商标等权利被确认以后，由于权利冲突或侵权纠纷而引起的再次对于某些权利有效性提出质疑，需要知识产权行政机构再次对这些权利是否有效做出认定的行为。

对专利、商标等申请的“确权”，涉及两个特殊的行政机构，专利复审委员会和商标评审委员会。确权环节过多，确权周期过长，不仅会影响到权利状态的确定和权利的稳定，从而影响到社会经济秩序的稳定，而且直接关系到相关纠纷案件的审理和结案，造成行政资源与司法资源的浪费。

解决这一问题的关键在于正确确定专利复审委员会和商标评审委员会的法律地位，理顺和简化专利权和商标权的确权程序。解决这一问题可以从两方面着手。一是从行政管理机关内部简化确权程序。例如，可以把商标异议程序由商标局直接改到商标评审委员会委启动，直接减少一个环节，这是正在进行第三次修改我国商标法的一个思路。二是可以从行政管理机构与司法机关的衔接程序上解决。后者的关键仍然是要正确解决专利复审委员会和商标评审委员会的法律地位问题。

目前，我国的专利复审委员会和商标评审委员会属于行政机构或具有行政职能的机构。

专利复审委员会和商标评审委员会的职能具有“准司法性”，其实质上属于“准司法机构”，从国外来看，大部分国家都是作为“准司法机构”处理，有其合理性。我国没有明确专利复审委员会和商标评审委员会的准司法性质，是造成专利权和商标权的确权环节过多的一个直接原因。

所谓“行政准司法机构”（administrative quasi-Judicial agencies）是国外对某些具有特殊性质的行政机构的统称。依据法律规定，这些行政机构担负着类似于司法机关的职能，针对由于当事人不服行政机关的决定，或行政机关、其他当事人侵害相对方合法权益而产生的争议或纠纷而提出的相关请求，按照相关的司法程序而不是行政程序进行审理、裁定，其裁定不同于一般行政机构的行政裁定，必须对裁定的理由（事实和法律）做出充分说明，通常被认定为是一级司法裁定，具有司法意义上的法律效力，需要设置相应司法程序由法定的司法机关对其承担相应的司法审查职能，对于其裁定的司法审查如同上级法院对下级法院判决或裁决的司法审查一样，作为当事人是以上诉方式而不是以提起诉讼方式寻求司法救济，做出裁定的行政机构不作为被告。

“准司法机构”的出现、存在、发展和其功能的充分发挥，是市场经济发展的客观需要。市场经济的发展，社会关系、经济关系的复杂化直接导致社会冲突或纠纷的增多、解决纠纷的难度增大，从而迫切需要多渠道、多层次的纠纷解决机制。这是“准司法机构”产生和发展的历史原因，因此，也可以说“准司法机构”是市场经济的产物。例如，美国国际贸易委员会(USITC 或 ITC) 就是一个独立的准司法联邦机构，还有海关、国家劳动委员会等。日本的海难判定以及反垄断的判决都是准司法判决；德国等国家的反垄断委员会，法国的劳资调解委员会等都是准司法机构。

在我国现有的“两审终审”司法审判制度下，将专利复审委员会、商标评审委员会作为准司法机构（或者直接改制为司法机关)，是简化专利、商标确权程序的行之有效的方式。在改革、完善我国知识产权行政管理和行政执法、司法体制的过程中，将专利复审委员会、商标评审委员会改制为准司法机构应该作为一项重要的内容列入议程，将专利复审委员会、商标评审委员会改制为准司法机构可以作为一种优先考虑的选择。

四、加强知识产权行政管理，任重道远

为了提高知识产权行政管理水平，《纲要》提出 15 项具体措施和任务，可以大致分为三类。

第一类是加强知识产权行政管理机构自身建设，包括：

1）深化知识产权行政管理体制改革；

2）县级以上人民政府可设立相应的知识产权管理机构；

3）完善知识产权管理部门公务员管理制度；

4）充实知识产权管理队伍；

5）加强业务培训，提高人员素质。

第二类是完善知识产权确权制度，包括：

1）完善知识产权审查及登记制度；

2）改革专利和商标确权、授权程序；

3）研究专利无效审理和商标评审机构向准司法机构转变的问题。

第三类是加强知识产权行政管理机制，包括：

1）制定并实施地区和行业知识产权战略；

2）建立健全重大经济活动知识产权审议制度；

3）构建国家基础知识产权信息公共服务平台；

4）建立知识产权预警应急机制；

5）建立部门协调机制，统筹规划知识产权人才队伍建设；

6）建立和完善知识产权人才的专业技术评价体系；

7）完善吸引、使用和管理知识产权专业人才相关制度。

《纲要》提出的加强知识产权行政管理的任务和措施是明确而艰巨的，任重道远。上述的“深化知识产权行政管理体制改革”，在前文“合理配置执法资源，提高执法效率”部分，实质上已经作过探讨；“研究专利无效审理和商标评审机构向准司法机构转变的问题”的任务，在前文也已经作过探讨。其他任务和措施，由于篇幅所限，这里就不一一探讨了。

高校专利技术转化评价标准*

《国家知识产权战略纲要》标志着知识产权成为重要的国家战略，也给高校带来一个基于专利与技术创新进行变革的契机。“引导支持创新要素向企业集聚，促进高等学校、科研院所的创新成果向企业转移，推动企业知识产权的应用和产业化，缩短产业化周期。”① 从技术创新的视角看，虽然我国高校创新能力的提升是高校实施国家知识产权战略的关键所在，但更为迫切的一个现实问题则是如何引导高校将大量已经拥有的技术成果（尤其是已经获得专利权的技术）转化成具有商业价值的产业技术，即知识产权的商业化使用。

高校专利技术的产业化，涉及高校、政府、企业、研究机构、创新资本等环节，面临多元利益的冲突与互动，需要仔细权衡的知识产权制度、可行的激励措施和高效的体制结构。长期以来专利技术转化效果普遍不佳的我国高校，应审时度势，正视矛盾，对高校在国家知识产权战略实施中的危机与契机做出重新的考量。而对已有的高校专利转化系统的运转效率进行评价比较，对不同的系统采取不同的促进手段，对高校专利转化系统建立一个客

---

* 本文作者为刘朝、李慧、师洪波，原题为《关于高校专利技术转化评价标准的初步研究》，原载《电子知识产权》，2011年第6期，第57～65页。

① 《国家知识产权战略纲要》，国发〔2008〕18号通知。

观、准确的评价体系，是一项非常必要的基础工作。

目前，国内关于科技成果转化评估已有一定的研究①，但是所有方法均是从某一项指标或某一个方面来衡量科技成果的转化效果，不能达到整体、全面的衡量。并且目前的评价方法，权重值通常都受到人为因素的影响，不能做到客观有效。本文尝试构建模型，对现有高校专利转化系统的运转效率进行评价比较，对我国高校专利技术转化的评价标准问题进行初步的研究。

一、评价指标的选取

（一）指标的选取范围

本评价体系主要针对高校的专利技术转化体系进行评价。参考上文关于转化体系的讨论，转化体系中主要包括高校、转化中介、企业三个主体，以及他们所处的社会环境。因此在评价过程中也主要对以上四个部分进行评价，由于是针对高校的技术转化体系，所以企业部分及国家政策因素等这里不作考虑。

指标的类型可以分为两类：一是直接代表高校专利转化效率的指标，如专利投入产出率，专利研发投入量等；二是反映系统运行效率的潜在指标，如政策导向性，中介服务的专业性、完备性等。

---

① 天津大学韩款、石善冲1999年在《科技成果转化效果的评价指标体系研究》中指出目前我国对科技成果转化的评价主要是以指标单方面来衡量的，这样不能全面反映科技成果转化的效果，对于科技成果转化带来的实际效果没有办法进行评价。2003年石善冲又在《科技成果转化评价指标体系研究》中提出科技成果转化的评价指标体系：①技术开发能力；②科技成果转化能力；③科技成果转化直接效果。兰州大学、西安交通大学柴国荣、许崇美、闵宗陶在《科技成果转化评价指标体系设计及应用研究》中强调对科技成果转化的评价要采用多指标进行综合评价。东北农业大学赵英、曹然在《高校科技成果转化价值评估指标体系及方法》中论述应当根据所要评估的对象及实际情况，选择适宜的评估方法开展评估工作。浙江工业大学张华波在其硕士论文《基于数据挖掘的科技计划项目绩效评价系统的应用研究》以及柴国荣许崇美等在《科技成果转化评价指标体系设计及应用研究》中都详细地对目前国内所采用的几种评估方法进行了介绍。

（二）具体指标选取

在以上指标选取范围内，按照下面的方式选取指标（图 1）：

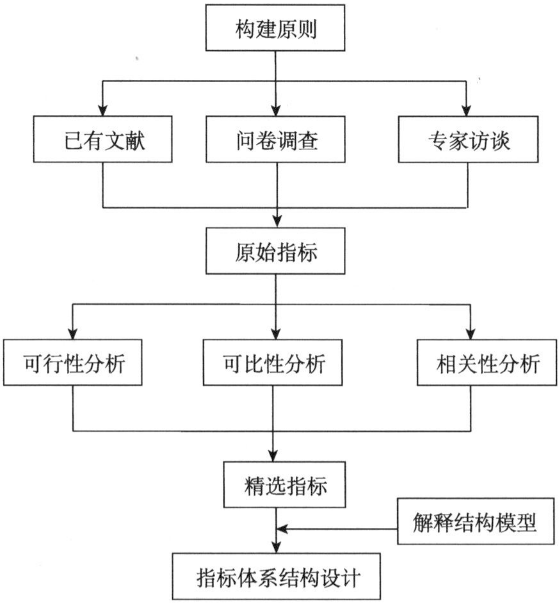

图 1　评价指标筛选的过程

1）原始指标。根据对专利技术转化系统的调研，并采用专家访谈的形式，对影响专利转化系统运转效率的因素进行广泛选取，确保收集的指标尽可能覆盖专利转化系统运转的各个层面，体现完备性和系统性。

2）指标精选。分析指标本身的可行性、可比性以及指标间的相关性，对可行性较差、评价结果贡献较小以及指标间相关程度较高的指标进行合理的筛选，通过专家论证，剔除了对项目过程管理评价影响相对较弱的指标，以保证评价指标的简洁、高效。同时通关相关性分析，提出指标内具有相关作用的指标，尽量使指标具有独立性。

3）结构设计。研究指标间的因果关系，运用解释结构模型等方法发现指标间的结构关系，系统地构建评价指标体系框架。

根据以上指标选取方案，综合考察影响专利转化系统的各种因素，确定了以下指标（表 1）。

表 1　高校专利转化系统评价指标

<table>
<tr><th>目标层</th><th>一级指标</th><th>二级指标</th><th>三级指标</th></tr>
<tr><td rowspan="11">高校专利技术转化效率评价体系</td><td rowspan="2">社会环境（0.3）</td><td>地方政策法规（0.18）</td><td>政策法规的目标性（0.018）
政策法规的有效性（0.054）
政策法规的执行性（0.054）
地方政府的激励性（0.054）</td></tr>
<tr><td>市场环境（0.12）</td><td>当地经济水平（0.084）
当地融资难度（0.036）</td></tr>
<tr><td rowspan="3">高校（0.4）</td><td>高校政策（0.16）</td><td>办学理念（0.032）
专利研究投入（0.032）
研究人员激励（0.048）
专利产权归属（0.048）</td></tr>
<tr><td>投入及产出综合质量（0.12）</td><td>近年申请增长率（0.03）
近年授权增长率（0.03）
近年产出投入比（0.03）
近年转化比率（0.03）</td></tr>
<tr><td>科研实力（0.12）</td><td>研发人员构成（0.072）
研发成果质量（0.048）</td></tr>
<tr><td rowspan="3">中介服务（0.2）</td><td>学校管理机构（0.1）</td><td>专利转移中心人员数量（0.02）
人员教育背景（0.02）
激励政策（0.03）
服务全面性（0.03）</td></tr>
<tr><td>科技园（0.06）</td><td>服务平台建设（0.024）
融资环境（0.012）
优惠政策（0.024）</td></tr>
<tr><td>合作机构（0.04）</td><td>校地合作机构（0.02）
校企合作机构（0.02）</td></tr>
<tr><td rowspan="2">企业发展（0.1）</td><td>自主创业（0.04）</td><td>创业人员素质（0.016）
研发人员的创业率（0.024）</td></tr>
<tr><td>衍生公司（0.06）</td><td>校办公司的实力（0.03）
校办公司的数量（0.03）</td></tr>
</table>

（三）主要指标说明

一级指标：社会环境、高校、中介服务、企业发展。以专利转化系统的四个主体为基础，选取对单个高校有影响的因素。

二级指标：对于社会环境，由于各高校人文环境及国家层面的政策相差不大，剔除了该因素，主要考虑影响较大的地方政策法规和市场环境。

对于高校，考虑到各因素之间的相关性，主要选取了高校政策、投入及产出综合质量、科研实力三个因素。对于中介服务，主要考虑与高校自身密切相关的中介机构，这里选取了学校管理机构、科技园、合作机构三个部分。企业的发展往往受企业自身管理、市场环境等因素影响，高校对企业的影响主要有高校衍生公司（衍生公司）及高校研发人员自主创业两个方面。

三级指标：对于高校政策，选取了有代表性的办学理念、专利研究投入、研究人员激励、专利产权归属，减少了一些具有相关性的因素；在投入及产出综合质量中，选取了能够对其进行反映的近年申请增长率、近年授权增长率、近年产出投入比、近年转化比率，这里的年份需要以实际需要进行选取，本文选取2004～2008年的数据。

二、指标权重的确定

根据层次分析法[1]，对各指标的权重进行判断，下面介绍判断方法。

（一）构造判断矩阵

评价指标体系建立后，需要对同一层次的指标进行两两比较，其结果由1～9标度法表示（表2）。

表2　1～9标度表（即函数 $f(x, y)$ 的取值）

$f(x, y)$	x，y 相比较	说明
1	x，y 同等重要	x，y 对于总目标具有相同的贡献
3	x 比 y 稍微重要	x 的贡献稍大于 y，但不明显
5	x 比 y 明显重要	x 的贡献明显大于 y，但不十分明显
7	x 比 y 十分重要	x 的贡献十分明显大于 y，但不是十分突出
9	x 比 y 极其重要	x 的贡献以压倒性优势大于 y
2，4，6，8	x 比 y 处于两相邻判断之间	各为上述两相邻判断的中值

对于同一层次的 n 个指标，可以得到两两判断矩阵 $A=\{a_{ij}\}$。判断矩阵中的值应满足下列条件：$a_{ij}>0$，$a_{ij}=1/a_{ji}$ i，$j=1, 2, \cdots, n$。

（二）计算指标权重

1）计算判断矩阵 A 的每一行元素的积 M_i，即

$$M_i = \prod_{j=1}^{n} a_{ij}, i = 1,2,3,\cdots,n \tag{1}$$

2）求各行的 n 次方程根，即

$$\overline{W_1} = \sqrt[n]{M_i}, i = 1,2,3,\cdots,n \tag{2}$$

式中 n 为矩阵阶数。

3）将向量 $[W_1, W_2, \cdots, W_n]^{\mathrm{T}}$ 归一化，计算指标权重 W_i，公式如下：

$$W_i = \overline{W_1} / \sum_{i=1}^{n} \overline{W_1} \tag{3}$$

计算判断矩阵的 A 的最大特征值 $\lambda_{\max}$，

$$\lambda_{\max} = \sum_{i+1}^{n} \frac{(A \cdot W)}{nW_i} \tag{4}$$

其中
$$A \cdot W = \begin{bmatrix} a_{11} & a_{12} & \cdots & a_{1n} \\ a_{21} & a_{22} & \cdots & a_{2n} \\ \vdots & \vdots & \cdots & \vdots \\ a_{n1} & a_{n2} & \cdots & a_{nn} \end{bmatrix} \times \begin{bmatrix} W_1 \\ W_2 \\ \vdots \\ W_n \end{bmatrix} \tag{5}$$

$$(A \cdot W)_i = a_{i1} \cdot W_1 + a_{i2} \cdot W_2 + \cdots + a_{in} \cdot W_n \tag{6}$$

一致性检验

首先计算一致性指标 CI，公式为

$$CI = \frac{\lambda_{\max} - n}{n - 2} \tag{7}$$

然后查找同阶矩阵平均一致性指标 RI，见表 3。

表 3　平均随机一致性指标

n	1	2	3	4	5	6	7	8	9
RI	0	0	0.58	0.90	1.12	1.24	1.32	1.41	1.45

最后计算一致性比率 CR，判断一致性。

$$CR = (CI/RI) \tag{8}$$

当 $CR = 0$ 时，A 具有完全一致性；当 $CR < 0.1$ 时，A 具有满意的一致性；当 $CR > 0.1$ 时，A 具有非满意一致性，应予以调整和舍弃。

通过以上计算方法，采用专家打分的方式确定各指标的权重。

三、评 价 方 法

（一）打分过程

本评价体系主要采取对第三级指标进行打分，然后根据各指标权重进行加权平均的方法。考虑到打分的难易度及精确度，采取每个指标分值最低 0 分，最高 100 分；最后系统的分值确定既要考虑系统的“功能性”因素，也要考虑到“协调性”因素[2]，计算得出系统评分，分值越高表示专利转化系统运转效率越高，同时每一级指标的得分也反映了高校专利转化应该关注的要素。

（二）统一评价结果的功能性与协调性

在有些评价模型中，有的采用反映被评价主体各项指标“功能性”的线性加权综合法，有的采用反映被评价主体各项指标的“协调性”的非线性加权综合法。前者对于观测值大的指标比较敏感，容易诱导被评价对象过度关注优势而忽视隐患，后者对取值较小的评价指标敏感，容易使被评价对象偏离自己的核心优势领域。在实际评价过程中，将这两种评价方法结合起来能取得良好的评价结果。本文采用兼顾“功能性”和“协调性”的综合性评价方法评价高校专利转化系统的效率。

$$y_i = \lambda_{i1}\sum\nolimits_{j=i}^{m} W_{ij}x_{ij} + \lambda_{i2}\prod\nolimits_{j=1}^{m} x_{ij}^{W_{ij}} \tag{9}$$

其中 i 为指标层级，W_{ij} 为第 i 层第 j 个指标 x_{ij} 的权重，满足 $\sum\nolimits_{i=1}^{m} W_{ij} = 1$ 。式（9）适用条件为 $x_{ij} \geqslant 1$。λ_{i1} 和 λ_{i2} 为“功能性”和“协调性”在评价结果中的比例系数。计算方法为

$$\lambda_{i1} = \frac{\sigma_{i1}}{\sigma_{i2} + \sigma_{i1}} \quad \lambda_{i2} = \frac{\sigma_{i2}}{\sigma_{i2} + \sigma_{i1}}$$

而 σ_{i1} 与 σ_{i2} 则为

$$\sigma_{i1} = \sum\nolimits_{i=1}^{m} (y_i^{(1)} - \bar{y}_i^{(1)})^2, \sigma_{i2} = \sum\nolimits_{i=1}^{m} (y_i^{(2)} - \bar{y}_i^{(2)})^2$$

其中 $y^{(1)}$ 和 $y^{(2)}$ 分别为根据线性加权和非线性加权评价所得的“功能性”

和“协调性”评价值，$\overline{y}_i^{(1)}$ 和 $\overline{y}_i^{(2)}$ 分别为 $y_i^{(1)}$ 和 $y_i^{(2)}$ 的算术均值。

四、评价案例

（一）案例选择及结果

按照以上指标选取流程和评分流程，对具有代表性的高校进行打分，分别选择清华大学、北京大学、浙江大学、哈尔滨工业大学、哈尔滨工程大学、华南理工大学等进行打分，得到打分结果如表 4 至表 9 所示（打分计算过程见附件 1）。

表 4　清华大学打分结果

目标层	一级指标	二级指标	三级指标
高校专利技术转化效率评价体系（90.8）	社会环境（0.3）88.1	地方政策法规（0.18）83.3	政策法规的目标性（0.018）98 政策法规的有效性（0.054）85 政策法规的执行性（0.054）75 地方政府的激励性（0.054）85
		市场环境（0.12）95.6	当地经济水平（0.084）98 当地融资难度（0.036）90
	高校（0.4）90.8	高校政策（0.16）86.5	办学理念（0.032）95 专利研究投入（0.032）75 研究人员激励（0.048）85 专利产权归属（0.048）90
		投入及产出综合质量（0.12）90.5	近年申请增长率（0.03）90 近年授权增长率（0.03）90 近年产出投入比（0.03）90 近年转化比率（0.03）92
		科研实力（0.12）96.8	研发人员构成（0.072）98 研发成果质量（0.048）95
	中介服务（0.2）94.9	学校管理机构（0.1）94.2	专利转移中心人员数量（0.02）95 人员教育背景（0.02）94 激励政策（0.03）95 服务全面性（0.03）93
		科技园（0.06）95.0	服务平台建设（0.024）95 融资环境（0.012）95 优惠政策（0.024）95
		合作机构（0.04）96.5	校地合作机构（0.02）96 校企合作机构（0.02）97

续表

目标层	一级指标	二级指标	三级指标
高校专利技术转化效率评价体系（90.8）	企业发展（0.1）90.2	自主创业（0.04）92.0	创业人员素质（0.016）95 研发人员的创业率（0.024）90
		衍生公司（0.06）89.0	校办公司的实力（0.03）98 校办公司的数量（0.03）80

表 5　北京大学打分结果

目标层	一级指标	二级指标	三级指标
高校专利技术转化效率评价体系（83.3）	社会环境（0.3）88.1	地方政策法规（0.18）83.3	政策法规的目标性（0.018）98 政策法规的有效性（0.054）85 政策法规的执行性（0.054）75 地方政府的激励性（0.054）85
		市场环境（0.12）95.6	当地经济水平（0.084）98 当地融资难度（0.036）90
	高校（0.4）83.9	高校政策（0.16）74.5	办学理念（0.032）70 专利研究投入（0.032）70 研究人员激励（0.048）65 专利产权归属（0.048）90
		投入及产出综合质量（0.12）83.75	近年申请增长率（0.03）90 近年授权增长率（0.03）90 近年产出投入比（0.03）85 近年转化比率（0.03）70
		科研实力（0.12）96.8	研发人员构成（0.072）98 研发成果质量（0.048）95
	中介服务（0.2）82.0	学校管理机构（0.1）76.4	专利转移中心人员数量（0.02）92 人员教育背景（0.02）80 激励政策（0.03）70 服务全面性（0.03）70
		科技园（0.06）89.2	服务平台建设（0.024）80 融资环境（0.012）90 优惠政策（0.024）90
		合作机构（0.04）85.0	校地合作机构（0.02）80 校企合作机构（0.02）90
	企业发展（0.1）71.8	自主创业（0.04）82.7	创业人员素质（0.016）95 研发人员的创业率（0.024）75
		衍生公司（0.06）65.0	校办公司的实力（0.03）70 校办公司的数量（0.03）60

表 6　浙江大学打分结果

目标层	一级指标	二级指标	三级指标
高校专利技术转化效率评价体系（91.3）	社会环境（0.3）90.5	地方政策法规（0.18）87.5	政策法规的目标性（0.018）95 政策法规的有效性（0.054）90 政策法规的执行性（0.054）90 地方政府的激励性（0.054）80
		市场环境（0.12）95.0	当地经济水平（0.084）95 当地融资难度（0.036）95
	高校（0.4）95.0	高校政策（0.16）94.6	办学理念（0.032）98 专利研究投入（0.032）90 研究人员激励（0.048）98 专利产权归属（0.048）92
		投入及产出综合质量（0.12）93.7	近年申请增长率（0.03）95 近年授权增长率（0.03）95 近年产出投入比（0.03）90 近年转化比率（0.03）95
		科研实力（0.12）96.8	研发人员构成（0.072）98 研发成果质量（0.048）95
	中介服务（0.2）89.7	学校管理机构（0.1）88.6	专利转移中心人员数量（0.02）98 人员教育背景（0.02）90 激励政策（0.03）85 服务全面性（0.03）85
		科技园（0.06）88.0	服务平台建设（0.024）85 融资环境（0.012）90 优惠政策（0.024）90
		合作机构（0.04）95.0	校地合作机构（0.02）92 校企合作机构（0.02）98
	企业发展（0.1）82.1	自主创业（0.04）93.1	创业人员素质（0.016）95 研发人员的创业率（0.024）92
		衍生公司（0.06）75.0	校办公司的实力（0.03）80 校办公司的数量（0.03）70

表 7　哈尔滨工业大学打分结果

目标层	一级指标	二级指标	三级指标
高校专利技术转化效率评价体系（80.2）	社会环境（0.3）77.0	地方政策法规（0.18）77.0	政策法规的目标性（0.018）95 政策法规的有效性（0.054）80 政策法规的执行性（0.054）70 地方政府的激励性（0.054）75
		市场环境（0.12）77.0	当地经济水平（0.084）80 当地融资难度（0.036）70

续表

目标层	一级指标	二级指标	三级指标
高校专利技术转化效率评价体系（80.2）	高校（0.4）82.4	高校政策（0.16）74.5	办学理念（0.032）85 专利研究投入（0.032）70 研究人员激励（0.048）75 专利产权归属（0.048）70
		投入及产出综合质量（0.12）82.5	近年申请增长率（0.03）85 近年授权增长率（0.03）85 近年产出投入比（0.03）80 近年转化比率（0.03）80
		科研实力（0.12）93.0	研发人员构成（0.072）95 研发成果质量（0.048）90
	中介服务（0.2）76.4	学校管理机构（0.1）69.0	专利转移中心人员数量（0.02）70 人员教育背景（0.02）65 激励政策（0.03）65 服务全面性（0.03）75
		科技园（0.06）83.0	服务平台建设（0.024）80 融资环境（0.012）85 优惠政策（0.024）85
		合作机构（0.04）85.0	校地合作机构（0.02）80 校企合作机构（0.02）90
	企业发展（0.1）89.1	自主创业（0.04）84.0	创业人员素质（0.016）90 研发人员的创业率（0.024）80
		衍生公司（0.06）92.5	校办公司的实力（0.03）90 校办公司的数量（0.03）95

表 8　哈尔滨工程大学打分结果

目标层	一级指标	二级指标	三级指标
高校专利技术转化效率评价体系（79.2）	社会环境（0.3）77.0	地方政策法规（0.18）77.0	政策法规的目标性（0.018）95 政策法规的有效性（0.054）80 政策法规的执行性（0.054）70 地方政府的激励性（0.054）75
		市场环境（0.12）77.0	当地经济水平（0.084）80 当地融资难度（0.036）70
	高校（0.4）82.6	高校政策（0.16）80.0	办学理念（0.032）95 专利研究投入（0.032）80 研究人员激励（0.048）75 专利产权归属（0.048）75
		投入及产出综合质量（0.12）77.5	近年申请增长率（0.03）85 近年授权增长率（0.03）85 近年产出投入比（0.03）80 近年转化比率（0.03）60
		科研实力（0.12）91.2	研发人员构成（0.072）92 研发成果质量（0.048）90

续表

目标层	一级指标	二级指标	三级指标
高校专利技术转化效率评价体系（79.2）	中介服务（0.2）76.0	学校管理机构（0.1）70.5	专利转移中心人员数量（0.02）80 人员教育背景（0.02）70 激励政策（0.03）65 服务全面性（0.03）70
		科技园（0.06）84.0	服务平台建设（0.024）85 融资环境（0.012）80 优惠政策（0.024）85
		合作机构（0.04）77.5	校地合作机构（0.02）70 校企合作机构（0.02）85
	企业发展（0.1）79.3	自主创业（0.04）82.0	创业人员素质（0.016）85 研发人员的创业率（0.024）80
		衍生公司（0.06）77.5	校办公司的实力（0.03）80 校办公司的数量（0.03）75

表 9　华南理工大学打分结果

目标层	一级指标	二级指标	三级指标
高校专利技术转化效率评价体系（77.3）	社会环境（0.3）74.4	地方政策法规（0.18）75.0	政策法规的目标性（0.018）90 政策法规的有效性（0.054）80 政策法规的执行性（0.054）75 地方政府的激励性（0.054）65
		市场环境（0.12）73.5	当地经济水平（0.084）75 当地融资难度（0.036）70
	高校（0.4）81.7	高校政策（0.16）74.0	办学理念（0.032）90 专利研究投入（0.032）70 研究人员激励（0.048）70 专利产权归属（0.048）70
		投入及产出综合质量（0.12）85.7	近年申请增长率（0.03）85 近年授权增长率（0.03）85 近年产出投入比（0.03）85 近年转化比率（0.03）88
		科研实力（0.12）88.0	研发人员构成（0.072）90 研发成果质量（0.048）85
	中介服务（0.2）75.0	学校管理机构（0.1）77.0	专利转移中心人员数量（0.02）80 人员教育背景（0.02）80 激励政策（0.03）75 服务全面性（0.03）75
		科技园（0.06）70.0	服务平台建设（0.024）65 融资环境（0.012）70 优惠政策（0.024）75

续表

目标层	一级指标	二级指标	三级指标
高校专利技术转化效率评价体系（77.3）	中介服务（0.2）75.0	学校管理机构（0.1）77.0	专利转移中心人员数量（0.02）80 人员教育背景（0.02）80 激励政策（0.03）75 服务全面性（0.03）75
		科技园（0.06）70.0	服务平台建设（0.024）65 融资环境（0.012）70 优惠政策（0.024）75
		合作机构（0.04）77.5	校地合作机构（0.02）75 校企合作机构（0.02）80
	企业发展（0.1）72.9	自主创业（0.04）75.9	创业人员素质（0.016）85 研发人员的创业率（0.024）70
		衍生公司（0.06）71.0	校办公司的实力（0.03）72 校办公司的数量（0.03）70

（二）结果分析

从上表可知，各高校总分分别为：清华大学 90.8、北京大学 83.6、浙江大学 91.3、哈尔滨工业大学 80.2、哈尔滨工程大学 79.2、华南理工大学 77.3。其中浙江大学大学得分最高，华南理工大学得分最低。见表 10。

表 10　各大学评分基本情况

	清华大学	北京大学	浙江大学	哈尔滨工业大学	哈尔滨工程大学	华南理工大学
综合得分	90.8	83.6	91.3	80.2	79.2	77.3
社会环境	88.1	88.1	90.5	77	77	74.4
高校	90.8	83.9	95	82.4	82.6	81.7
中介服务	94.9	82.0	89.7	76.4	76	75
企业发展	90.2	71.8	82.1	89.1	79.3	72.9

1. 综合分析

图 2 显示了各大学综合得分的排名情况。与一般人想法不同的是，浙江大学排到了清华大学、北京大学的前边，以 91.3 分的排名排在第一位。同时清华大学得分 90.8 显著高于北京大学 83.6。哈尔滨工业大学略高于哈尔滨工程大学。仔细考虑浙江大学专利转化情况，其专利申请总量位居各大学之首（以 1985～2008 年数据计算），同时浙江大学从高校管理（拥有多种支

持专利转化的政策）到外部商业环境（江浙企业发达），都拥有专利转化的良好条件，其位于榜首实至名归。对于清华大学，其专利申请总量仅次于浙江大学，同时近年专利增长率也非常高，高校内部也非常重视专利技术的转化，建立了多种转化机构促进技术的转化，同时外部政策环境、商业环境也非常成熟和发达，以及其他各种有利因素，所以清华大学也得到了比较高的分数。对于北京大学而言，虽然与清华大学齐名，都坐落于首都良好的转化环境当中，但是北京大学在专利转化方面的投入与清华大学还有一定的差距，同时两所大学办学理念不同，对于专利转化的理解不同，所以与清华大学的分数有很大的区别。对于哈尔滨工业大学与哈尔滨工程大学两所大学，虽然前者在名气上远胜于后者，但是后者在专利转化效率方面与前者相距不大，这与哈尔滨工程大学重视专利转化是分不开的。最后的华南理工大学在各个方面与以上 5 所大学都有一些差距，所以分数相对低一些。

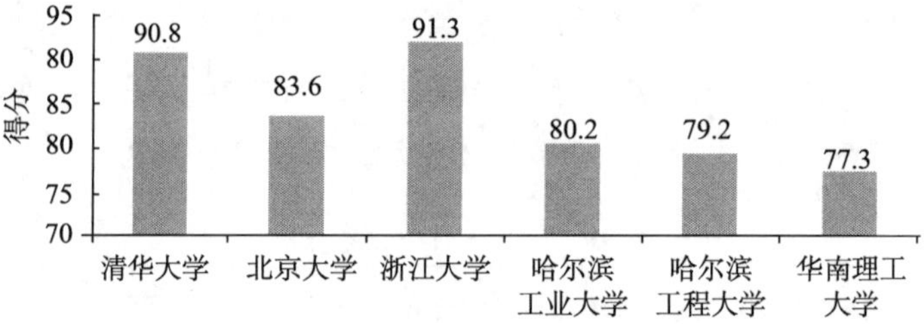

图 2　各高校评分基本情况

2. 各大学单独分析

在清华大学的一级指标得分中，得分最高的是中介服务，最低的是社会环境。同时清华大学的中介服务在各大学中是最高的，其他大学应向清华大学参考借鉴中介服务经验，推动本校的专利技术转化的发展。其社会环境得分 88. 1 分，由于其地处首都，相对于其他大学的社会环境得分，已经是非常高的分数，也侧面说明了我国各地方政府应切实制定相应政策并执行来推动专利转化，为高校专利技术转化进行规范、指导，提供良好的环境。

在北京大学的各一级指标中比较低的是企业发展和中介服务。这提示北京大学在这两方面还可以做比较多的工作。特别是中介服务，这也是大多数学校比较薄弱的环节，应重视中介服务在专利技术转化中的作用，投入必要的人力物力，提供专业、全面、完善的服务。在企业发展方面，目前我国国情决定了高校出一定资金成立衍生公司可以推动专利技术的转化。也应看到，高校内部还需要比较明确的政策来规范、激励专利的申请与转化，减少仅仅为申请专利而申请专利的现象。

在浙江大学中，比较低的指标是中介服务和企业发展，由于企业发展所占比例并不大，所以应着重促进中介服务的完善。与其他高校相同，需要完善制度，并投入相应的资源来推动中介服务。也要注意到虽然高校的得分比较高，但这在一定程度上是相对于其他大学来说的，高校内部完善促进专利技术转化的政策和措施也不能松懈。

对于哈尔滨工业大学和哈尔滨工程大学两所大学，所处的社会环境不是轻易可以改变的，所以关注重点也是自身政策及中介服务两个方面。同时做好了自身工作，也能推动社会环境向好的方向发展。两所大学都还需要在自身政策、投入、对研究人员的激励等方面做出努力，推动专利转化。

对于华南理工大学，除了社会环境以外，自身在各个方面都还有需要完善的地方，这里不再赘述。

3. 各大学指标横向比较

通过图3可以比较清楚地看到各大学在一级指标上横向比较的情况，可以看出浙江大学在高校、社会环境方面有着比较高的表现，清华大学在中介服务、高校、企业发展方面有着比较高的表现。所以清华大学、浙江大学可以作为标杆大学，其他大学可以参考借鉴这两所大学的已有经验。同时也要注意到除了大学之外，也需要政府特别是大学当地政府提供政策、行动等来支持专利技术的转化。

五、结论与讨论

本文结合专利转化系统的研究，综合考虑影响高校专利转化系统效率的各方面因素，以目前比较公认的层次分析法来确定各指标的权重，形成一套可用可评的专利转化指标体系，为各高校专利转化评价及以后的相关研究提

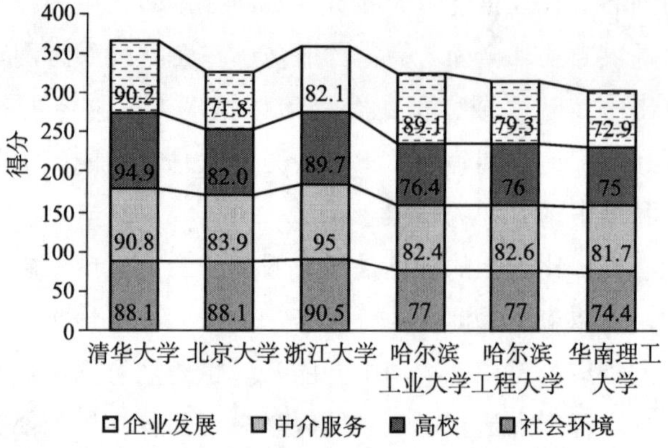

图 3　大学指标横向比较

供了参考借鉴。

由于转化系统评价中大部分指标属于定性指标，定量化过程中引入了大量人为因素，降低了评价结果的准确性，不过作为一份参考评价标准，本评价体系能够比较清楚地反映各部分的优缺点，起到一定的指导及评价作用。在实际应用中还可能需要对其中一些指标进行修正来满足需求。

参考文献

［1］刘福来，曾文艺．数学模型与数学建模．北京：北京师范大学出版社，1997.

［2］郭亚军，钟田丽．兼顾“功能性”与“均衡性”的综合评价方法及应用．中国软科学，2001，(6)：104-106.

介入权与政府资助项目成果转化的关系*

一、背景介绍

20 世纪 90 年代以来，我国政府资助 R&D（研究与发展）的经费比例较以往有所下降，但仍然是科研院所和高校 R&D 经费的主要来源。政府资助科研项目的绩效直接影响着国家科技发展目标的实现和国家创新体系的完善。2008 年 7 月 1 日，新修订的《科技进步法》正式生效，其中第 20 条对政府资助科研项目的知识产权问题进行了规范，该条款被一些国内学者称为“中国的拜杜法案”。

拜杜法案即美国于 1980 年颁布的《大学和小企业专利程序法案》（Bayh-Dole act），其因对政府资助项目科研成果知识产权归属制度的创新而备受盛赞。英国《经济学家》杂志称之为“创新的金鹅”，称其可能是美国半个世纪以来实施的最激动人心的一部法案[1]。拜杜法案出台后，对亚洲、欧洲和拉丁美洲等诸多地区的国家的立法都有不同程度的影响。介入权（march-in rights）是拜杜法案的一个重要内容，是公共利益和私人利益平衡

---

* 本文作者为唐素琴、李科武，原题为《介入权与政府资助项目成果转化的关系探析》，原载《科技与法律》，2010 年第 1 期，第 74～76 页。

机制的支点，使得政府资助产生的知识产权归项目承担单位所有具有了法律上的正当性[2]。介入权已经成为美国近年来评价和完善拜杜法案的一个焦点。

在目前对美国有关介入权的研究中，有一个突出的声音是认为介入权没有发挥应有作用，拜杜法案实施以来没有一个成功的案例就是最好的例证[3]。中国台湾学者提醒，在构建介入权制度时要避免其成为一个纸老虎[4]。如何发挥介入权作为公私利益平衡机制的支点作用，是让介入权成为达摩克利斯之剑（Sword of Democles）还是一个纸老虎，这些问题是我国构建介入权法律框架必须面临的问题。笔者认为，规定介入权的目的并不是追求被介入案例的多少，而是应该通过具体的制度设计发挥介入权的威力。尽管目前缺乏数据对介入权与成果转化的关系及其程度进行评估，但是笔者建议我国应在构建政府资助项目知识产权制度中仍应结合具体国情设计介入权制度。

二、介入权的词义和本质

在美国，法律意义上的“介入权”最早出现在 1979 年 2 月 9 日美国参议员拜耶和杜尔（Bayh and Dole）的提案中，而概念意义上的政府“介入权”和实施介入权的“合理条款”却出现得较早，有专家甚至将介入权的历史追溯到 1947 年。拜杜法案以前的文件中使用“专利使用和处置权”（the disposition and use of patent rights）或“发明处置权”（the disposition of rights to inventions）来表示政府干预权[5]。拜杜法案第 203 条将这种干预权命名为“march-in rights”，规定了具体的介入条件，使得这种国家干预权具体化并具有了可操作性。

在中国，“介入权”一词在 CNKI 概念知识原库的对应英文表示是“intervening rights”。该文库标列的“介入权”在学术文献中的解释是，指委托人直接介入受托人与第三人订立的合同，成为合同的一方当事人，有权要求第三人履行合同义务和承担违约责任，并且有权对第三人起诉、应诉。在中国知网搜索到 16 条标题文章，这些文章涉及委托人的介入权、行纪人的介入权、公司的介入权、检察机关介入权等，表明我国目前法律文献中“介入权”的应用范围十分广泛。2008 年 10 月，我国商务部外事司公布的第 64 期《知识产权保护疑难词汇》中第一次以较正式的方式将“march-in-right”翻译成“介入权”[6]。虽然这些文献对“介入权”的界定与拜杜法案中的“march-in rights”的含义有较大区别，但其共同特征是特定机构或权利人在法定条件下，对他权利人的权利领域进行适当干预的活动，目的是通过一种权利（权力）的行使制约和监督另一种权利，防止他权利的滥用，以达到法律上的利益平衡或公私利益的平衡。

结合上述对介入权的词义考察，笔者认为，介入权本质上就是国家干预权的具体化，就政府资助项目领域而言，介入权是为了国家利益、社会公共利益或者促进科技成果转化，国家在特殊情况下干预已授予项目承担单位享有的知识产权的行使，许可第三人实施知识产权的权力。介入权存在的理论基础在于：国家以科研成果所有者的身份行使所有权。项目承担者享有科研项目成果，是基于国家的授权。国家授权的目的是为了促进项目承担者主动将这些科研成果转化为知识产权，并向产业界进行转移。如果项目承担者不能实现这一目的并违反了其应尽的义务，那么，国家就以所有权人的身份，介入到项目承担者的管理事务中[7]。根据介入的条件不同，介入权提起的方式也不完全一样。一般认为，介入权由相关利害关系人提出申请而开始，最终是否行使介入权取决于项目管理机关。实际上，介入权并不排斥项目管理机关依据职权主动启动程序。

三、介入权与科技成果转化的关系

拜杜法案第 203 条（a）列出了四种介入权行使的情形。该条规定，小企业或非营利机构取得政府资助项目形成的项目发明（subject invention），根据资助合同，联邦机构拥有一定的权利。若出现以下情形之一，联邦机构有权要求项目承包方、受让人或者获得独占许可的人以非独占、部分独占或独占许可的方式，许可有能力在该领域内实施该发明成果的申请人；如果上述权利人无合理条件拒绝这种要求，则联邦机构有权自行颁发许可证。①因项目承包方或者受让人在合理期限内没有采取或者不能期待会采取有效措施，促使该项目发明在相关领域内被有效实施和应用；②为了缓解健康问题和社会安全的需要，但承包方、受让人或者被许可人没有适当地满足这种需要时；③为了满足联邦法令规定的公用目的需求，而项目承包方、受让人或者被许可人没有适当地满足这种需求；④承包方、受让人或者被许可人违反了本法 204 条关于“美国产业优先”的规定。

我们可以将上述联邦机构实施介入权的条件分为三大类：其一属于“有效实施和应用”；其二属于公共健康、社会安全和法令规定的公共目的；其三是保护本国产业优先。本文重点关注第一种情形，即“有效实施和应用”。

拜杜法案颁布的一个主要背景是，以往政府资助项目的知识产权归属国家所有时，成果的产业化程度非常低。基于此，才将项目获得的知识产权授予项目承包方所有。然而，仅仅有正面的授权激励是远远不够的。大学、非营利性机构或小企业等项目承包方在获得专利归属权后如果不能积极主动地实施和应用该发明，则拜杜法案意欲通过立法促进技术转移和商业化的目的就无法实现。这就需要从另一个方面确保政府资助产生的发明能得到较好的实施和应用，介入权在此发挥了不可替代的作用。当然，这种作用主要是通过威慑来实现的。威慑的力量来源于项目承包方没有或不能有效将成果商业化时的潜在威胁：政府强制介入并颁发许可证给第三方。可见，科技成果转化状况是介入权关注的一个重要条件。目前美国学界和产业界关于如何理解“有效措施（步骤）”（effective steps）及“实际应用”（practical application）存在争议。突出表现是以 Peter Arno 和 Michael Davis 教授为代表提出的“合理价格”（reasonable price）是否应纳入到介入权规制的范围而引起的有关争议[8]。如何界定研发成果是否有效实施，也将成为我国知识产权理论面临的重要问题。

我国《科技进步法》第 20 条分四个方面对政府资助项目知识产权归属进行了规定。其中，第 1 款规定，除涉及国家安全、国家利益和重大社会公共利益以外，利用财政性资金设立的科学技术基金项目或者科学技术计划项目所形成的知识产权，授权项目承担者依法取得。第 2 款规定，项目承担者应当依法实施这些知识产权，在合理期限内没有实施的，国家可以无偿实施，也可以许可他人有偿实施或者无偿实施。第 3 款是国家行使介入权的规定。该条第 2 款、3 款的规定与拜杜法案 203 条（a）（1）、（2）基本一致。此外，《科技进步法》第 21 条第 1 款规定了政府资助项目所形成的知识产权应当首先在中国境内使用。比较而言，我国《科技进步法》没有采取拜杜法案的方式对介入权的行使条件明确列举，有关介入权的行使主体、介入权提起的方式和程序，以及行使介入权的具体条件等都有待进一步研究细化。

与其他国家一样，我国政府资助科学研究的基本目的，是促进科技成果的产生和充分利用，以保持国家科技和产业竞争力，提高人民生活质量。项目承担单位作为科研项目成果的知识产权权利人，在其无正当理由不实施转化项目成果、影响公众对成果的应用时，政府有权予以干预。根据我国当前政府资助科研项目成果转化的具体情况，确保科技成果转化率的提高已经成为科技创新的重中之重。根据中美介入权的法律规定，科技成果没有转化或没有有效转化是介入权行使的重要条件。因此，介入权与科技成果转化之间存在法律上的因果关系是不言自明的。

政府资助成果的权利归属让渡给项目承担者，目的就是加速成果的转化。科技成果没有在合理条件下实施就是介入权行使的条件。但是，如何使得介入权法律制度成为科技成果转化的助推力，是一个需要探讨的问题。在科技成果转化问题上，国家介入权作用的空间是仅仅关注项目承担者没有按照法律规定去进行成果转化的结果，还是通过过程的引导来完成？笔者认为，应当正确看待介入权对成果转化的关系，应当加入更多的人文关怀。对项目管理机关和社会民众来说，不是希望看到有多少案件被最终介入或介入成功，而是关注科研成果转化的结果。所以，具体到介入权作用的发挥不是仅关注成果转化的结果，而是要更多地关注成果转化的过程。项目管理机构不仅是监督者，更应成为勤勉的管理者。这样构建的介入权制度才会对科技成果转化大有裨益。

四、发挥介入权对科技成果转化的作用需要转变观念

影响科技成果转化的因素很多，包括外部环境、科技成果质量、科技成果需求方、科技成果供应方等各方面因素。国家科技体制不同，市场成熟程度不同，国家创新目标不同，这些因素的权重也不完全相同。在成熟市场经济条件下，科技成果质量和需求方因素占有较大权重。但就中国而言，从科技成果数量的累积转到对科技成果质量的重视需要一个过程。因此，政府资

助项目的知识产权的归属确定后，仅仅依靠科研项目承担者自身和企业的主动性还不能完成科技成果转化的重任。除了为科技成果转化提供良好的外部环境外，代表国家的项目管理机构应当担当起对科技成果转化的引导和助推作用。实际上，国家财政资助项目成果转化率的提高对科技成果转化的整体具有很强的示范作用。

笔者认为，在以下几个方面必须转变观念。其一，我们不能将眼光盯在对未转化的科技成果的干预上，而是应当体现在对科技管理的具体环节上。其二，在时间节点上，正如不能在成果完成后才考虑转化一样，介入权对成果转化的制约作用应该与介入权主体的管理和研发职责相结合，从科研项目管理和研发活动的每一个环节出发为科技成果转化创造条件。其三，利用介入权与成果转化的关系，从介入权发挥作用的各个主体（项目管理机构、项目承担者和社会公众等方面）的具体行为中强调介入权的潜在威力。其四，要特别强调介入权对项目管理机构的作用，通过介入权加强项目管理机构的职责正是本文所强调的观点。

项目管理机关接受权力机关委托享有行政管理权，落实到国家财政资助项目的管理中表现为：不能仅关注成果转化的结果而忽略促进成果转化的过程，不能对项目承担者只注重惩罚而更应该注意引导和鼓励，对项目承担者在成果转化中兼具监督者和保护者的双重身份。科技成果不能或不能有效转化是介入权发生的原因，是听任其不能转化而介入还是促使其有效转化而不发生导致必须介入的结果？这是不同的管理理念下不同的管理方式，其结果也必然不同。法律制度的设计如果能通过这种引导达到自己预想的结果，这样的法律就是成功的。

参考文献

[1] Bayh B. Statement of senator birch bayh to the nationa instutes of health. http：//www. ott. nih. gov/policy/meeting/Senator-Birch-Bayh. pdf［2009-10-20］.

[2] Eisenberg R S，Public research and private development：Patents and technology transfer in government-sponsored research. Va L Rev，1996，82：1663-1666.

[3] Rothman S P，March-in rights. http：//www. sbir. gov/links/topics/rothman _ stephen _ march _ in _ rights. htm［2009-10-20］.

［4］吴东洋．国家创新系统下研发成果规范之研究——以智能财产权归属及行政介入权为探讨核心．中央大学产业经济研究所，2002：100.

［5］Raubitschek J H，Latker J N. Reasonable pricing-a new twist for march-in rights under the Bayh-Dole Act. Santa Clara Computer & High Technology Law Journal，2005，(1)：238.

［6］Department of Foreign Aflairs. Issue No. 64-Glossary of IPR protection. http：//english. mofcom. gov. cn/aarticle/translatorsgarden/glossary/200810/20081005839516. html［2009-10-20］.

［7］袁晓东．论我国科技项目中的知识产权政策．科学学研究，2006，(1)：39.

［8］Arno P，Davis M H. Why don't we enforce existing drug price controls? The unrecognized and unenforced reasonable pricing requirements imposed upon patents deriving in whole or in part from federally funded research. Tulane L Rev，2001，75：631.

英国许可承诺制度及对我国的借鉴意义*

健全我国知识产权法律制度，主要包括三方面内容：第一，加强知识产权保护；第二，取得一批拥有知识产权的成果；第三，使这些成果“产业化”。我国知识产权保护法已经基本建立，但这仅仅是迈出了第一步，而有关直接鼓励人们用智慧去创造成果并获得知识产权的法律措施和在“智力成果”与“产业化”之间搭桥的法律措施，仍很不完备[1]。通过研究，笔者发现英国的许可承诺制度对保护专利权人的合法权益，降低交易成本，促进专利技术的有效利用具有重要作用。因此，本文对该制度作一介绍和分析，希望抛砖引玉，引起学者和立法者对该制度的研究和重视。

一、许可承诺制度的内容

许可承诺制度规定于英国《专利法》第46条①。该词的英文是license of right，由于这个英文词语尚没有公认的中文译法，所以暂时根据该词的意思，将其翻译为“许可承诺”。根据该条规定，权利人在获得专利权之后，可以向英国知识产权局做一个“许可承诺”的登记。专利权人在做出该登记

---

* 本文作者为尹锋林、罗先觉，原载《电子知识产权》，2010年第10期，第52～55页。

① Sec. 4 6 of UK Patents Act 1997.

之后，其他任何人均可向专利权人要求获得一个普通的使用许可，专利权人不得拒绝，但使用人需向专利权人支付合理的使用费。使用费的数额和标准有两种确定方式：①专利权人与使用人协商，达成自愿的专利许可协议，从而依据该协议确定使用条件和使用费的数额；②如果专利权人和使用人不能达成自愿许可协议，那么使用费的标准就可根据专利权人或使用人的申请，由英国知识产权局进行裁决。

同时，在专利侵权之诉中，如果被告接受通过上述方式确定的许可协议，那么法院即不得对被告下达永久禁令或临时禁令，因先前侵权行为所需支付的赔偿数额亦不得超过通过上述方式确定的使用费的两倍。另外，为了保护使用人的竞争利益，英国《专利法》第 46 条第 4 款、第 5 款规定：通过许可承诺制度获得专利使用权的人如果发现他人有专利侵权行为，他可以直接要求专利权人对侵权人提起侵权之诉；如果专利权人明确拒绝提起侵权之诉或在两个月内不回复也不提起诉讼，那么使用人即可对侵权人提起侵权之诉，其法律地位与专利权人等同。使用人在提起侵权之诉时应该把专利权人列为共同被告，但是如果专利权人决定不参加该诉讼或不出庭，那么专利权人即不应承担赔偿责任[①]。

由此可见，专利权人在做出“许可承诺”登记之后，他的专利权就受到了一定的限制。显然，从这个意义上来讲，“许可承诺”对专利权人而言是不利的，那么为什么有的专利权人还做这个“许可承诺”登记呢？原因很简单，就是英国《专利法》第 46 条还同时规定：如果专利权人做出“许可承诺”登记，那么在登记后，专利年费将减半收取。正是由于这个经济刺激，才吸引了众多专利权人做出“许可承诺”登记。

当然，专利权人在做出许可承诺登记之后仍然可以视情况撤销该登记。根据英国《专利法》第 47 条，专利权人做出许可承诺登记后可以随时向英

---

① (4) and (5) of Sec. 46 of UK Patents Act 1977 provide: The licensee under a licence of right may (unless, in the case of a licence the terms of which are settled by agreement, the licence otherwise expressly provides) request the proprietor of the patent to take proceedings to prevent any infringement of the patent; and if the proprietor refuses or neglects to do so within two months after being so requested, the licensee may institute proceedings for the infringement in his own name as if he were proprietor, making the proprietor a defendant or defender. A proprietor so added as defendant or defender shall not be liable for any costs or expenses unless he enters an appearance and takes part in the proceedings.

国知识产权局申请撤销该登记[①]。在满足下列条件下，知识产权局应该依据专利权人的申请撤销许可承诺登记：①专利权人全额补缴了之前减收的专利年费；②关于该专利不存在相应的专利许可，或者虽然存在专利许可但被许可人均同意撤销该许可承诺登记。许可承诺被撤销后，专利权人在之后的权利和义务与未做该登记时的权利和义务完全等同。

二、许可承诺的性质

一项技术被申请专利后，他人要合法地使用该专利技术，主要有两种途径。第一种途径是通过双方自愿协商，达成专利使用许可协议。当然，在这种情况下，使用条件、使用费等内容都要通过双方协商才能确定。也就是说，这个协议的内容必须要得到专利权人的同意。专利权人既可以许可他人使用该专利技术，也可以不许可他人使用该专利技术；专利权人既可以许可甲使用该专利技术，也可以许可乙使用该专利技术；专利权人还可以仅许可甲使用该专利技术，而不许可乙使用该专利技术。总之，专利权人在许可使用这个问题上，拥有完整的自主权。第二种途径就是强制许可。强制许可是指在专利权人与使用人不能就专利技术的使用达成协议的情况下，使用人向专利局申请，要求获得强制许可，从而合法地使用该专利技术。显然强制许可可以使第三人不必获得专利权人的同意，就可以合法地使用该专利技术。当然，使用人也须按照有关规定向专利权人支付使用费。不过，强制许可是违背专利权人意愿的一种专利技术使用方式，因此，无论是国际条约还是国内立法对强制许可的授予条件都做出严格的限制。而使用人要实际获得强制许可，更是非常困难。到目前为止，我国还没有颁发一件强制许可。可见，强制许可制度基本上是一个备而不用的制度。

许可承诺制度在性质上介于自愿许可与强制许可之间。一方面，在自愿许可的情形中，专利权人可以决定是否许可他人使用其专利技术以及许可使用的条件和使用费的高低；但当专利权人做出“许可承诺”登记之后，专利权人就不能再阻止他人使用该专利技术，另外，专利权人也不能再自由决定

---

① Sec. 4 7 of UK Patents Act 1977.

使用条件和使用费。可见，专利权人在自愿许可中的主动性要高于许可承诺。而另一方面，在强制许可情形中，专利权人则处于被动状态，他既不能预知专利局是否会颁发强制许可，也不能自由确定使用条件和使用费；而许可承诺制度则是专利权人的自由选择，专利权人既可以决定进行许可承诺登记，也可以选择不进行许可承诺登记。因此，许可承诺制度对专利权人的保护优于强制许可制度。综合上述两个方面，可以看出许可承诺制度是介于自愿许可和强制许可之间的一个折中制度。

三、许可承诺制度对防止专利权滥用的作用

随着我国反垄断法的实施，专利权滥用问题已经成为社会公众关注的焦点。而我国专利法主要规定了自愿许可和强制许可两种使用他人专利技术的方式，在这种情况下，拥有关键技术专利权的企业即使有意允许其他市场主体有偿使用其专利技术，亦无有效的机制使公众知晓该意愿。同时，由于没有相应的奖励措施，也限制了企业履行社会责任许可他人使用其关键专利技术的积极性。而英国的许可承诺制度则有助于引导企业自觉履行社会责任，防止滥用专利权。其表现主要有三个方面。

第一，可以激励企业进行许可承诺登记，从而消除企业滥用知识产权的可能性。根据许可承诺制度，进行许可承诺登记后，专利年费减半收取。这样就可以刺激国内大批中小企业进行许可承诺登记。而登记后专利权人即不得拒绝他人使用该专利技术，相应地也就彻底消除了企业利用其专利权非法垄断技术和市场的可能性。

第二，在技术标准制定过程中，为企业履行社会责任提供了制度选择机会。在制定技术标准时，如果将专利技术加入进去，显然会使专利权人处于拥有绝对市场优势的地位。这样的后果既有悖于各国的竞争政策，也与企业应承担的社会责任背道而驰。因此，各国的有关部门一般会要求专利权人对其专利权进行一定的限制。同时，负责任的企业通常也会在标准制定时，做出某种承诺，在一定范围内限制其专利权的行使。而许可承诺制度显然是标准专利权人和社会公众均可接受的一个方案。事实上，我国专利法虽然没有规定许可承诺制度，但是管理标准的相关部门已开始考虑在国家标准的制定

过程中采用与许可承诺制度类似的专利权限制措施。根据国家标准化管理委员会发布的《涉及专利的国家标准制修订管理规定（暂行)》征求意见稿，国家标准制定和修订过程中涉及专利时，专业标准化技术委员会或归口单位应及时获得专利权人不可撤销的专利实施书面许可声明。该声明应该包括以下内容之一：①专利权人同意在合理无歧视的基础上免费许可任何组织或个人在实施该国家标准时实施该专利；②专利权人同意在合理无歧视的基础上许可任何组织或个人在实施该国家标准时实施该专利，但支付使用费的数额应该明显低于正常的许可使用费；③专利权人不同意按照以上两种方式进行专利许可。专利权人在选择③的情况下，标准中不应包括基于该专利的条款[①]。上述规定显然有利于防范专利权人在标准实施过程中滥用专利权，但是由于专利实施书面声明系面向社会不特定公众做出，一旦发生争议，其法律约束力就有可能受到质疑。如果我国专利法引入了许可承诺制度，那么标准制定机构就可以要求有关专利权人进行许可承诺登记，以便有效避免专利权人利用标准专利获取非法垄断利润。

第三，许可承诺制度亦是反垄断部门强制企业承担法律责任的一个备选方式。我国《反垄断法》第 55 条规定，经营者滥用知识产权，排除、限制竞争，适用反垄断法。但是，反垄断法并未具体规定滥用知识产权所应承担法律责任的方式。我国 2008 年《专利法》虽然规定了反垄断强制许可制度，如果专利权人行使专利权的行为被依法认定为垄断行为，为消除或者减少该行为对竞争产生的不利影响，国家知识产权局根据申请可以给予实施发明专利或实用新型专利的强制许可，但是强制许可的颁发具有高度敏感性，必须慎之又慎，因此，反垄断强制许可制度的实际效果如何，尚有待进一步观察。而英国《专利法》则明确规定，如果英国反垄断执法部门认为专利权人构成专利权滥用，属于垄断或限制竞争的行为，那么反垄断执法部门就可以申请英国专利局对该专利权强制进行许可承诺登记[②]。许可承诺登记制度不同于 TRIPS 协议所规制的强制许可制度，因此，反垄断执法部门申请专利局

---

① 国家标准化管理委员会：《涉及专利的国家标准制修订管理规定（暂行)》（征求意见稿）第 9 条。

② Sec. 4 8 of UK Patents Act 1977.

强制进行许可承诺登记而引起国际争议的可能性不大。我国亦不妨效法英国专利法，把许可承诺登记作为承担滥用知识产权法律责任的方式之一。

四、许可承诺制度对我国的借鉴意义

客观地说，英国专利权人进行“许可承诺”登记的比例并不大。据英国Polanyi 教授估计，大约只有 1%左右的英国专利进行了许可承诺登记。分析原因，主要有两个方面：一是在英国专利总数中，企业专利占了 80%左右，而企业一般财大气粗，可能并不太在乎专利年费是否减半；二是英国专利年费相对较低，英国专利年费从申请日后的第五年开始缴纳，第五年的年费为 50 英镑，以后逐年递增到第二十年的 400 英镑，因此，减半收取年费的吸引力相对不大。

许可承诺制度在英国的应用虽然不是很广泛，但是笔者认为该制度对我国来讲却很有借鉴意义。原因有以下三点。

第一，在国内专利申请中，自然人的非职务发明占到了一半以上，而自然人相对而言，资金并不充沛，因此，他们对年费的减半收取更加敏感。

第二，我国从有效防范垃圾专利、钓鱼专利角度出发，专利年费规定得相对较高，发明专利年费为从 900 元到 8000 元之间。面对较高的年费支出水平，减半收取不仅对自然人具有吸引力，对企业专利权人来讲亦具有较强的激励作用。

第三，许可承诺制度是个“三赢”的选择。对专利权人来讲，许可承诺制度使他多了一种利用专利权的方式，权利人可以根据自己的利益考量，选择进行“许可承诺”登记或者不进行许可承诺登记。另外，根据英国《专利法》，即使专利权人做出了许可承诺登记，权利人还可以在兼顾他人利益的前提下，撤销许可承诺登记。因此，这项制度对专利权人有益而无害。对社会公众来说，或者对使用人来说，如果专利权人进行了许可承诺登记，那么使用人就可以不经谈判而在承担合理使用费的基础上使用该专利技术，所以使用人节省了谈判成本，同时也避免了受到专利权人歧视或恐吓的风险。许可承诺制度涉及的第三个利益主体就是专利局。从表面来看，许可承诺制度可能会使专利局的年费收入减少。但这仅是短期的效果，如果从长远来看，由于专利权人缴纳的年费降低，那么专利权人就很有可能会延长缴纳年费的时间，从而增加专利局的收入。比如，在正常情况下，如果专利权人在缴纳三年年费后，该专利仍未给他带来经济利益，那么他就有可能放弃该专利，所以专利局在这种情况下就只得到了三年的年费；但是，在专利年费减半收取的情况下，专利权人就可能一直交到第六年才会选择是否放弃该专利。两相比较，专利局的年费收入可能并不会减少。

随着我国专利申请量和授权量的快速增加，如何有效地将专利技术转化为现实生产力，如何构建权利人和使用人"双赢"的专利利用制度，亟须加以研究。许可承诺制度是激励专利转化、利用的一个微型机制，过去我国对该制度鲜有介绍，我国《专利法》的第三次修改也没有考虑这一对我国具有积极意义的专利利用制度。同时，考虑到我国乃至国际上对许可承诺制度研究较少，尚缺乏一定的实证分析，因此，笔者建议在《专利法实施条例》中而非在《专利法》中引入该制度，以便保留一定的制度弹性。另外，为了防止知识产权局专利年费收入突然减少，避免增加财政负担，建议许可承诺登记仅减收20%的专利年费，也就是说权利人在做许可承诺登记之后，仍然应该缴纳80%的年费。这样，既可以满足标准制定、反垄断等方面的制度需要，又可以保障专利权人和技术使用者之间达到"双赢"。

参考文献

[1] 郑成思．中国需要怎样的知识产权战略．http：//www.iolaw.org.cn/shownews.asp? id=5947［2009-12-21］.

地球深部物质探测技术基本专利态势*

一、引　言

地球深部物质探测领域，主要包括深穿透地球化学技术、地球物质（元素）分析技术、深部地球物质识别技术、深部物质示踪技术、高温高压实验技术、高温高压原位测量技术等，研究深部物质循环、结构变化和相变过程，并应用于大陆动力学物理模拟、地幔和地核动力学物理模拟等。

地球深部物质探测技术知识产权的系统全面分析，有助于准确把握现有专利的覆盖面以及将来可能发生的专利障碍，并提出对策措施。目前尚未见到专门就全球地球深部物质探测技术的专利态势进行分析的文献，也未见就中国的相关领域的专利基本态势进行分析的文献。本文分别以全球和中国为视角，进行地球深部物质探测领域关键技术和预期创新点的专利基本态势分析，展示了各项技术专利的全球和中国的分布概况和发展态势，显示了中国地壳探测工程实施的紧迫性和自主知识产权前景。

---

* 本文作者为刘朝、李慧、王健飞、魏然然、师洪波、芦慧芬，原题为《地球深部物质探测技术全球及中国基本专利态势分析》，原文为我国“地壳探测工程”的培育性启动计划“国家深部探测技术与实验研究专项”第八项目“地壳探测系统工程研究”课题（SinoProbe-08-04）的阶段性成果。本文为刘朝著《地球深部探测技术专利态势》部分内容，知识产权出版社 2012 年版。

本文结合定量和定性的分析方法，从相关专利技术分布、时间趋势、主要国家和重要权利人的布局策略等方面进行分析。本文分析的技术领域分为四个部分：第一部分是深穿透地球化学技术，第二部分是地球物质（元素）分析技术，第三部分是高温高压试验技术，第四部分是地球物质（元素）分析技术。

本研究以德温特创新索引数据库（derwent innovations index）作为数据来源（数据最后更新时间：2011 年 9 月 27 日），以汤姆森数据分析器（thomson data analyzer）作为数据清洗与分析的工具，对全时间段内，地壳深部探测领域的深穿透地球化学技术的全球和中国专利申请趋势和专利布局情况进行分析。分析的数据范围涉及国际 40 多个专利受理机构的专利文献。在了解国际总体专利申请态势与技术布局的基础上，依据中国科学院在线专利分析平台，对地壳深部物质探测领域相关专利在中国申请的总体现状进行分析，以明确中国受理的地壳深部物质探测领域专利的基本态势。

二、深穿透地球化学技术

深穿透地球化学领域，主要包括深穿透地球化学、岩石探针、深部大陆科学钻探、盆地穿透性地球化学技术、深部地球化学示踪技术等仪器和方法、技术。

（一）全球专利态势

深穿透地球化学技术相关专利申请始于 1961 年，随后持续有相关申请。自 1981 年开始，深穿透地球化学技术相关专利申请开始大幅增加，整体呈上升态势，并在 2010 年到达峰值。全球专利技术布局热点参见图 1。在深穿透地球化学技术专利申请中，与测量探测、数据处理、材料测试等相关方向的申请较为集中。

深穿透地球化学技术相关专利受理量最多的前 10 个国家（地区）依次为美国、日本、中国、澳大利亚、德国、加拿大、俄罗斯和英国（图 2）。其中，专利受理数量最多的国家是美国，达到 1593 件专利；其次是日本，944 件专利；第三位是中国，702 件专利。专利数量排名前三位的国家专利总数，

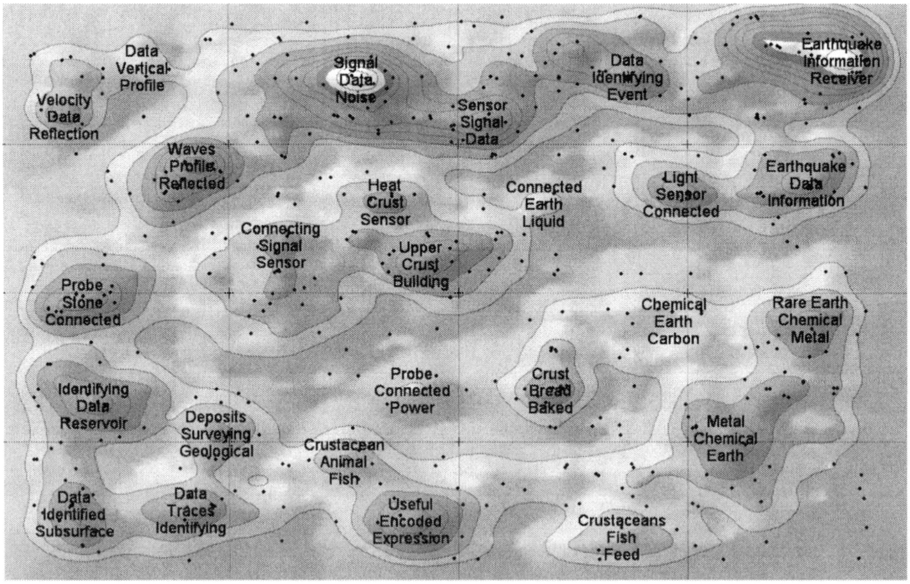

图 1　深穿透地球化学技术全球专利主题分布

注：基于专利摘要和提名短语进行聚类，得到深穿透地球化学技术的主要的专利热点。图中的点代表相应的专利簇，由于显示比例的原因，若干个相关的专利在图上表现为一个点；用“等高线”圈闭出不同的专利集中区域，“等高线”越密集，说明对应研究方向的专利数量越多。以下图 5、图 9、图 13 同

占前十名专利总数的 56.4%。该领域 2009～2011 年在加拿大的专利申请相对活跃，占到总量的 77.87%；其次是中国，占总量的 64.89%。说明地壳深部探测领域的专利权人近年来对加拿大、中国市场比较感兴趣。

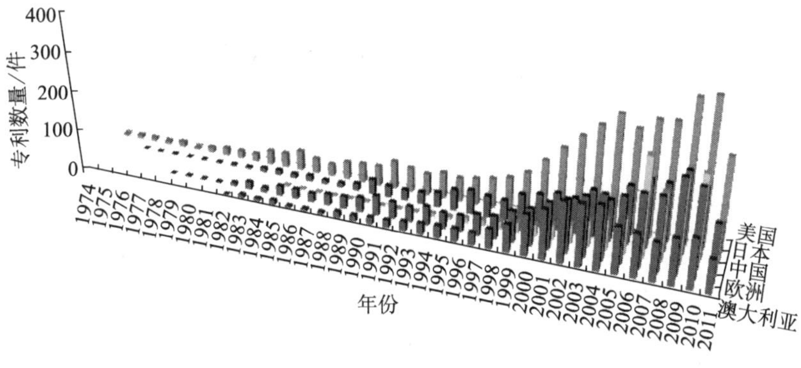

图 2　深穿透地球化学技术专利分布主要国家（地区）和时间态势

就全球范围统计，法国斯伦贝榭公司的专利申请量最多，第二为美国埃克森美孚公司，第三为松下电器产业株式会社。从前 10 个重要申请机构在前 10 个技术领域的专利布局情况可以看出，排名前两位的法国斯伦贝榭公司和埃克森美孚公司公司的专利布局侧重于“地震数据的处理”，排名第三的松下电器产业株式会社侧重于“地震学；地震或声学的勘探或探测”，其他 7 个重要机构在主要技术领域布局较为平均。

此外，重要国家（地区）的主要申请机构分布一方面可以反映不同来源国家的重点机构的专利保护范围，另一方面也可以反映世界各国对该国家（地区）市场的重视程度。表 1 显示了向美国、日本、中国、欧洲及澳大利亚等重点国家（地区）提交深穿透地球化学技术相关专利申请的前三位机构。整体来看，在各国的主要申请者中均有来自本国的机构，美国的主要申请机构分别是斯伦贝榭公司、埃克森美孚公司以及雪佛龙公司；日本的主要申请机构均来自日本，分别是松下电器产业株式会社、日立和东芝；法国斯伦贝谢公司、埃克森美孚公司和法国石油学院是欧洲的主要申请机构；法国斯伦贝谢公司、埃克森美孚公司和 Westerngeco Seimic Holding Ltd 是澳大利亚的主要申请机构。向中国提交相关专利申请最多的是法国的斯伦贝榭公司和中国本土的中国石油天然气集团以及中国石油天然气股份有限公司。从专利保护策略来看，法国的斯伦贝谢公司和美国埃克森美孚在这些重点国家相关专利申请布局较为广泛，在美国、中国、欧洲和澳大利亚都是主要的申请机构。

表 1　重要国家/地区的主要申请机构

国家（地区）	数量/项	主要申请机构情况		
		名称	申请数量/项	国别
美国	143	schlumberger ltd	130	法国
		exxonmobil upstream res co	38	美国
		chevron res co	34	美国
日本	46	matsushita denki sangyo kk	43	日本
		hitachiltd	31	日本
		toshiba kk	18	日本
中国	44	schlumberger ltd	15	法国
		china nat petroleum corp	9	中国
		petrochin coltd	7	中国

续表

国家（地区）	数量/项	主要申请机构情况		
		名称	申请数量/项	国别
欧洲	42	schlumberger ltd	41	法国
		exxonmobil upstream res co	25	美国
		inst francais du petrole	18	法国
澳大利亚	41	schlumberger ltd	40	法国
		exxonmobil upstream res co	27	美国
		westerngeco seimic holding ltd	12	法国

值得特别注意的是，在日本受理的专利申请中，主要申请机构均来自日本本土，显示了日本在深穿透地球化学技术上的研发实力与对本国市场的重视程度均很强。

(二) 中国专利态势

深穿透地球化学技术在华相关专利申请始于 1988 年，随后持续有相关申请。自 1996 年开始，深穿透地球化学技术相关专利申请开始大幅增加，整体呈上升态势（图 3）。来自中国本土的专利申请在 2004 年后数量激增，美国和日本在中国的专利申请量每年的数量相当，变化不大。

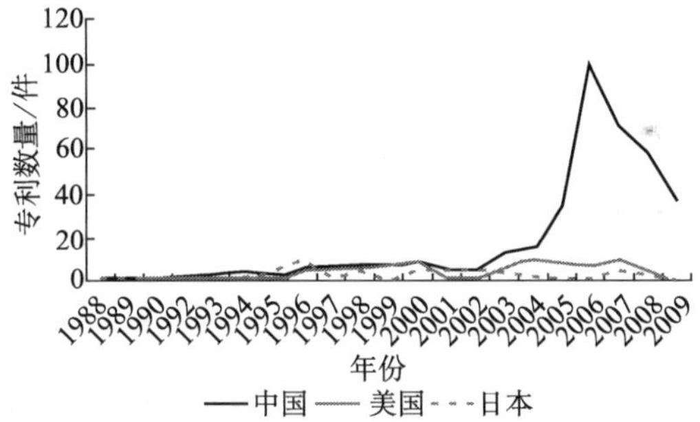

图 3　重点国家在中国的深穿透地球化学技术专利申请的时间态势

来自中国、美国、日本、德国、法国、荷兰、瑞士、中国台湾地区和英国的权利人在中国进行的深穿透地球化学技术相关专利布局较多。其中，来自中国本土的申请位居第一，共有 384 件专利申请；其次是美国，85 件；来自日本的申请人共拥有 52 件专利，位居第三。

图 4 显示了深穿透地球化学技术在华专利的前 10 个专利权人。可以看

出，在中国专利拥有排名前十的权利人中，中国本土专利权人虽然仅 3 家，但专利数量较大，占前十位机构所拥有专利数量的 45.8%；非中国大陆专利权人 7 家，占前十位专利权人拥有专利总量的 54.2%。

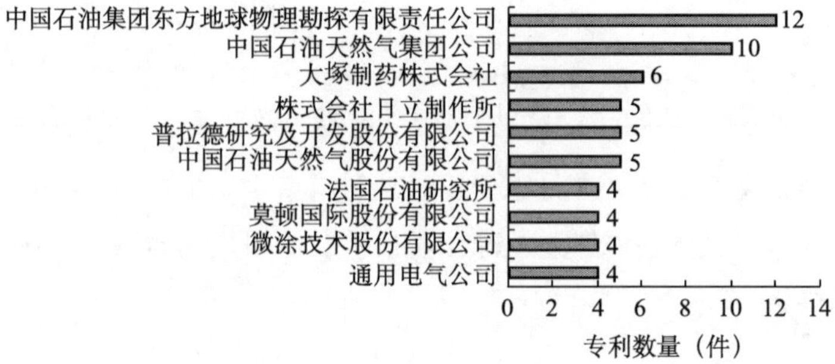

图 4　主要专利申请人的深穿透地球化学技术在华专利申请量

三、地球物质（元素）分析技术

地球物质（元素）分析技术分为三个层次：技术研制、基准建立、实验与示范，主要包括地壳物质联合探测、等离子质谱仪、ICP-MS AES 分析方法、矿物成分电子探针分析、矿物相态分析、元素地球化学、同位素地球化学等分析技术和仪器设备。

（一）全球专利态势

地球物质（元素）分析技术相关专利申请始于 1972 年，随后持续有相关申请，但增长速度缓慢。直到 1997 年，地球物质（元素）分析技术相关专利申请量开始大幅增加。全球专利布局热点参见图 5。在地球物质（元素）分析专利申请中，与测试或分析材料、放电管计量等相关方向的申请较为集中。

地球物质（元素）分析技术相关专利受理量最多的前 10 个国家（地区）包括：日本、美国、中国、德国、澳大利亚、韩国和俄罗斯。其中，专利受理数量最多的国家（地区）是日本，达到 1012 件专利；其次是美国，为 842 件专利；第三位是欧洲，为 448 件专利。专利数量排名前三位的国家专利总

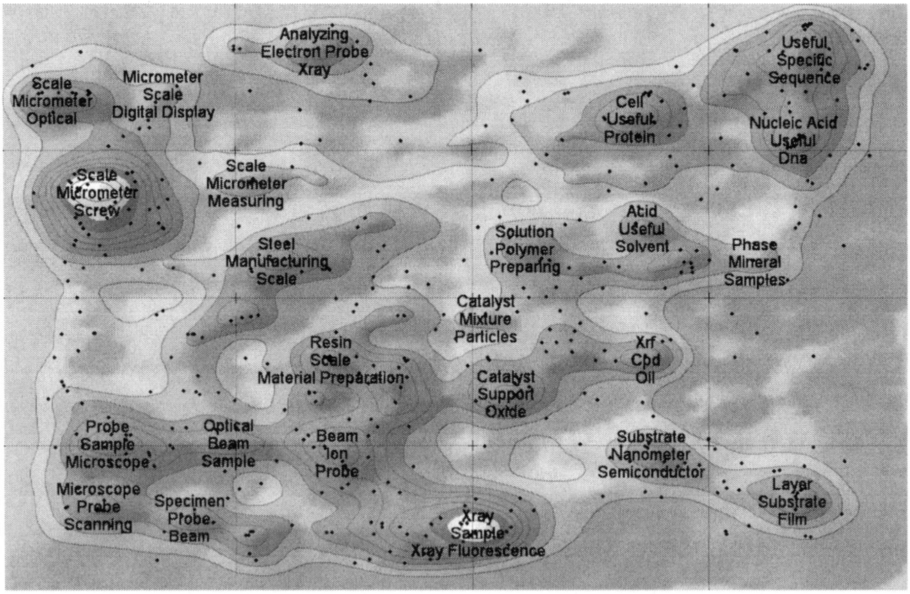

图 5　地球物质（元素）分析专利主题分布

数，占前十名专利总数的 70.1%。2009～2011 年在加拿大的申请相对活跃，占到总量的 96.00%；其次是中国和韩国，分别占总量的 74.06% 与 72.35%。说明地球物质（元素）分析技术的专利权人近年来对加拿大、中国和韩国市场比较感兴趣（图 6）。

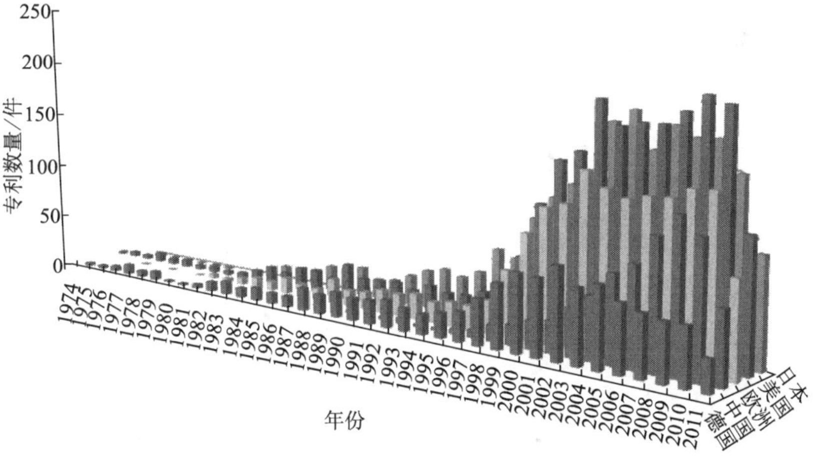

图 6　地球物质（元素）分析专利主要国家（地区）和时间态势

在全球申请机构中，日本公司的垄断地位相当明显。全球前十名专利权人有7家是日本企业，分别为：专利申请数量最多的岛津公司（108项）、位居第二的日本电子株式会社（99项）、排名第三的日立公司（47项）、排名第四的三丰（25项）及日本旭化成工业株式会社（18项）、佳能（15项）和新日铁公司（13项）；前十位专利权人还包括位列第五的加利福尼亚大学（18项），惠普（15项），以及德国巴斯福公司（14项）。

从前10个重要申请机构在主要技术领域的专利布局情况可以看出，排名前三的岛津公司、日本电子株式会社以及日立的专利布局主要侧重于“借助于测定材料的化学或物理性质来测试或分析材料”、“放电管或放电灯”、“长度、厚度或类似线性尺寸的计量、角度的计量、面积的计量、不规则的表面或轮廓的计量”三个领域。而其他7个重要机构在主要技术领域布局较为平均。

表2显示了向日本、美国、欧洲、中国、德国及澳大利亚等重点国家/地区提交地球物质（元素）分析相关专利申请的前三位机构。整体来看，各国的主要申请者中除澳大利亚外均有来自本国的机构，其中日本的主要申请机构均来自日本，显示了日本地球物质（元素）研发团队的研发实力与对本国市场的重视。

表2　重要国家/地区的主要申请机构

国家（地区）	数量/项	主要申请机构情况		
		名称	申请数量/项	国别
日本	1012	shmadzu corp	105	日本
		jeol coltd	97	日本
		hitachi ltd	42	日本
美国	842	hitachi ltd	16	日本
		hewlett-packard devco lp	15	美国
		univcalifornia	13	美国
欧洲	448	incyte genomics inc	9	美国
		inst francais du petrole	8	法国
		3m innovative properties co	7	美国
中国	306	shimadzu corp	10	日本
		mitutoyo kk	8	日本
		univshanghai jiaotong	6	中国

续表

国家（地区）	数量/项	主要申请机构情况		
		名称	申请数量/项	国别
德国	262	Basf ag	8	德国
		hitachi ltd	8	日本
		mtutoyo kk	7	日本
澳大利亚	234	incyte genomics inc	8	美国
		univtexas system	8	美国
		epigenomics ag	7	德国

(二) 中国专利态势

地球物质（元素）分析技术在华相关专利申请始于1986年，随后持续有相关申请。自1998年开始，在中国的专利申请开始大幅增加，整体呈上升态势。

来自中国、日本、美国、德国、法国、荷兰、中国台湾、意大利、韩国、匈牙利和瑞典的权利人在中国进行的地球物质（元素）分析相关专利布局较多（图7）。其中，来自中国本土的位居第一，共有134件专利申请；其次是日本，47件；来自美国的申请人共拥有46件专利，位居第三。第四为德国，14件。法国、荷兰、中国台湾、意大利、韩国、匈牙利、瑞典的专利数量均小于10件。

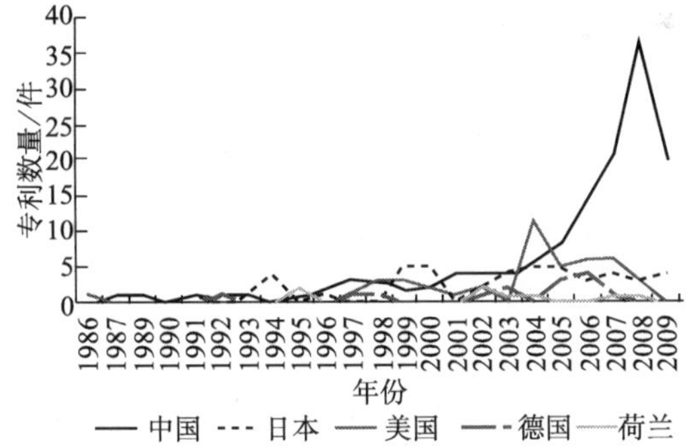

图7　重点国家在中国的地球物质（元素）专利申请的时间态势

图8显示了地球物质（元素）分析技术在华专利的前九位专利权人。株式会社岛津制作所、株式会社三丰、上海交通大学、巴斯福股份公司、大连理工大学、罗狄亚化学公司、金益世股份有限公司、全域探测器公司和哈尔

滨工业大学是在华地球物质（元素）分析相关专利申请布局最多的机构。可以看出，中国专利权人仅 3 家，占前十位机构所拥有专利数量的 28.9%；非中国大陆专利权人 6 家，占前九位专利权人拥有专利总量的 71.1%。

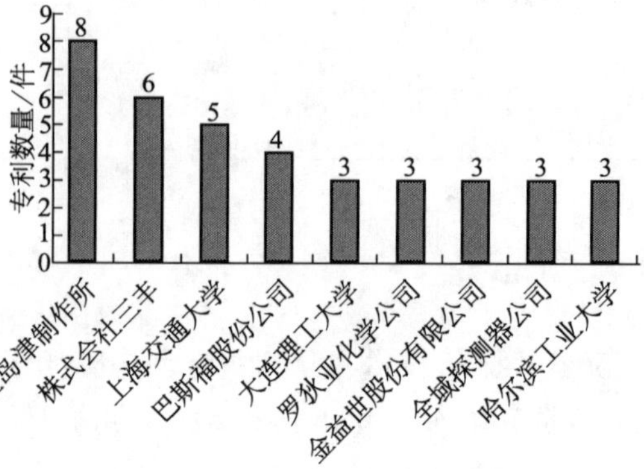

图 8　主要专利申请人的地球物质（元素）在华专利申请量

四、高温高压实验技术

高温高压实验技术主要包括高温高压的产生技术与高温高压下各种相关的测量技术，大体上分为静态高温高压与动态高温高压技术两大类。具体涉及质谱分析、（岛津 GC-RIA）色谱仪分析、（热液）金刚石压腔、活塞－圆筒实验装置、（冷封）高压釜、地核爆炸等。

（一）全球专利态势

高温高压实验技术相关专利申请始于 1965 年，随后断续有相关申请。自 1979 年开始，高温高压实验技术相关专利申请开始大幅增加，整体呈上升态势，并在 2006 年到达峰值 263 件。随后，国际专利申请量有所下降，2010 年仅 29 件。全球专利布局热点参见图 9。在高温高压实验技术专利申请中，与材料测试分析、放电管及测定法等相关方向的申请较为集中。

高温高压实验技术相关专利受理量最多的前 10 个国家（地区）包括：美国、日本、德国、欧洲、中国、澳大利亚、英国、加拿大、韩国和法国。其中，专利受理数量最多的国家是美国，达到 1520 件专利；其次是日本，1239 件专利；第三位是德国，776 件专利。专利数量排名前三位的国家专利

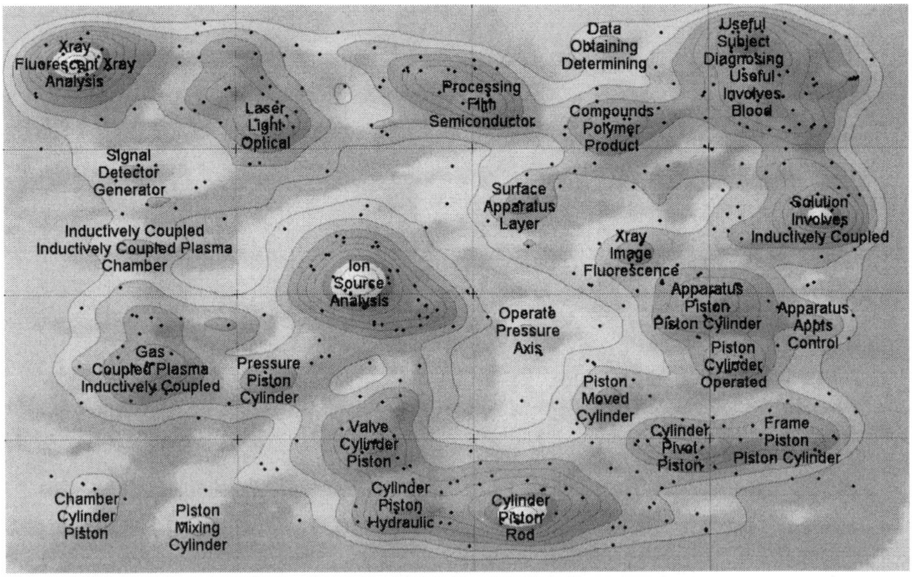

图 9　高温高压实验技术全球专利主题分布

总数，占前十名专利总数的 60.7%。2009～2011 年在中国的专利申请相对活跃，占到总量的 65.96%；其次是韩国，占总量的 56.98%。说明高温高压实验技术的专利权人近年来对中国及韩国市场比较感兴趣（图 10）。

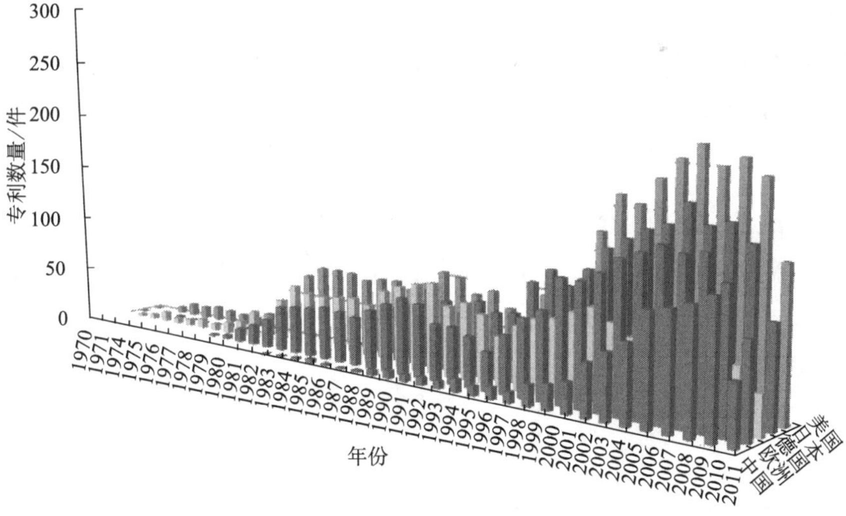

图 10　高温高压实验技术专利主要国家（地区）和时间态势

从全球范围统计数据看，日本公司高温高压实验技术的垄断相当明显，前十名专利权人有8家是日本企业，分别为：专利申请数量最多的日立（78项），排名第二的株式会社岛津制作所（58项），位列第三的横河电机（53项），日本精工电子有限公司（26项）、横河分析系统公司（31项）、日立高新公司（26项）、日本电子株式会社（24项）及东芝（23项）；前十名专利权人还包括位列第四的安捷伦科技公司（33项），英国质谱公司（22项）。

从前10个重要申请机构在主要技术领域的专利布局可以看出，排名第一的日立公司与排名第二的株式会社岛津制作、横河电机所、安捷伦科技公司以及横河分析系统公司的专利布局主要侧重于“通过测试气体的电离或者测试放电的方法测试或分析材料”、“用等离子体喷嘴或吹管等光学手段测试或分析材料”、“离子源；离子枪”、“质谱仪或质量分离管”、“导入或提取待分析试样的装置、电子光学或离子光学部件的外部调节装置”五个领域。除日立高新外，其他三个重要机构在主要技术领域的布局较为平均。

表3显示了向美国、日本、德国、欧洲及中国等重点国家/地区提交高温高压实验技术相关专利申请的前三位机构。整体来看，除中国外，各国的主要申请者中均有来自本国的机构，其中日本的主要申请机构均来自日本，显示了日本高温高压实验技术研发团队的研发实力与对本国市场的重视。从专利保护策略来看，日本的日立公司和尼康公司在这些重点国家相关专利申请布局较为广泛，在美国、日本、德国和中国都是主要的申请机构。

表3　重要国家/地区的主要申请机构

国家（地区）	数量/项	主要申请机构情况		
		名称	申请数量/项	国别
美国	402	agilent technologies inc	27	美国
		hitachi ltd	23	日本
		shimadzu corp	12	日本
日本	402	hitachi ltd	76	日本
		shimadzu corp	55	日本
		yokogawa denki kk	53	日本

续表

国家（地区）	数量/项	主要申请机构情况		
		名称	申请数量/项	国别
德国	402	mannesmann ag	14	德国
		hitachi ltd	12	日本
		micromass uk ltd	10	英国
欧洲	402	micromass uk ltd	11	英国
		mannesmann ag	9	德国
		fisonsplc	9	英国
		alcatel	9	法国
中国	402	lam res corp	6	美国
		samsung electronics co ltd	4	韩国
		shimadzu corp	4	日本

（二）中国专利态势

美国从 1987 年开始在中国有相关专利布局，其次是中国和日本在 1992 年开始布局。自 1996 年开始，高温高压实验技术相关专利申请开始大幅增加，整体呈上升态势，并在 2007 年到达峰值 49 件。随后，在华专利申请量有所下降。本领域来自中国本土的专利总量最多，为 154 件，其次来自美国 73 件，来自日本 52 件。中国申请人的研发集中时期主要在 2004～2009 年（图 11）。

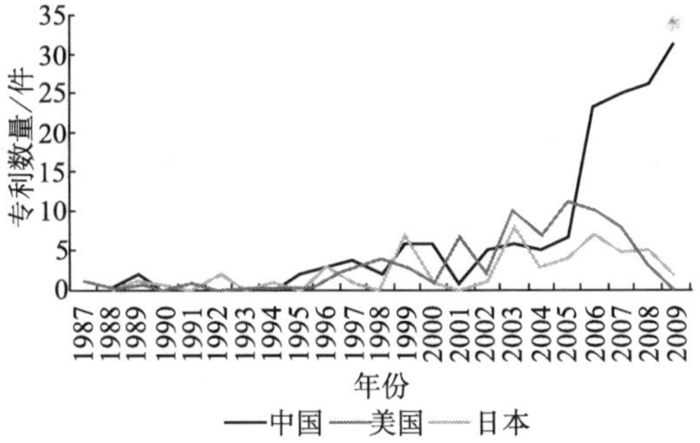

图 11　重点国家在中国的高温高压实验技术专利申请量时间态势

图 12 显示了高温高压实验技术在华专利的前十五位专利权人。福州大学、吉林大学、武汉钢铁（集团）公司、江苏天瑞仪器股份有限公司、欧文斯科尔宁格公司、通用电气公司、摩托罗拉公司、松下电器产业株式会社、

理学电机工业株式会社、中国科学院物理研究所、热电子公司、昭和电工株式会社、中国水产科学研究院淡水渔业研究中心、深圳市天瑞仪器有限公司以及深圳市华唯计量技术开发有限公司是在华高温高压实验技术相关专利申请布局最多的机构。可以看出，中国本土专利权人有 8 家，占前十位机构所拥有专利数量的 57.1%；非中国大陆专利权人 2 家，占前十位专利权人拥有专利总量的 42.9%。

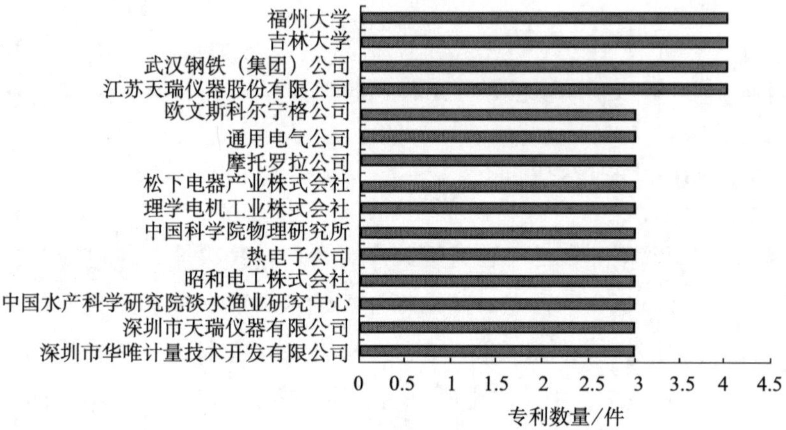

图 12　主要专利申请人的高温高压实验技术在华专利申请量

五、高温高压原位测量技术

高温高压原位测量实验技术，主要利用纳米金刚石微粉做高压密封材料，解决超高压激光加热中的关键难题。我们选取原位无损检测、高温高压流体、流动反应动力学、高压拉曼散射、高压布里渊散射、（冷封）高压釜、高温高压釜、激光加热等作为关键词来诠释高温高压原位测量技术的专利情况。

（一）全球专利态势

高温高压原位测量技术相关专利申请始于 1961 年，随后断续有相关申请，但增长速度缓慢。直到 1979 年，高温高压原位测量分析技术相关专利申请量开始大幅增加，并在 2008 年到达峰值 1274 件。全球专利布局热点参见图 13。相关专利在化学或物理方法、材料测试或分析以及分离技术等相关方向的申请较为集中。

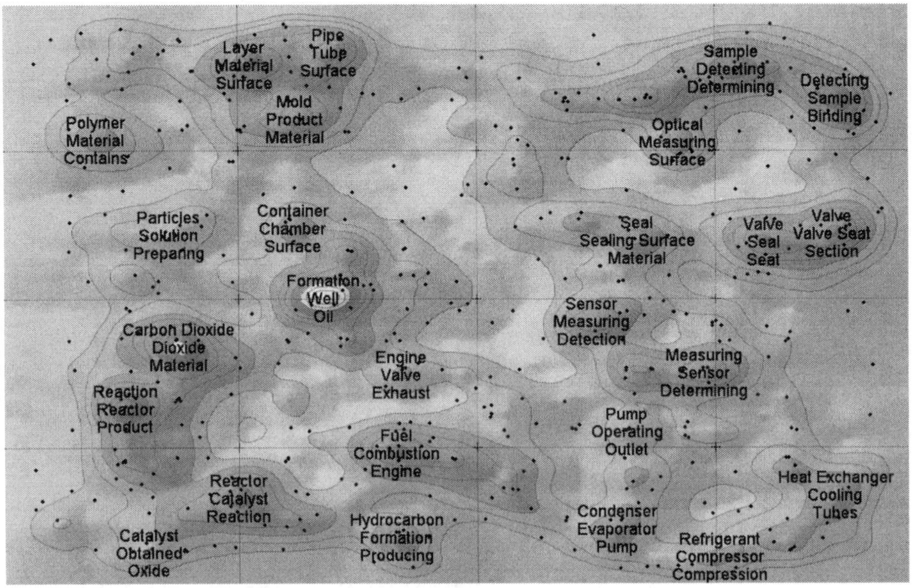

图 13　高温高压原位测量技术全球专利主题分布

相关专利受理量最多的前 10 个国家（地区）包括：美国、日本、欧洲、中国、德国、澳大利亚、加拿大、韩国、法国和印度。其中，专利受理数量最多的国家（地区）是美国，达到 5441 件专利；其次是日本，3137 件专利；第三位是欧洲，2943 件专利。专利数量排名前三位的国家专利总数，占前十名专利总数的 56.9%。2009～2011 年在印度相对活跃，占到总量的 123.43%；其次是加拿大与中国，占总量的 80.90% 与 77.44%。说明高温高压原位测量分析技术的专利权人近年来对印度、加拿大和中国市场比较感兴趣（图 14）。

从全球的统计数据看，壳牌石油公司的专利申请量最多，为 110 项，排名第二的为 VINEGAR H J，92 项，第三的为通用电气公司，91 项。其他前十位的专利权人还有 MITSUBISHI GAS CHEM CO INC、WELLINGTON S L、埃克森美孚化学专利公司、日立自动化系统公司、纳幕尔杜邦公司、BERCHENKO I E 以及斯伦贝谢科技服务公司。

对前十名重要申请机构的专利布局情况分析，可以看出，壳牌石油公司、VINEGAR H J公司、WELLINGTON S L公司、BERCHENKO I E公司和斯伦贝谢科技服务公司侧重于“土层或岩石的钻进；从井中开采油、气、水、可溶解或可熔化物质或矿物泥浆”领域的技术布局。美国埃克森美孚化学专利公司侧重于“化学或物理方法，如催化作用、胶体化学；其有关设备”、“无环或碳环化合物”领域的技术布局。其他4个重要机构在各个主要的技术领域布局较为平均。

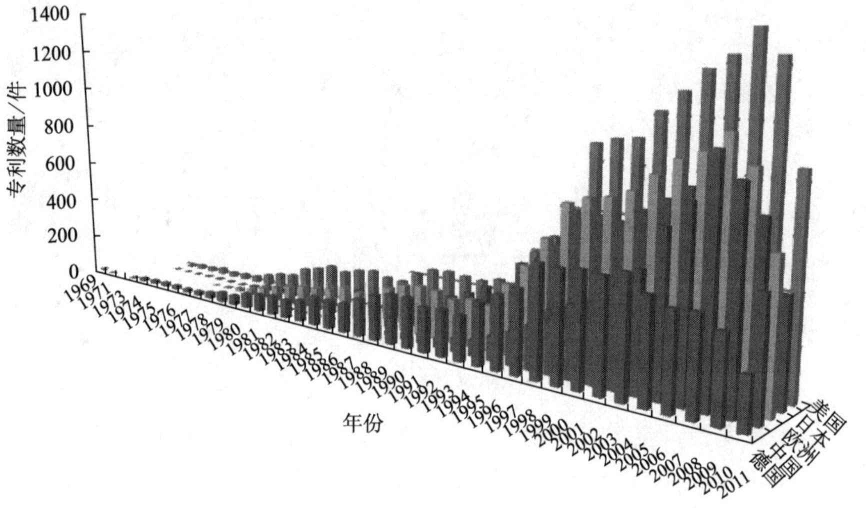

图14　高温高压原位测量专利主要国家（地区）和时间态势

表4显示了向美国、日本、欧洲、中国、德国、澳大利亚及加拿大等重点国家/地区提交高温高压原位测量分析相关专利申请的前三位机构。整体来看，美国埃克森美孚公司在日本、欧洲、中国、澳大利亚和加拿大均提出申请。各国的主要申请者中，中国、澳大利亚和加拿大均没有来自本国的机构。

表4　重要国家/地区的主要申请机构

国家（地区）	数量/项	主要申请机构情况		
		名称	申请数量/项	国别
美国	5441	VINEGARH J	92	日本
		SHELL OIL CO 国际壳牌有限公司	90	荷兰
		WELLINGTON SL	86	日本

续表

国家（地区）	数量/项	主要申请机构情况		
		名称	申请数量/项	国别
日本	3137	MITSUBISHI GAS CHEM CO INC 日本三菱瓦斯化学株式会社	83	日本
		HITACHI AUTOMOTIVE SYSTEMS LTD 日立自动化系统公司	68	日本
		EXXONMOBIL CHEM PATENTS INC	43	美国
欧洲	2943	EXXONMOBIL CHEM PATENTS INC	57	美国
		DUPONT DE NEMOURS & CO EI 纳幕尔杜邦公司	42	德国
		BASF AG 巴斯福	37	德国
中国	2111	EXXONMOBIL CHEM PATENTS INC	45	美国
		BASF AG	21	德国
		DUPONT DE NAMOURS & COEI	20	德国
德国	1960	BASF AG	27	德国
		BOSCH GMBH ROBERT 罗伯特·博世有限公司	24	德国
		DUPONT DE NEMOURS & CO EI	23	德国
澳大利亚	1621	SHELL OIL CO	32	英荷
		UNIVTEXAS SYSTEM	31	美国
		EXXONMOBIL CHEM PATENTS INC	20	美国
		DUPONT DE NEMOURS & CO EI		德国
加拿大	1004	SHELL OIL CO	20	英荷
		SCHLUMBERGER TECHNOLOGY CORP 斯伦贝谢科技服务	19	法国
		EXXONMOBIL CHEM PATENTS INC 埃克森美孚化学专利公司	19	美国

（二）中国专利态势

高温高压原位测量分析技术在华相关专利申请始于 1987 年，随后断续有相关申请。自 1993 年开始，高温高压原位测量分析相关专利申请开始大幅增加，整体呈上升态势，并在 2008 年达到峰值 265 件。

中国、美国、日本、德国、法国、荷兰、英国、韩国、意大利和瑞士在中国进行的高温高压原位测量分析相关专利布局较多（图 15）。其中，中国位居第一，共有 838 件专利申请；其次是美国，518 件；来自日本的申请人共拥有 237 件专利，位居第三。第四为德国，120 件。法国、荷兰、英国、韩国、意大利及瑞士的专利数量均小于 100 件。

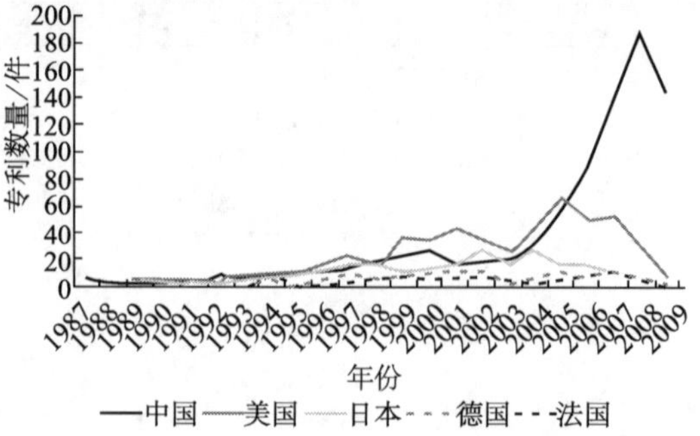

图 15　重点国家在中国的高温高压原位测量专利申请量时间态势

国际壳牌研究有限公司、埃克森美孚化学专利公司、纳幕尔杜邦公司、中国石油化工股份有限公司、松下电器产业株式会社、通用电气公司、浙江大学、佳能株式会社、华南理工大学、巴斯福股份公司、普莱克斯技术有限公司是专利布局最多的机构。前十名中来自中国本土的专利权人仅 3 家，占前十位机构所拥有专利数量的 23. 1%。

六、结论与讨论

首先，从时间上看，除了地球物质（元素）分析技术外，其他地球深部物质探测技术的专利大幅度增长均始于 20 世纪 70 年代末和 80 年代初，这正好与 20 世纪 70 年代很多发达国家陆续启动了深部探测和超深钻探计划的时间吻合。在中国，自 20 世纪 80 年代初中国开始有专利制度起，美国等发达国家也立即开始了在中国的专利布局。

其次，从专利布局国家（地区）看，美国、日本、中国、欧洲、澳大利亚、德国、加拿大、俄罗斯和英国等是全球接受地球深部物质探测技术专利申请的主要国家。但近三年来，在上述国家中的加拿大和中国的专利布局受到全球专利权人的特别重视，同时韩国、印度等新兴国家也开始逐渐受到全球专利权人的重视。

再次，在这个领域内，全球已培育出一批拥有具有明显专利优势的大公司，大多集中于美国、日本和法国等发达国家。虽然这些公司比较注重就相关专利在中国进行布局，但中国自己尚未拥有实力相当或接近的公司，中国本土的重要专利权利人以大学和研究机构为主。

最后，值得特别注意的是，日本在多个领域具有相当明显的优势地位。同时，日本受理的专利申请显示其本土的主要申请人既具有较强的研发实力，又表现出对本国市场的特别重视。

应当说明的是，本研究的定位是基于地球深部物质探测技术领域的专利基本态势分析，因此本研究的主要缺点和未尽事项主要有以下三点：第一，有待于针对具体技术领域作微观层面的深度分析；第二，关于与中国相关的专利竞争态势将另文专门分析；第三，关于知识产权、技术标准与科技文献的综合分析，将另文专门阐释，以便综合评价本领域的创新态势。尽管如此，本文仍可为全面开展和组织实施地壳探测工程中的深部物质探测领域的自主知识产权布局奠定必要的分析基础。

第四部
知识产权保护

未注册驰名商标的司法认定*

近些年来，有关未注册商标的法律保护已经引起国内各界的关注。2004年11月12日，未注册商标“小肥羊”被国家工商总局商标局认定为中国驰名商标，就曾经引起过争议和广泛地讨论。作为“小肥羊”这样一个未注册商标，通过行政机关认定为驰名商标，应该说是我国商标保护制度的一个进步，其意义是可圈可点的，在我国开创了未注册商标被认定为驰名商标的先河，证实了在我国未注册商标不仅可以受到法律的保护，而且具备驰名商标条件的还可以被认定为驰名商标加以保护。这一点已经在有关行政机关、司法机关和学术界广泛达成共识。

事隔两年，又一个未注册商标“酸酸乳”再次被认定为驰名商标，所不同之处在于，这次不是通过行政机关，而是通过法院首次将一个未注册商标认定为驰名商标。这是本案的典型意义所在，同样有一些问题值得我们思考和讨论。

第一个问题，未注册商标是否可以被认定为驰名商标？法院是否可以认定、保护未注册驰名商标？这个问题答案其实非常简单，结论应该也没有什么争议。行政机关可以将符合法定条件的未注册商标认定为驰名商标，司法机关做出同样的认定有何不可呢？

笔者认为，第一，作为驰名商标保护制度，是起始于对未注册商标的保

* 本文作者为李顺德，原载《中华商标》，2007年第2期，第4～6页。

护。当初《巴黎公约》明确规定各国应该对驰名商标予以保护，是因为世界上客观已有两种不同的商标权产生制度，一种是注册保护制度，一个是使用保护制度。当时有的商标在一些采取商标使用保护制度的国家尽管没有注册，但是已经使用多年，并具有相当的声誉，确实需要保护，此时可能就会发生由于没有注册而在采取商标注册保护制度的国家得不到保护的情况，为此有必要对这些商标采用特殊的方式进行保护，驰名商标保护制度应运而生。由此可见，驰名商标制度本身就起始于保护未注册商标，所以现在我们的法院通过判决，认定、保护未注册驰名商标，应该是没有问题的。

第二，对于具备了驰名商标条件的未注册商标，认定其为驰名商标并提供法律保护，是有关的知识产权国际公约的最低要求。对此《巴黎公约》规定得很明确，TRIPS 协议也加以肯定。

在《巴黎公约》第 6 条之二“商标：驰名商标”第 1 款中明确规定：“本联盟各国承诺，如本国法律允许，应依职权，或依利害关系人的请求，对商标注册国或使用国主管机关认为在该国已经驰名，属于有权享受本公约利益的人所有、并且用于相同或类似商品的商标构成复制、仿制或翻译，易于产生混淆的商标，拒绝或撤销注册，并禁止使用。这些规定，在商标的主要部分构成对上述驰名商标的复制或仿制，易于产生混淆时，也应适用。”

TRIPS 协议第 16 条规定：“巴黎公约 1967 年文本第六条之二，原则上适用于服务。确认某商标是否系驰名商标，应顾及有关公众对其知晓程度，包括在该成员地域内因宣传该商标而使公众知晓的程度。”“巴黎公约 1967 年文本第六条之二，原则上适用于与注册商标所标示的商品或服务不类似的商品或服务，只要一旦在不类似的商品或服务上使用该商标，即会暗示该商品或服务与注册商标所有人存在某种联系，从而注册商标所有人的利益可能因此受损。”这些规定，不仅充分肯定了《巴黎公约》第 6 条之二所确立的对驰名商标保护的基本原则，而且将其从商品商标扩展到服务商标领域，并且将对已经注册的驰名商标保护有条件地延伸到“与注册商标所标示的商品或服务不类似的商品或服务”领域。

因此，法院将具备了驰名商标条件的未注册商标认定为驰名商标加以保护，这样的做法本身是符合国际公约的要求的。

第三，依据我国商标法，未注册商标是可以作为驰名商标认定，并作为驰名商标来进行保护的。我们法律有明确的规定，只是没有具体讲是通过行政还是司法途径进行认定，没有突出强调而已。

我国商标法第十三条规定："就相同或者类似商品申请注册的商标是复制、模仿或者翻译他人未在中国注册的驰名商标，容易导致混淆的，不予注册并禁止使用。"

第四，作为驰名商标的司法认定和行政认定，按我们国家现有的法律规定具有相同的法律效力。我国现在对驰名商标进行认定主要有三个途径，即国家工商行政管理总局商标局、商标评审委员会和负责审理商标纠纷案件的法院。无论是通过司法途径，还是行政途径认定驰名商标，从法律上来讲，两者具有同等法律效力。基于这样的考虑，法院同样也可以认定未注册商标是驰名商标。

第二个问题，具有显著性是不是构成驰名商标的前提条件？驰名商标与商标的显著性是什么关系？显著性不强的未注册商标能否成为驰名商标？

笔者认为，第一，显著性是商标注册的一个条件，商标必须具备显著性才可以注册，而不仅仅是作为一个驰名商标的前提。第二，作为驰名商标来讲，首先必须具有显著性，如果没有显著性，它也不会成为驰名商标。但是具有显著性的商标，不一定都是驰名商标。第三，没有注册而使用的商标，经过使用具备了驰名商标条件的商标，或者叫符合驰名商标条件的商标，仍然是未注册商标。所以第二个问题实质上就又回到了第一个问题，没有什么差别。

在本案当中，"酸酸乳"这个商标最初就不具备显著性，所以申请注册为注册商标有困难。未注册商标实际上可以分两种情况，一种情况是，商标本身开始不具备显著性，无法取得注册；另一种情况是，商标本身具备显著性但没有去申请注册。是不是驰名商标，不在于该商标是否已经取得注册，主要要考虑在使用过程中，是否具备了驰名商标的条件，而且还要考虑到具体个案的案情是否需要进行驰名商标的认定。

第三个问题，如何正确理解驰名商标的"个案处理、被动认定"原则？

笔者认为，"个案处理"原则强调的是，每一个驰名商标的认定都是一个具体的个案，它是独立的。在一个案件中被认定的驰名商标，仅仅在本案中有效，本案审结以后，再次遇到纠纷，需要作为驰名商标寻求保护，是否能够作为驰名商标保护，需要重新认定，并不是说在前面案件中认定了的驰名商标，在后面案件审理中就必须首先承认它也是驰名商标。在先对驰名商标的认定对于在后审理的案件来讲只是一个历史的记录，只是一个事实，可以供在后审理的案件作为一个参考的依据，也可以成为一个事实证据。也就是说，经过认定的驰名商标不是终身有效，并非一旦被认定是驰名商标就永远是驰名商标。所以不能把认定的驰名商标绝对化、神圣化。

“被动认定”原则强调的是，某个具备驰名商标条件的商标，只有当它受到侵害，而作为一般商标难以得到商标法的有效救济和保护的情况下，才需要进行驰名商标的认定，以寻求法律对驰名商标的特殊保护。也就是说，没有进行认定的商标未必就一定不是驰名商标。

需要作为驰名商标认定，寻求法律对驰名商标的特殊保护，通常分为两种情况。

第一种情况是对于未注册的商标，这个商标确实具备了驰名商标的条件，当它受到侵害时，需要给它提供一定的法律保护，可以作为驰名商标认定。但是这种保护不能超过和达到注册商标的水平。如果完全跟注册商标等同了，那大家就没有必要去注册商标了，遇到被侵权的时候大家都主张自己的商标是驰名商标，应该得到同注册商标一样的全面保护，这对我们的商标注册制度是不利的。

第二种情况是已经注册的商标，如果别人未经许可，在相同或类似的商品或服务上使用了和你注册的商标相同或者近似的商标，这作为一般注册商标保护就够了，不需要作为驰名商标进行认定。超出了这个范围，也就是说超出了在相同或类似商品或服务上使用，别人在不相同和不类似的商品或服务上使用，可能会对注册的商标构成一定的损害，像 TRIPS 协议里规定的那样，使公众可能会产生一些误解，以为这种商品或服务是与商标注册人之间存在某种关联，这时才需要作为驰名商标进行认定，实施跨类别的保护。

但是现在有很多人把这一点误解了，有人理解为 TRIPS 协议规定对所有驰名商标都可以跨类保护。这实际上是没有注意到 TRIPS 这一规定是有严格条件的。TRIPS 协议对驰名商标规定的是有条件的跨类保护，而不是无条件的跨类保护。我国商标法里的规定是源于 TRIPS 协议，所以也应该这样来对之进行理解。

对驰名商标的认定条件，是不是要全部具备我国商标法第 14 条列举的各个条件才能被认定为驰名商标？很多人认为是，实际上这种看法是不对的。第 14 条规定的是作为驰名商标的认定可以参照的条件。在一个具体的案件当中，需要认定和可以认定驰名商标时，并不是这些条件一条不能少才能认定为驰名商标，而是要根据案情的需要和实际的情况，参照这些条件进行认定。可能其中几个条件具备就可以被认定为驰名商标，并不是所列举的 5 个条件必须同时具备才能认定为驰名商标。如果是这样的话，那就把驰名商标的认定条件人为地给拔高了。而条件拔高的结果，是把驰名商标给神圣化了。实际上驰名商标制度本来是借助了反不正当竞争，对商标法的一些缺漏所进行的弥补性保护的手段，而不是要超过商标法的保护，提供更高的保护。这样才显得更公平，有利于规范市场的竞争秩序，同时保护权利人的合法利益和消费者的合法权益。所以不能把认定的驰名商标绝对化、神圣化。驰名商标仅仅在其被认定的案件中有效，是驰名商标；本案审理结束以后，遇到新的纠纷，是否是驰名商标，需要重新认定。

第四个问题，关于商品名称和商标的关系。首先要澄清的就是，商品名称本身是可以分为两类的，即商品的通用名称和商品的专用名称。一般不允许某一个企业把商品通用名称作为自己的商标进行注册，独占起来。一个企业给自己的商品取一个专用名称，如果这个名称具备申请商标的条件，从商标法来讲，允许作为商标进行注册、使用。事实上这种情况在很多领域都是普遍存在的，最典型的是化学药品，现在几乎是每研制一个新的化学药品就要专门给这个药品起一个专用名称，这个专用名称通常都要注册为商标。所以作为化学药品来讲，通常除了生产厂家自己的一般商标以外，每一个药品上还有单独的一个按专用名称注册的商标。作为一个国际惯例，各国都是这样来保护的。

“酸酸乳”最初是作为一个商品的专用名称出现的，没有谁说这类饮料都一定必须叫“酸酸乳”。蒙牛集团如果是自己研制的这种饮料，并且自己给它起了这个名称，那么它就是一个商品专用名称。在这个问题上，首先应该把商品的通用名称和商品的专用名称区分清楚。和中国不同的是，在很多国家把商品的专用名称、商品的特殊外观等都视为是商标，就是通常所谓的商业标记，而且这些商业标记可以被注册成各式各样的商标。在有的国家并不是像我国这样，对商业标记严格地区分成商标、商品的装潢、商品的专用名称等，他们认为只要是用在商品上作为标记使用，使商品能够和其他同类产品相区分，都可以视为是商标，符合注册条件的可以作为商标注册。商品专用名称可以注册为商标，商品的外形也可以注册为商标，只要符合商标注册条件，不符合的当然不能注册，但仍然可以使用。所以不要把各种商业标记和商标绝对地一刀两断。在中国的法律制度下，人们可能倾向于将它们区分清楚，我国反不正当竞争法里列举了很多商业标记，不能绝对地说就不是商标。

一个商品的专用名称，当它缺乏显著性时，将其注册为商标可能是比较困难的，只能视为一个未注册商标。但是由于长期的使用，使它具备了显著性，仍然可以作为商标来注册。

从有关美国判例看专利产品“修理”与“再造”的区分*

按专利法理论，专利权人自己生产的或授权他人生产的专利产品售出后，购买人可以使用该产品并可以为了使用而对该产品进行必要的维修。但如果在该专利产品报废以后，购买人又在该产品的基础上重新制造一个专利产品，则可能侵犯专利权人的专利权。什么行为是法律允许的修理，什么行为是法律不允许的再造，这是一个既涉及事实又涉及法律的复杂问题。对于因此而引起的纠纷，美国100多年来有大量的判例。我国的学者、专家对这些判例也进行了一定的介绍①。我国虽然还没有出现过类似纠纷，但这一问题已引起我国司法界的注意。最高人民法院正在制定的《关于审理专利侵权纠纷案件若干问题的规定》也涉及了这一问题②。为了深入探讨这一问题，笔者将介绍更多的美国判例，并对这些判例进行简要分析，希望对我们制定司法解释和处理有关纠纷有所裨益。

---

* 本文作者为闫文军，原载《专利法研究（2004）》，知识产权出版社2005年版，第385～402页。

① 笔者所见到介绍有关判例的著作有：李明德．美国知识产权法．北京：法律出版社，2003：62；程永顺，罗李华．专利侵权判定．北京：专利文献出版社，1998：282；尹新天．专利权的保护．北京：专利文献出版社，1998：50。

② 该司法解释的讨论稿公布在“中国知识产权司法保护”网站（http：//www.chinaiprlaw.com/spxx/spxx247.htm）。有关“修理”与“再造”问题的规定是该司法解释讨论稿的第二十七条。

一、美国有关专利产品“修理”与“再造”的判例简介

在大量的美国判例中，笔者选择了以下 11 个判例。这些判例，有的是曾被反复引用的经典判例，有的是具有“新颖性”的最近几年刚做出的判例。

（一）刨床案（Wilson v. Simpson）①

此判例是美国最高法院于 1850 年做出的，是美国第一个有名的关于区分专利产品“修理”与“再造”的案件。案中的专利产品是一种刨床，该刨床是由不单独受专利保护的部件如齿轮、轴、刀片等组成。其中刀片使用几个月以后就不能再用了。被告是该专利产品刨床的使用人。在刨床中的刀片用钝以后，被告从第三人处购买了这种刀片更换了用旧的刀片。原告认为，当刀片报废后，专利产品从物质上来说已经不存在了。如果更换一个刀片，就是制造了整个专利产品，构成侵权。美国最高法院认为，“根据本案的证据，这种刨床可以使用几年，而刀片每 60 天到 90 天就需要更换一次。在购买者购买刨床时，更换刀片的权利就转移给了顾客，否则，顾客购买这种刨床是没有用的。我们不认为被告更换刀片的行为违反了法律，或侵犯了原告的专利权”。法院指出，即使一个部件损坏而使整个机器不能使用，并不能说机器“不存在”了，而更换损坏的部件以恢复机器原有的使用性能是法律允许的修理。更换一个破损的部件，不管是用旧的还是损坏的，也不管它是不是专利产品中的重要部件，都只是法律允许的修理。当顾客购买了一个机器时，他将机器作为一个整体使用，更换破损的部件，只是顾客为保证使用而行使的维修权利。如果只是对购买的专利产品更换刀片，这对专利权人有什么损害呢？最后，法院认定被告的行为是修理，不侵犯原告的专利权。

---

① Wilson v. Simpson，50 U. S. （9 How.）109 （1850）。为了更直观和便于引用，笔者以案件所涉及的专利产品命名每个案件。

（二）棉包捆扎带案（Cotton-Tie Co. v. Simmons）[①]

此判例是美国最高法院于1882年做出的，是一起认定构成再造的案件。本案中所涉及的专利产品是棉包捆扎带，这是一个由金属扣和金属带组成的用于捆扎棉包的带子。顾客从专利权人处购买了这种捆扎带以后，用于捆扎棉包以便于把棉包从种植园运到棉花加工厂。在棉花加工厂，这种带子被分割为若干段。被告将分割后的碎片收集起来，并铆接在一起，再加上原来的金属扣，作为新的棉包捆扎带出售。美国最高法院认为，"不管被告对使用旧金属扣有什么权利，他都不能将金属扣和实质上新造的金属带连接在一起，来制造一个棉包捆扎带。当被告将金属扣连接在用旧带子的碎片铆接在一起而制成的金属带上时，他制造了棉包捆扎带。将带子碎片连接成一体，在通常意义上，不是对带子的修理。带子被顾客在棉花加工厂自愿割开，因为带子已完成了其捆扎棉包以便于从种植园向加工厂运输的作用。它作为带子被使用的性能已经被自愿地破坏了"。据此，法院认为被告的行为属于对专利产品的再造而不是修理，因而构成侵权。

（三）帆布车顶案（Aro Manufacturing Co. v. Convertible Top Replacement Co.）[②]

此判例是美国最高法院于1961年做出的，在后的类似案件几乎无一不引用该判例。该案中的专利涉及一个敞篷车的帆布车顶。该帆布车顶由帆布、支架和帆布与车体间的密封装置等组成，各组成部件没有单独申请专利。专利权人将该专利许可给通用汽车公司使用。这种帆布车顶中的帆布在使用三年之后就会因风吹日晒而不能使用，而其他部分基本是完好的。被告生产专用于这种车顶的帆布，并把帆布裁剪为适合的形状，出售给车主以更换用旧的帆布。原告专利权人指控被告侵犯其专利权。一审和二审均认为侵权成立，其主要理由是"帆布并不是使用寿命短而且便宜，可以使我们认为

---

① Cotton-Tie Co. v. Simmons，106 U. S. 89（1882）.

② Aro Manufacturing Co. v. Convertible Top Replacement Co.，365 U. S. 336（1961）.

车主合理地相信更换帆布只是对车顶的简单修理”。美国最高法院以多数法官的意见改判了该案，少数人的意见也在判决中进行了阐述。Whittaker 法官代表美国最高法院起草的判决意见认为，被告的行为没有构成直接侵权，而是否构成间接侵权（帮助侵权）要看车主未经专利权人同意私自更换帆布是否构成直接侵权。“原审没有采用 Wilson 案件确立的简单而实际的检验标准，而是考虑了专利部件的效用。专利部件的效用对于区分修理与再造是没有决定作用的。……专利法确定的原则是：对于组合专利只保护其权利要求书中各技术特征组成的整体，而各组成部件并不单独受保护。……一个组合专利中的部件，如果没有单独享有专利，则不能受专利独占保护，不管它对专利多么重要，也不管这一部件的更换多么昂贵，多么困难。专利作为一个整体来保护，不能将发明归因于一个因素。再造只限于在专利产品作为一个整体报废以后，‘实质上制造一个新产品’的重新制造。只是一次更换一个部件，不管重复更换同一部件还是连续更换不同部件，都是财产所有人修理财产的合法权利。因此，本案中的行为应视为修理而不是再造。”Brennan 法官补充了自己的意见：“我同意本案中的更换是修理而不是再造，但我不同意 Whittaker 法官的判断方法。那个标准对于认定再造太窄了。有时更换一个产品中的非专利部件即使没有再造整个专利产品也构成再造。区分修理和再造，没有所有的案件都适用的唯一标准。这需要考虑很多因素，如：更换部件的寿命与整个产品寿命的关系，更换的部件对于发明的重要性，更换部件的价值与整个产品价值的关系，专利权人和顾客对于易损部件的通常认识和意图，购买的部件是更换损坏的部件还是用于其他目的，以及其他相关因素。帆布的寿命是三年，而其他部件的寿命几倍于帆布，更换帆布的价格是 30 至 70 美元，而其他部件的总价值是大约 400 美元。考虑到这些因素，更换是对破损部件的更换而不是对专利产品的再造。帆布经风吹日晒在其他部件损坏前就不能使用了，其易损性以及对比整个产品的低价性和其易换性都导致一个结论。我认为更有说服力的是，就帆布的作用和整个发明来说，只是‘修理’。”

（四）罐头加工机案（Wilbur-Ellis Co. v. Kuther）[①]

这是美国最高法院于 1964 年做出的判例，是一起认定“类似修理”的案件。原告拥有一个罐头加工机组合专利，他授权他人生产并销售了用于生产 1 磅罐头的加工机。被告购买了四个二手的罐头加工机，其中三个已生锈并不能使用，另一个也需要清洗。被告将这些机器修复，35 个部件中的 6 个改变了尺寸，使这种机器能生产 5 盎司的罐头。一审和上诉法院认为，更改机器使之能生产不同规格的商品，属于专利权人的权利，被告构成侵权。美国最高法院认为，这四个罐头加工机并没有报废，在经过清洗和修理后还可以使用若干年。如果他们被修理后用于加工 1 磅的罐头，无疑那是修理而不是再造。当其中 6 个部件被改变尺寸时，也不会侵犯专利权。因为机器所加工的罐头的规格不是发明的一部分，这 6 个部件的尺寸、位置、形状和构造也不是发明的一部分。被告改变旧机器的尺寸以用于加工不同规格的商品，不是习惯意义上的修理。但他的行为类似修理，因为它涉及旧机器的使用性能，而原告已经在旧机器上得到了许可使用费。只有在专利权人排除他人制造专利产品的权利受到侵犯时，才能称为再造。对专利产品中 6 个非专利部件的加工提高了机器的使用性能，那不构成再造。原告主张被告只得到使用这种机器加工 1 磅罐头的许可，但在机器出售时是没有任何限制条件的。当专利权人将专利产品出售以后，他得到了对价，同时放弃了限制他人使用的权利。最后，法院认定，被告的行为类似修理，不构成专利侵权。

（五）离合器案（Dana Corp. v. American Precision Co. ）[②]

此判例是美国联邦巡回上诉法院于 1987 年做出的。此案中的专利涉及重型卡车上的离合器，该离合器是由不单独受专利保护的部件组成的。当专利产品离合器出现故障后，一般是整个离合器被更换下来。被告收集了被更换下来的旧离合器，并把它们拆开。被告使用其生产线组装离合器，其中所

① WILBUR-ELLIS CO. v. KUTHER，377 U. S. 422（1964）.

② Dana Corp. v. American Precision Co. ，827 F. 2d 755，3 USPQ2d 1852（Fed. Cir. 1987）.

用的部件主要是从旧离合器上拆下来的，同时也有少量的新部件。这样组装后的离合器，有的全部使用了旧离合器上的部件，但各部件可能来自不同的旧离合器，有的大部分是旧离合器上的部件加上个别新部件。被告将组装后的离合器进行销售，而组装后的离合器与受专利保护的离合器是一致的。专利权人起诉被告侵犯其专利权，认为被告的行为是再造专利产品。联邦巡回上诉法院认为，把旧专利产品拆开后重新组装，并不是将专利产品自愿破坏后重新制造；使用生产线对专利产品拆装，不顾部件原来来自哪个产品，只是一个经济和效率的问题，与逐个拆开并更换少量已损坏部件后重新装配是同一个效果；以商业规模大量组装，不改变其行为的性质。最后，法院认定被告的行为是修理而不是再造。

（六）冶金气泵案（The Carborundum Company d/b/a Metaullics Systems Division and Metaullics Systems CO. L. P. V. Molten Metal Equipment Innovations，Inc.）①

这是美国联邦巡回上诉法院于 1995 年做出的判例。原告拥有一项名为“空气注入设备”的专利，这项专利保护的是一种用于冶金的设备，包括融化和净化装置，如反射炉、充气泵、注气导管等。但原告并不销售该专利中的整个系统，而只是销售气泵和导管。气泵是专用于上述专利的。原告在销售时并没有提及上述专利，也没有对顾客使用这种泵提出限制条件。除此之外，原告还销售气泵的配件。被告也生产这种冶金气泵以及泵的配件。被告的气泵大多数销售给了使用原告气泵的客户，客户将原告的气泵换为被告生产的气泵并继续使用。原告向法院提起诉讼，认为被告构成帮助侵权和引诱侵权。联邦巡回上诉法院认为，被告主张，原告出售的气泵除用于专利外没有其他用途，这样原告在出售气泵时就默示许可客户可以无限制地实施其专利。虽然我们同意客户有实施专利的默示许可，但对许可的范围和含义，我

① The Carborundum Company d/b/a Metaullics Systems Division and Metaullics Systems CO. L. P. V. Molten Metal Equipment Innovations，INC. 94-1298，-1342，95-1015，-1024，-1032，-1033.（Fed. Cir. 1995）.

们不同意被告的主张。原告销售气泵的情况表明，其顾客可以实施该专利，并且可以进行修理。但不能认为原告及其客户预期其实施专利的期限超过气泵的使用寿命。原告只销售气泵，而不是整个设备，我们认为默示许可只在气泵的使用寿命内。在原告出售的气泵已经报废以后，被告销售专用于专利的气泵使客户更换了已经报废的气泵并继续使用，已超出了原告默示许可的范围。被告的行为构成帮助侵权。

（七）压力袖案（Kendall Co. v. Progressive Med. Tech. Inc）[①]

此判例是由美国联邦巡回上诉法院于 1996 年做出的。原告拥有一个医疗设备专利，该设备主要用于向患者四肢加压，以治疗和防止静脉血栓。该设备主要有三部分：控制泵、压力袖和连接管。使用原告产品的医疗机构为防止感染，在每个病人使用后更换一次压力袖。原告并不反对这样使用，并且在其出售的压力袖替换件的包装上标明“一次使用，不得重复使用”。顾客购买了控制泵和连接管时知道这是可以重复使用的，而在购买压力袖时知道这是一次性使用的。因此，顾客一般购买一个控制泵和连接管，而购买大量压力袖。被告制造并销售用于更换的压力袖。原告以帮助侵权为由起诉了被告。原告主张压力袖在更换时并没有损坏，可以使用三年。美国联邦巡回上诉法院认为，法院从来没有说过一个部件只有在不能再使用时才是报废的(spent)。当继续使用一个部件是不可行或不实际时，就要更换，这个部件就是报废的。原告主张压力袖理论上可以用三年。但因为有感染的危险，这种主张是不可行的。原告的客户从来没有同意将使用过的压力袖消毒后再使用，并且原告在销售时就标明这是一次性使用的。从原告的意图看，它是允许客户更换压力袖的。因此，客户的修理权利包括更换压力袖的权利。因客户的行为是修理而不是再造，被告不构成帮助侵权。

---

① Kendall Co. v. Progressive Med. Tech., Inc., 85 F. 3d 1570, 38 USPQ2d 1917 (Fed. Cir. 1996).

（八）钻头案（Sandvik Aktiebolag v. E. J. Co. ）[①]

这是美国联邦巡回上诉法院于 1997 年做出的一个判例。该案专利涉及一个钻头。钻头主要由金属钻杆和碳化物钻尖构成，钻尖具有的特殊造型提高了钻透能力。钻尖是用华氏 1300 度的温度焊接在钻杆上的。这种钻尖通常在钻透 1000 英寸厚的物体后会变钝，需要打磨。原告认为钻尖是可以打磨的，并在出售钻头时提供了如何打磨的说明。被告提供钻头维修服务，包括打磨和更换钻尖。当钻尖不能再打磨时，被告应客户的要求更换钻尖。其更换钻尖的方法是用华氏 1300 度的高温把钻尖卸下，再焊上一个长方体碳化物。该物冷却后被加工成专利钻尖的形状。原告主张被告更换钻尖的行为是对钻头的再造，并向法院提起诉讼。一审法院认为被告的行为只是修理。二审中美国联邦巡回上诉法院认为，在认定被告是否制造一个新产品时有很多因素需要考虑，包括：被告行为的性质、更换部件的性质和它是如何设计的（是否其中一个部件的使用寿命比整个产品的使用寿命短）、针对该部件进行制造和服务的市场是否形成、专利权人的意图等。就被告行为的性质而言，被告不只是以一个新的部件替换旧的部件，而是通过几个步骤完成钻尖的更换、定型和整合。这些工作实际上是在专利产品报废后进行重新制造。从更换部件的性质看，这不是一个专利产品的使用寿命明显长于某一部件的明显情况。钻尖不像 Wilson 案中可拆的刀片那样必须定期更换。钻尖不是作为一个可更换件而制造的，虽然可以经过几次打磨而延长使用寿命。生产者的意图及使用者的预期中，钻尖的寿命不比钻杆短。钻尖不是用易于拆卸的办法固定在钻杆上的。就提供该服务的市场来说，没有证据证明已形成钻尖更换的实质市场，没有证据证明大量的用户更换钻尖或除被告之外的很多公司提供更换钻尖的服务。没有人生产钻尖替换件。虽然有的顾客选择更换钻尖，但只有一少部分的钻尖被更换。就专利权人的意图来说，没有证据证明专利权人的意图支持更换钻尖是修理的主张。原告从来没有更换钻尖的意图，它不生产和销售可更换的钻尖，没有提供如何更换的说明。虽然修理和

---

① Sandvik Aktiebolag v. E. J. Co. ，121 F. 3d 669，43 USPQ2d 1620（Fed. Cir. 1997）.

再造的区别不只是决定于专利权人的意图，专利权人没有生产和销售可更换钻尖的事实与更换钻尖不是修理的结论是一致的。虽然没有区分修理和再造的确切的标准，但根据本案中的所有情况，被告的行为属于再造，侵犯了专利权。

（九）打印机墨盒案（Hewlett-Packard Co. v. Repeat-O-Type Stencil Mfg. Corp.）①

这是美国联邦巡回上诉法院于 1997 年做出的判例。本案中专利权人惠普公司拥有几个关于喷墨打印机的专利，主要包括墨盒及墨盒内的部件。惠普公司依据其专利生产和销售了不可重新灌注的墨盒，并在墨盒上标明“立即扔掉旧的墨盒”。被告购买了惠普公司的新墨盒并改造为可重新灌注的墨盒进行销售。惠普公司对被告提起诉讼。美国联邦巡回上诉法院认为，当惠普公司在没有限制条件的情况下销售被专利保护的产品时，买方就获得了对专利产品进行修理的默示许可，但不包括再造专利产品的权利。被告的改造不是一般意义上的修理，因为被专利保护的墨盒没有被破坏或变得有缺陷。被告的改造改善了该专利墨盒的应用性，不是不允许的“再造”，更近似于对不成熟的修理。虽然专利权人的意图是该墨盒是不可重新灌注的，但与专利权人意图相悖的修改不一定就是再造。在缺少合同限制的情况下，买方有权对所购买的产品进行修改，只要不是对已经报废的产品进行再造就可以。因此，法院认定被告的行为“类似修理”，而不是“再造”，不构成对惠普公司专利权的侵犯。

（十）冲浪艇案（Surfco Hawaii v. Fin Control Sys. Pty，Ltd.，）②

这是美国联邦巡回上诉法院于 2001 年做出的判例。原告拥有一项冲浪艇专利，专利产品中有一个可拆卸的尾翼。被告生产一种尾翼，可用于原告

---

① Hewlett-Packard Co. v. Repeat-O-Type Stencil Mfg. Corp.，123 F. 3d 1445，43 USPQ2d 1650 (Fed. Cir. 1997).

② Surfco Hawaii v. Fin Control Sys. Pty，Ltd.，264 F. 3d 1062，1065，60 USPQ2d 1056，1058 (Fed. Cir. 2001).

生产的冲浪艇。与原告冲浪艇上的尾翼相比，被告生产的尾翼加了橡胶边，对使用者来说更安全。被告销售这种尾翼，供购买了原告冲浪艇的人进行更换。原告提起诉讼指控被告构成间接侵权。一审法院认为被告构成帮助侵权和引诱侵权，主要理由是：被控侵权产品的使用方式具有重要意义。虽然原告产品的使用人有权更换用旧的或损坏的尾翼，但冲浪艇的使用人购买被告尾翼的目的是为了安全。被告产品的特点刺激了冲浪艇使用人用被告的产品更换下冲浪艇上新的尾翼。用其他尾翼更换下没有损坏的尾翼实质上制造了一个新产品，构成侵权。美国联邦巡回上诉法院认为，“修理”一般指的是更换用旧的或损坏的部件，但这里也应包括既没有损坏也没有用旧的部件。法律并不禁止购买者提前更换某些部件。侵权的认定取决于更换的程度而不是目的。尽管延长使用寿命是更换部件的主要原因，但不是法律允许的唯一原因。即使一个尾翼是专门为更换专利产品上的尾翼而设计的，用这个尾翼更换专利产品上的新尾翼也不构成“制造”一个专利产品。因此，冲浪艇的购买者有权更换尾翼。被告制造并销售尾翼的行为不构成帮助侵权和引诱侵权。

（十一）一次性相机案（FUJI Photo Film Co. Ltd. V. Jazz Photo Corporation）①

这是美国联邦巡回上诉法院 2001 年做出的一个判例，富士公司对该案的上诉申请已被美国最高法院于 2002 年 6 月驳回。富士公司生产一种一次性相机“镜头胶卷一体机”，并就该相机在美国申请了 14 项专利。富士公司的相机是一种比较简单的相机，主要部分是一个外塑料包装，包括快门、快门按钮、镜头、卷轴、胶卷前进装置、计数器，以及一些型号中还有闪光灯和电池。富士公司原设计这种相机为一次性使用。胶卷用完后，由胶卷冲洗人将外塑料包装拆开，取出胶卷。而被告购买了旧相机进行了加工。加工过程是：去掉纸盖；打开塑料包装；放入新胶卷和胶卷盒；为某些相机更换卷轴；更换电池；重置计数器；重新封装；加上新的纸盖。被告将加工后的相机进口到美国。富士公司向美国国际贸易委员会申请发布禁止被告进口的命令，美国国际贸易委

---

① FUJI Photo Film Co.，Ltd. V. Jazz Photo Corporation，264 F. 3d 1094.（Fed. Cir. 2001）also：http：//www. usdoj. gov/osg/briefs/2001/0responses/2001-1376. resp. html.

员会认可了富士公司的申请。被告向美国联邦巡回上诉法院提起上诉。美国联邦巡回上诉法院首先对相机按首次销售地进行了区分：区分修理和再造的依据是专利权是否用尽。如果一个专利产品合法地投入到美国市场，在后的购买者因专利权用尽不用承担任何责任。富士公司称进口的相机中一些是在国外制造和销售的。如果产品首次销售地在国外，则美国专利没有用尽。只有根据美国专利进行首次销售，首次销售原则才可以适用。我们的决定只适用于因在美国首次销售而专利权用尽的相机。进口国外制造的相机并不因为加工而免于承担侵权责任。然后，法院针对首次销售发生在美国的相机做出了认定：虽然在相机的包装上有说明，让顾客不要取出胶卷，而是将相机交给胶卷冲洗人，并警告打开包装有受电击的危险，还说明在冲洗后相机不再返还给顾客。但在销售相机时并没有明示的转售和使用条件的限制。我们不认为在包装上的说明是对二次使用的限制，这只是使用说明或危险警告，不是双方的合意或销售的条件。转售和购买用过的相机都不违反合同或使用条件。另外，富士公司的其中一项专利是该相机的外观设计专利，对此，法院认为，外观设计专利描述了相机的外形，相机外形并没有因“加工”程序而改变，它仍然是原来的样式。被告的相机与原来的相机具有相同的外观设计。专利权用尽适用于外观设计专利。外观设计专利权，与其他所有专利权一样，因无限制条件的首次销售而用尽，进口和销售更换了部件但仍采用原来外观设计的产品不构成侵权。因此，针对首次销售发生在美国的相机，该院认为因专利权在首次销售时用尽，被告的行为是允许的修理，不构成侵权。

二、对有关美国判例的分析和思考

（一）对有关美国判例的分析

美国的有关判例基本上可以分为以下三类。

第一类是认定为“再造”并判令被告承担侵权责任的。在上面所介绍的案件中，“棉包捆扎带案”、“冶金气泵案”、“钻头案”属于这种情况。美国最高法院在“帆布车顶案”中总结的“再造”标准是：“再造只限于在专利产品作为一个整体报废以后，‘实质上制造一个新产品’的重新制造。”实质上，认定“专利产品作为一个整体报废”是一件困难的事情。任何一个产品都不可能使用到其中任何一个部件都不能再使用。在上述判例中，“棉包捆扎带案”中的金属扣、“钻头案”中的钻杆等都是可以再使用的，法院仍然认定专利产品已经“作为一个整体报废”。“冶金气泵案”比较特殊，因为此案中专利权人销售的只是专门用于实施专利的部件而不是整个专利产品。

第二类是认定为“修理”并判令被告不承担侵权责任的。在上面所介绍的判例中，“刨床案”、“帆布车顶案”、“离合器案”、“压力袖案”和“一次性相机案”都属于这种情况。美国最高法院在“帆布车顶案”中总结的“修理”标准是：只是一次更换一个部件，不管重复更换同一部件还是连续更换不同部件，都是财产所有人修理财产的合法权利。而实际上，美国法院在做出修理和再造的认定时，还考虑了其他因素。在“离合器案”中，美国联邦巡回上诉法院将“修理”的范围进一步扩大，修理不只是针对单个专利产品，把若干专利产品拆开重装仍是修理，以生产线组装、以商业规模销售都不影响对修理的认定。

第三类是认定为“类似修理”并判令被告不承担侵权责任的。在上面所介绍的判例中，“罐头加工机案”、“打印机墨盒案”和“冲浪艇案”属于这种情况。“类似修理”与“修理”的不同之处在于，修理是针对损坏或用旧的部件，目的是延长产品的使用寿命，而类似修理不仅仅是针对损坏或用旧的部件，其目的是改变产品用途或改进产品的性能。认定“类似修理”不侵权，实际上将因“修理”而免责的范围进一步扩大。

在区分“修理”和“再造”的过程中，美国法院考虑了以下因素：一是更换的部件与整个产品使用寿命的关系。如果更换的部件的使用寿命明显低于整个产品的使用寿命，则更易于认定为修理。在“刨床案”和“压力袖案”中，这一因素是起决定性作用的。但是反之，不能因为更换部件的使用寿命长而否定更换是修理。在“帆布车顶案”中，美国最高法院就否定了原审法院的这种主张。二是更换部件的难度。如果更换某一部件程序复杂，难度较大，则更容易被认定为“再造”。在“钻头案”中，更换钻尖的复杂性是法院认定再造的原因之一。但在“一次性相机案”中，修复旧相机的工作也有一定的难度，而法院没有把它作为考虑的主要因素。三是专利权人的意图。如果专利权人明确表示或认定某一部件是可以更换的，则法院认定更换这一部件是修理，如“刨床案”、“压力袖案”等。如果专利权人认为某一部件是不可以更换的或是不可重复使用的，则要根据具体情况进行分析。如果一般用户也认同专利权人的意图，认为这一部件是不可以更换的，则可能认定更换构成“再造”，如“钻头案”。但如果这只是专利权人的一厢情愿，法院仍可以认定更换是修理，如“打印机墨盒案”和“一次性相机案”。四是用户使用专利产品的方式，如果用户将专利产品自愿破坏并抛弃，则更易于认定“专利产品作为一个整体报废”，从而将加工行为认定为再造，如“棉包捆扎带案”。但在“一次性相机案”中，法院没有考虑这一因素。五是更换部件的市场需要状况。如果有实际的对更换部件的市场需求，则更易于被认为是修理。反之，则更易于被认为是再造，如“钻头案”。

在“帆布车顶案”中，美国最高法院明确否定了将更换部件的重要性和价值作为考虑因素的观点。虽然在该案中个别法官对此持不同意见，但在以后的案件中，最高法院的意见一直被遵循。更换的部件是不是发明的核心，更换的部件是不是专利产品中价格昂贵的部件，美国法院在认定修理还是再造时都没有给予考虑。

从上面的分析可以看出，虽然美国判例对于区分修理和再造划定了原则性的标准，并给出了考虑的因素，但在综合考虑各种因素做出认定时可能出现截然不同的结论。正如美国联邦巡回上诉法院在“钻头案”中所说，“没有区分修理和再造的确切的标准”。

（二）对有关美国判例的思考

在美国的有关判例中，法院往往注重分析的是案件中的具体事实与以前判例的异同，最后做出修理或再造的认定。在认定的过程中，笔者认为还存在着更深层次的东西值得我们思考。

1. 区分修理与再造的法律考虑

区分修理与再造的法律依据主要是专利权用尽原则和专利法关于制造专利产品的规定。专利权用尽原则主要指的是，专利权人或专利权人授权的人将专利产品售出后，专利权人在该产品上的专利权已经用尽，无权再干涉他人转售和使用该产品。在使用的过程中，往往需要对产品进行维修。美国法院依据专利权用尽的原则，认定这种维修权也由专利权人转让给了顾客。正常的维修受专利权用尽的控制。所以修理是允许的。而根据专利法的规定，制造权是专利权人对专利独占权的重要内容。如果对专利产品的维修不是正常的维修，而是制造了专利产品，则应被法律所制止。这就出现了区分修理和再造的困难。当然在认定再造时，法院坚持了认定专利侵权的要件，即专利保护的是整个技术方案，而不是某个技术特征。这样，对某一个部件的更换就不会构成专利侵权。在每一个案件中，法院都在专利权用尽的原则和专利法关于制造专利产品的法律规定之间进行比较，以划定二者之间的界限。

2. 区分修理与再造的利益考虑

法院在区分修理和再造时，还不时在衡量专利权人和专利产品使用人的利益。在认定修理时，法院会考虑这样是否会过分损害专利权人的利益，从而使专利法关于鼓励发明创造的目的不能实现。在“刨床案”中，美国最高法院就曾明确指出，如果只是对购买的专利产品更换刀片，这对专利权人有什么损害呢？其实在每个案件中，法院都不可能不考虑其结论对专利权人的影响。在“冶金气泵案”中，专利权人只销售了专利中的一个部件冶金气泵，最后法院认定向专利权人的客户销售冶金气泵的被告构成侵权。如果专利权人销售的不是冶金气泵而是整个“空气注入设备”，按“帆布车顶”案所确立的原则，被告向专利权人的客户出售其中的部件冶金气泵是不可能构成侵权的。这样就出现了看似矛盾的结论，同样一个专利，被告的同样行为可能导致不同的后果。其原因在于专利权人实现其专利的方式不同。如果专利权人出售整套空气注入设备，则被告只出售其中一个部件对专利权人利益不会有实质性损害，专利权人可以从销售整套新产品中获得充分的利润。但在专利权人只销售其中一个专用部件时，如果再允许他人向专利权人客户销售这种部件，则对专利权人是致命的损害。所以，看似矛盾的结论的背后有利益方面的考虑。另外，法院在区分修理和再造时也在考虑专利权人客户的利益。法院区分修理和再造考虑的因素之一是更换部件的市场需要状况，这就是从专利权人客户的角度来考虑的。如果市场需求大，则说明很多客户有这种要求，这时就不能轻易地认定侵权，否则会损害客户的利益。如果市场需求较小，则认定侵权也只影响个别客户的利益。

3. 区分修理与再造的政策考虑

在处理专利权人与生产专利配件或对专利产品提供服务的企业之间的纠纷时，还会涉及潜在的竞争政策。竞争是市场经济的基石，而专利是竞争的例外。当竞争走向垄断时，拥有专利者主要是在市场上具有一定经济优势的大企业，专利成为这些企业进一步加强其垄断地位的手段。小企业往往没有能力与大企业直接竞争，而是通过为大企业的产品提供配套服务以求生存和发展。而大企业往往不但想独占专利产品市场而且想独占该产品的配套服务市场，并以专利威胁提供配套服务的其他企业。在处理因此而引起的修理与再造争议时，法院在坚持专利法原则的前提下，尽量维护竞争政策，并试图通过纠纷的解决，在允许的行为和不允许的行为之间划定界限。这样，使为专利产品提供配套服务的小企业明白什么行为是允许的，什么行为是禁止的，以便更有效地与专利权人进行竞争。

4. 区分修理与再造的效益考虑

区分修理与再造，不但涉及双方当事人的利益，有时还涉及社会效益的问题。追求社会效益最大化，不但是经济学家研究的问题，也是法院在处理纠纷时潜意识中思考的问题。当一件产品因某一部件损坏而不得不被抛弃时，无疑是社会财富的浪费，有损于社会效益。对有利于社会效益的行为，法院往往会采取鼓励的态度。例如，将不可灌注的墨盒改造为可灌注的墨盒，将“一次性相机”加工后再利用，都因“物尽其用”而减少了浪费。而“棉包捆扎带案”中的金属片和“钻头案”中的钻杆，在被再次利用时所起的作用也只是普通的金属片和金属杆，即使不被再次利用而是作为金属废品处理，也谈不上浪费。

三、制定我国有关规则的思考

对专利产品修理与再造的区分，我国目前尚没有明确的法律规定。下面就如何制定我国的有关规则和美国判例对我国司法的借鉴意义谈一下自己的认识。

（一）制定有关规则的必要性

虽然我国目前还极少见到涉及专利产品修理与再造争议的案件，但从美国的情况看，这种纠纷肯定会在我国出现。随着我国市场经济的发展，竞争会造成企业个体上的优胜劣汰和企业经营方式上的不断细化。这时会出现专门为大企业的专利产品提供配套服务的企业。双方之间就小企业的行为是否侵犯专利权的争议不可避免。法院需要依据一定的规则来认定修理和再造。虽然认定的法律依据是专利权用尽原则和专利法关于制造专利产品的有关规定，但如果没有具体的规定可依照，法院掌握的标准可能很不统一。我们的法律传统是审理案件依据法律规定而不是判例，这就需要我们有预见性地制定一些必要的规则。

（二）制定有关规则的总体思考

一方面法律规则越具体，在执法过程中出现的差异越小，越有利于执法的统一。但另一方面，制定具体规则的前提是，在事实方面对规则所可能适用到的情形都有合理的预料，在法律方面已有公认或基本公认的归责体系。就区分专利产品的修理与再造而言，制定具体规则的前提是很难具备的。美国一个巡回上诉法院曾指出："试图在这个问题上制定一个规则是不可行的，也是不明智的，因为专利发明数量巨大，情况各异。每个案件必须根据所有事实和当时情况，在理解发明的范围、性质和目的以及双方公平合理的意图的基础上，再做出决定。在明确了权利要求书和说明书的内容以及专利设备在什么情况下损坏的前提下，修理与再造的认定更多地依据通常意识和理智判断，而不是技术规则和定义。"① 美国法院在区分修理与再造上进行了一百多年的探索，到现在仍然"没有区分修理和再造的确切的标准"。上述论断以及美国法院在区分修理与再造问题上的实际做法，值得我们思考和借鉴。笔者认为，鉴于区分修理与再造的复杂性，我们目前可以制定一些原则性规

① Goodyear Shoe Machinery Co. v. Jackson，112 F. 146，150.

定。至于具体规则，在前提不具备的情况下可以暂不制定。

（三）对“收集专利产品零部件组装专利产品”的分析

最高人民法院《关于审理专利侵权纠纷案件若干问题的规定》（会议讨论稿）第二十七条规定，“下列行为属于制造专利产品的行为：……（二）收集已售出的专利产品的零部件并重新组装成专利产品”。在美国的判例中，“离合器案”涉及的正是将专利产品上的零部件重新组装成专利产品，并且个别情况下还增加了新的部件。但美国法院认定这种行为是修理而不是再造。笔者认为，最高法院司法解释讨论稿的规定扩大了再造的范围。为维持专利产品的使用而更换零部件一般认为是修理，当然这一零部件是取自其他专利产品时更不会影响修理的定性。把多件专利产品进行重新整合而组装成新的专利产品，要根据具体的情况去认定是否是再造，如：原来专利产品是否已作为一个整体报废，这种组装的复杂性和难度，市场需要状况等。将这种行为一概规定为属于制造专利产品的行为是不合适的。特别是在美国针对类似情况有结论完全相反的判例的情况下，我们最好暂不对此行为进行定性。

（四）对“使用回收的包装物外观设计专利产品”的分析

最高人民法院《关于审理专利侵权纠纷案件若干问题的规定》（会议讨论稿）第二十七条还规定，“下列行为属于制造专利产品的行为：……（三）为生产经营目的回收他人使用过的包装物外观设计专利产品用于包装自己的产品”。在美国的有关判例中，笔者没有见到回收使用包装物外观设计专利产品的判例，但美国判例中的一些原则可以帮助我们对此进行分析。首先，从行为人的行为方面分析。行为人所从事的行为是“回收”和“包装自己的产品”（使用、销售）的行为。也就是说，如果不考虑其专利产品的标的物对象，行为人再购买并使用该专利产品，然后再把它作为自己产品的一部分一起出售。这种行为无疑是受专利权用尽原则控制的，是不侵犯专利权人的专利权的。其次，从外观设计专利产品方面分析。在“一次性相机案”中，美国联邦巡回上诉法院指出，专利权用尽的原则适用于外观设计专利产品。

即使该外观设计专利产品出现了破损，他人对该产品进行了修理，使之又与外观设计专利保护的产品的外观一致，行为人也不构成侵权，因为专利权已经用尽。专利权用尽的原则适用于各类专利产品，这一点是不存在争议的。因此，就外观设计专利产品而言，他人回收和使用是不构成侵权的。再次，就包装物方面分析。包装物与其他产品的不同在于使用方式上的不同，这种使用方式的不同并不改变其单独是一个产品的特征。按专利权用尽的原则，专利产品售出后，他人再转售和使用该产品，专利权人都无权控制。也就是说，他人不管以何种方式使用该产品，专利权人都无权过问。包装物是不是只是供一次性使用，在使用之后就整体报废了呢，这要根据具体情况分析。有的包装物在使用一次后就不能再使用，但有的包装物在使用后仍完好无损，可以再次使用。如果专利权人生产该包装物的意图就是一次性使用，法院也不能根据专利权人的“一厢情愿”而认定再次使用就是违法。就像“打印机墨盒案”和“一次性相机案”中的情况一样，专利权人单方的意图对于认定是否是再造并不起决定性作用。综上，把回收包装物外观设计专利产品重新使用的行为分开分析，无论如何都得不出属于再造的结论。把这种行为综合起来看，也看不出认定再造的法律依据。如果该回收人回收的包装物外观设计专利产品是破损的，回收人经过加工后又重新使用，则可能会出现此加工行为属于修理还是再造的争议。回收并使用完好无损的包装物外观设计专利产品，是不会产生修理还是再造的争议的。笔者认为，禁止回收利用他人的包装物外观设计专利产品可能是出于公共利益考虑。包装物外观设计专利产品因与众不同，可能成为消费者识别该包装物所包装的产品的因素。如果允许他人回收使用该包装物，可能引起消费者的混淆。但这种考虑是不正当竞争法的范围，是与专利法无关的。试想，如果专利权人甲拥有一项酒瓶外观设计专利，甲生产了酒瓶销售给乙酒厂，乙酒厂用这种酒瓶包装了其生产的酒后对外销售。丙酒厂回收了乙酒厂使用过的酒瓶并包装了自己生产的酒对外销售。如果消费者只从酒瓶上辨别商品，可能将丙酒厂的酒误认为乙酒厂的酒，这属于丙酒厂是否构成对乙酒厂不正当竞争的问题，与专利权人甲是没有关系的。专利权人甲的专利权在其销售酒瓶时已用尽了。丙的行为也不会影响甲的利益。因为丙回收酒瓶的行为证明了甲的酒瓶的价值，甲可以以更高的价格销售其新酒瓶。我们可以问，丙的行为对专利权人甲有什么损害呢，我们有充分的法律依据和正当的理由禁止丙使用完好无损的旧酒瓶而去购买甲的新酒瓶吗，这对社会效益有益吗？根据上述分析，笔者认为，司法解释讨论稿中的这一规定是不合适的。

（五）制定有关规则的具体思考

虽然我们需要制定关于区分修理与再造的具体规则，但鉴于这一问题的复杂性和我们经验的缺乏，有时规定得越具体反而越不合理。这时不如先制定一个原则，在以后有比较成熟的经验的基础上再制定更具体的规则。最高法院司法解释讨论稿的第二十七条第二款对法律允许的修理作了规定："专利产品的合法使用人为使专利产品能够正常使用而进行的修理、更换零部件等维护性行为，不视为制造专利产品的行为。"该规定将行为主体限定为"专利产品的合法使用人"太窄。认定修理行为不应限定主体，而应限定修理的对象。修理的对象必须是专利权人生产或授权生产并出售的专利产品。笔者建议参照美国法院掌握的原则作如下规定："在专利产品整体报废以后，又在该产品的基础上再造出专利产品的，视为制造专利产品的行为。为使专利权人生产或授权生产并出售的专利产品能够正常使用或更好地发挥性能，对该产品进行的修理、更换零部件等维护性行为，不视为制造专利产品的行为。在认定是否是维护性行为时，应结合专利权利要求书、说明书，并考虑到该行为的复杂程度、专利产品的性质和使用状况等因素。"

（六）美国判例对我国司法的借鉴意义

面对可能出现的关于专利产品修理与再造的纠纷，我们不能指望有确切的可以适用于所有纠纷的标准。最高法院的司法解释公布后，其规定也只涉及指导原则或个别具体情形。实践中出现的情况可能会复杂得多。这种情况下，美国的有关判例可以作为我们审理有关案件的重要参考。虽然我国与美国的法律制度有根本差异，但在专利法方面两国的法律规定基本没有差异。这样，我们借鉴美国关于专利产品修理与再造的判例就不存在制度和法律规定方面的障碍。

专利无效过程中的修改与禁止反悔原则*

2010 年 1 月 1 日起实施的《最高人民法院关于审理侵犯专利权纠纷案件应用法律若干问题的解释》第一次对禁止反悔原则的适用作了明确规定。该解释第六条明确规定："专利申请人、专利权人在专利授权或者无效宣告程序中，通过对权利要求、说明书的修改或者意见陈述而放弃的技术方案，权利人在侵犯专利权纠纷案件中又将其纳入专利权保护范围的，人民法院不予支持。"该条强调的是专利申请人、专利权人客观上所作的限制性修改或者意见陈述。至于该修改或者陈述的动因、与专利授权条件是否有因果关系以及是否被审查员采信，均不影响该规则的适用[1]。但是，在专利无效过程中专利权人的修改是否都导致禁止反悔原则的适用，仍是值得探讨的问题。下面从陕西三安科技发展有限责任公司诉北京实益拓展科技有限责任公司确认不侵权诉讼案谈起，对这一问题进行分析。

一、实例探析

2005 年 2 月 23 日，国家知识产权局授予北京实益拓展科技有限责任公

---

* 本文作者为闫文军，原题为《专利无效过程中的修改是否都导致禁止反悔——从一起专利纠纷中禁止反悔原则的适用谈起》，原载《电子知识产权》，2011 年第 1 期，第 114～117 页。

司（简称实益公司）“自动消防泄压阀”实用新型专利权。本专利授权公告时的前3项权利要求书为：“①自动消防泄压阀，包括阀体和设置于该阀体空腔内的叶片，其特征在于所述叶片连接有驱动装置。②根据权利要求①所述的自动消防泄压阀，其特征在于所述驱动装置为压差控制驱动装置。③根据权利要求②所述的自动消防泄压阀，其特征在于所述压差控制驱动装置包含电磁牵引器和控制该电磁牵引器动作的测压装置，所述电磁牵引器的牵引连杆与所述叶片相连接。”

2007年3月19日，陕西三安科技发展有限公司（简称三安公司）向国家知识产权局专利复审委员会提出无效宣告请求。在无效宣告过程中，实益公司对权利要求进行了修改，删除了原权利要求①和②，使权利要求③成为权利要求①。专利复审委员会在专利权人修改的权利要求书的基础上，维持权利有效。

2008年5月4日，三安公司以实益公司起诉后又撤诉等为由诉至西安市中级人民法院，请求确认三安公司生产的自动泄压口不侵犯实益公司的专利权。西安中院审理认为，被控侵权产品与修改后的专利权利要求①相比，其中一个主要区别是，其产品中没有电磁牵引器，使用的是电动机。专利权人认为，电磁牵引器与电动机属于等同的技术特征。一审法院认为，修改前的权利要求①中所述的驱动装置属于包括电动机、电磁牵引器等在内的“上位概念”，权利要求②中所述“驱动装置为压差控制驱动装置”属于所述的驱动装置的“下位概念”。专利权人在无效宣告程序中，为确定其专利具备创造性、新颖性，主动地删除了争讼之专利原权利要求①和②，通过修改专利文件的方式，对专利权利要求的保护范围作了限制，并因此获得了专利权。本案诉讼中，专利权人又以电动机和电磁牵引器具有相同的用途，是等同的技术特征为由确定其专利权的保护范围，考虑到专利权人将已被限制的内容重新纳入专利权保护范围，同时被控侵权人提出应适用禁止反悔原则确定专利保护范围，原权利要求①、②视为自始就不存在，即“驱动装置”、“压差控制驱动装置”等概念也随之不存在。故争讼之专利的保护范围应界定在原权利要求③中的更下位的具体概念——“电磁牵引器”。如若将“电磁牵引器”等同扩大到“电动机”，导致的后果就是违反了禁止反悔原则。即使上述被控侵权产品中的“电动机”技术特征与专利保护的“电磁牵引器”技术特征等同能够成立，根据禁止反悔原则，亦不能以等同为由主张专利侵权成立[①]。二审法院维持了一审判决，但没有适用禁止反悔原则[②]。

本案虽然最终并不是以禁止反悔原则做出侵权判断，但一审判决对禁止反悔原则做出明确表态：即使技术特征符合等同的条件，也因为在无效过程中删除权利要求而导致禁止反悔，从而不能认定等同。法院做出上述认定的逻辑是：原来权利要求①使用的是“驱动装置”，它包括所有类型的驱动装置。权利要求②使用的是“压差控制驱动装置”，属于驱动装置中的一种。而专利权人在无效过程中放弃了上述两项权利要求，只保留了权利要求③，而该权利要求中的相应术语是“电磁牵引器”。电磁牵引器属于一种具体驱动装置。法院认为，专利权人放弃了权利要求①和②，就放弃了除电磁牵引器以外的所有驱动装置，不能再主张其他驱动装置（如本案中的电动机）与电磁牵引器属于等同特征。

本案属于因权利要求修改而导致的禁止反悔。法院在适用禁止反悔原则时，没有考虑修改的动因、与专利授权条件是否有因果关系以及是否被审查员采信。实质上，专利权人对于权利要求的修改，并不是为了避免无效，而权利要求③的有效与专利权人的修改没有任何关系。如果专利权人不对权利要求进行修改，专利复审委员会有可能认定权利要求①和②无效，这与专利权人放弃权利要求①、②的后果是相同的。但不同的是，如果专利权人没有对权利要求修改，专利权人仍可以主张电动机与电磁牵引器属于等同特征。看起来，这种情况下禁止反悔原则的适用有些不合逻辑。这就出现了这样一个问题：专利无效过程中对权利要求的修改是否都导致禁止反悔？

二、禁止反悔原则

禁止反悔是英美法中的一项衡平法原则，其基本含义是，一方当事人已经做出了某种行为，并且被他人所信赖，该当事人以后就不能再否认该行为以损害他人的利益。专利侵权判断中的禁止反悔原则要求解释专利时应当根

① 西安市中级人民法院（2008）西民四初字第186号民事判决。

② 陕西省高级人民法院（2009）陕民三终字第12号民事判决。

据其专利审查档案进行，专利权人为了获得专利而放弃的内容不能通过等同原则重新进入专利的保护范围①。

禁止反悔原则始于美国，对权利要求的修改是导致禁止反悔的一项重要理由。通过 Hilton 案②和 Festo 案③的判决，美国最高法院重申了权利要求修改是等同原则的“弹性障碍”规则，同时对禁止反悔在等同原则中的适用范围进行了澄清和细化。其主要的观点有：只要专利权人为了获得专利对权利要求进行了限制性修改，不管是否为了克服现有技术，也不管是否应审查员的要求而进行的，都导致禁止反悔的适用；当专利权人不能解释其修改的原因时，法院推定其修改是为了“专利性”，也就是为了获得专利；禁止反悔的适用，只是针对经过修改而放弃的内容，并不导致修改后的技术特征就完全不能再适用等同原则；当法院无法确定修改的原因时，就推定经过修改前和修改后之间的内容被排除在等同的范围之外，除非专利权人可以证明其修改并没有将特定的等同物排除在外，或者有其他特别的原因。

日本最高法院在“无限折动用滚珠花键轴承”案的判决中将禁止反悔作为认定等同限制条件。关于因权利要求修改而导致的禁止反悔，日本法院的观点是：为了避免专利申请被拒绝或者专利被撤销或者无效，专利权人对专利权利要求的范围进行了减缩性修改的情况下，通常要对专利权利要求的范围进行限定解释，如果权利要求的文字字面含义不包括被控侵权物，就应当认为被控侵权物属于专利申请过程中从专利权利要求的范围中有意识地排除的。专利权人非为回避拒绝理由而对权利要求进行的修改的情形，多数判决认为构成禁止反悔，少数判决认为不构成禁止反悔[2]。

根据我国司法解释的规定，我国法院在适用禁止反悔原则时，并不考虑修改或者陈述的动因、与专利授权条件是否有因果关系以及是否被审查员采信。

---

① Sue Ann Mota, “The Doctrine of Equivalents and Prosecution History Estoppel: the Supreme Court Supports Flexibility over Certainty in Patent Cases in Festo v. SMC”, 9 *Richmond Journal of Law and Technology*, 1 (2002).

② Warner-Jenkinson Company, Inc. v. Hilton Davis Chemical Co., 520 U.S. 17 (1997).

③ FESTO CORP. V. SHOKETSU KINZOKU KOGYOKABUSHIKI CO. (00-1543) 535 U.S. 722 (2002) 234 F.3d 55.

英美法中传统意义的禁止反悔原则有一个条件，即“被他人所信赖”。禁止反悔原则适用到专利侵权判断中，已经不再考虑“被他人所信赖”。在专利侵权诉讼中，被控侵权人并不用证明自己因信赖专利权人对专利权利要求的修改才去从事某一行为的，而实际上很多被控侵权人并没有看过专利审查档案。因此，专利诉讼中的禁止反悔原则已经突破了禁止反悔原则本来的含义，成为限制专利人主张等同的一种工具。这也就出现了这样一种现象：如果两项专利的权利要求内容相同，说明书相同，面对的现有技术也相同，其中一个专利的权利要求在审查过程中没有经过修改，而另一项专利的权利要求经过了修改，在侵权诉讼中有可能因禁止反悔原则的适用而产生不同的保护范围。

尽管没有将“被他人所信赖”作为专利侵权诉讼中禁止反悔的条件，美国法院仍将“为了获得专利”这一目的作为适用禁止反悔的条件，并且将修改“放弃的技术方案”作为禁止反悔的对象。虽然美国法院采用了将“不是为了获得专利”的举证责任让专利权人来负担的方式，美国法院最终还是坚持了“为了获得专利”这一条件。日本法院对此没有一致的做法，但也没有接受不区分理由将所有修改都作为禁止反悔的观点。而我国对禁止反悔原则没有设定任何条件，只要某一技术特征经过修改，被修改过的内容就成为等同原则的“绝对障碍”。

三、我国专利无效过程中的修改

根据我国《审查指南》的规定，在无效过程中，发明或者实用新型专利文件的修改仅限于权利要求书，其原则是：不得改变原权利要求的主题名称；与授权的权利要求相比，不得扩大原专利的保护范围；不得超出原说明书和权利要求书记载的范围；一般不得增加未包含在授权的权利要求书中的技术特征[①]。

在满足上述修改原则的前提下，修改权利要求书的具体方式一般限于权利要求的删除、合并和技术方案的删除。权利要求的删除是指从权利要求书

① 《审查指南 2010》第四部分第三章第 4.6.1 的规定。

中去掉某项或者某些项权利要求。权利要求的合并是指两项或者两项以上相互无从属关系但在授权公告文本中从属于同一独立权利要求的权利要求的合并。在此情况下，所合并的从属权利要求的技术特征组合在一起形成新的权利要求。技术方案的删除是指从同一权利要求中并列的两种以上技术方案中删除一种或者一种以上技术方案①。

在专利无效过程中，专利权人修改权利要求的方式只有三种。三种修改方式的目的并不完全相同。在技术方案删除的情形下，专利权人将可能被认定无效的技术方案删除，可以保证该权利要求在保留其他技术方案的基础上被认定有效。在权利要求合并的情形下，专利权人做出合并修改的目的，就是通过放弃较大范围的权利要求，希望保护范围较小的权利要求被认定有效。在权利要求删除的情形下，专利权人主动放弃个别权利要求，对于获得专利以及维持专利的有效性并没有任何影响。可见，在专利无效过程中，权利要求的合并和技术方案的删除，都是为了使专利被认定有效；而权利要求的删除，只是为了节省无效审查程序。

四、无效过程中的修改不应都导致禁止反悔

无效过程中的修改是否都导致禁止反悔原则的适用呢？下面分别进行分析。

就技术方案的删除而言，适用禁止反悔原则一般没有问题。专利权人删除技术方案的目的在于维持专利有效。如果在侵权诉讼中专利权人又主张被删除的技术方案也属于等同的范围，则专利权人两头得利。在这种情况下，应当适用禁止反悔原则。

就权利要求的合并而言，适用禁止反悔原则会存在困难。专利权人合并权利要求的目的在于维持专利有效，从目的来说符合适用禁止反悔原则的条件。但适用禁止反悔原则的对象是“放弃的技术方案”，在权利要求合并的情形下，怎么认定“放弃的技术方案”呢？如果说合并前的两个权利要求是两个有交叉的圆，那合并后的权利要求就是两个圆的交叉部分，两个圆的其

---

① 《审查指南 2010》第四部分第三章第 4.6.2 的规定。

他部分是不是都是放弃的技术方案而不能适用等同原则呢？例如，合并前的权利要求为分别为从属于权利要求①的权利要求②和③，附加技术特征分别是 A 和 B，合并后的权利要求为具有权利要求①所有技术特征另加 A 和 B 的权利要求。能不能说，与修改前的权利要求②相比，修改后的权利要求增加了特征 B，特征 B 以外的技术特征都放弃了，因此不能就特征 B 适用等同原则；同理，对于技术特征 A 也不能适用等同原则。举例来说，如果被控侵权物具有权利要求①以及 A 和 B′的技术特征，B′与 B 在手段、功能、效果方面基本相同，并且是本领域技术人员不经过创造性劳动就能想到的，是否能因为禁止反悔原则不能认定等同呢？笔者认为，如果就 A 和 B 这两个技术特征不能再认定存在等同技术特征，则专利的保护范围受到严格限制。专利权人放弃的应只是包括特征 A 的技术方案或只包括特征 B 的技术方案，不能认为专利权人已经放弃了包括 A 和 B′的技术方案。因此，在权利要求合并的情形下，不能适用禁止反悔原则阻止对特征 A 或特征 B 的等同认定。

就权利要求的删除而言，适用禁止反悔原则会产生问题。这种修改方式与专利有效性无关，只是节省了无效审查程序。按照最高法院的司法解释，对于这种修改方式也应当适用禁止反悔原则。本文所介绍的陕西三安科技发展有限责任公司诉北京实益拓展科技有限责任公司确认不侵权诉讼案，就是这种情形下适用禁止反悔原则的典型案例。如果专利权人不对权利要求进行删除，有可能部分权利要求被宣告无效，但其余被认定有效的权利要求仍然可以适用等同原则。如果专利权人主动对有可能被宣告无效的权利要求进行了删除，保留且被认定有效的权利要求有可能受到禁止反悔原则的限制。对于一个理性的人而言，其自然的选择是在无效程序中不会选择删除权利要求的修改方式。因为这种修改方式对于专利权人来说，好处微乎其微（节省时间），而坏处不可估量（专利保护受到限制）。这种修改方式就会变得形同虚设，而带来的后果是增加了专利复审委员会的工作量，也延长了无效宣告程序的周期。这对于社会公众是不利的，也不利于专利制度的运行。因此，对于权利要求删除的修改而言，不应当适用禁止反悔原则，因为专利权人对于权利要求的放弃并不是为了获得专利。

五、结束语

禁止反悔原则的目的不只是限制专利权的保护范围，而且要规范专利权人在申请专利和专利无效中的行为，平衡专利权人的利益与社会公共利益，促进专利制度良性运行。一旦适用禁止反悔原则偏离了其初衷和目标，就需要对该原则的适用条件是否恰当进行反思。在专利无效过程中，专利权人有三种方式可以修改权利要求。但应当只对一种修改方式适用禁止反悔原则，另外两种方式都不应当适用禁止反悔原则。无条件地将禁止反悔原则适用于审查和无效过程中的所有修改和陈述，并不符合禁止反悔原则的目的。我们应当针对审查和无效过程中的修改行为，具体分析其原因和目的，考虑适用禁止反悔原则所带来的长远影响，具体确定是否适用禁止反悔原则和如何适用禁止反悔原则。

参考文献

[1] 孔祥俊，王永昌，李剑．《最高人民法院关于审理侵犯专利权纠纷案件应用法律若干问题的解释》的理解与适用．电子知识产权，2010，(2) 76-80.

[2] 闫文军．专利权的保护范围．北京：法律出版社，2007：479.

第五部
知识产权滥用的规制

美国专利产品平行进口规则及对我国的借鉴意义*

一、引　　言

美国制定法并未对专利产品平行进口规则做出明确规定。因此，必须通过梳理美国的有关判例，才能发现其专利产品平行进口规则。美国法院在处理专利产品平行进口案件时，主要有两条路径：一是所谓的“修正的国际用尽原则”，即对权利人许可的在国外投放市场的专利产品原则上可以自由进口到美国销售，但是权利人可以通过合同对专利产品在美国的使用或销售进行禁止或限制；二是国内用尽原则，即认为将在国外合法投入市场的专利产品进口到美国使用或销售，不论何种情况，只要在进口时未经美国专利权人许可，都构成对美国专利权的侵犯。通过对美国判例的研究可以看出，修正的国际用尽原则是主流，而坚持绝对的国内用尽原则的判例则极少①。美国在专利产品平行进口问题上有关规则及其演变，反映了美国创新能力逐渐增强的现实与需求，我国在构建和

---

* 本文作者为尹锋林，原载《法学杂志》，2011年第3期，第71～74页。

① See Margreth Barrett：The United States'Doctrine of Exhaustion-Parallel Imports of Patented Goods，27 N. Ky. L. Rev. 911（2000）.

完善专利领域平行进口规则时，应该积极借鉴美国的相关做法，以切实维护我国的市场利益。

二、修正的国际用尽原则

（一）专利产品在国外未附限制条件的销售

1885 年，纽约南区联邦地方法院的 Wallace 法官首先在 Holiday v. Mattheson 一案[①]中适用国际用尽原则支持了平行进口商。在该案中原告 Holiday 对同样的发明在美国和英国分别拥有专利权。被告 Mattheson 在英国从原告的授权人处购得专利产品，并且在购买时权利人或其授权的人没有附加任何明示的限制性条件。被告随后将该专利产品进口到美国用于销售和使用。原告即起诉被告侵犯其专利权。

Wallace 法官根据商品销售的普通原则驳回了原告的请求，并指出，当一件产品被权利人不附任何保留条件地售出后，购买者即获得了出售者对该产品所享有的包括对该产品进行使用、修理或转售该的所有权利。后续购买者也将获得同样的对该产品进行处分的权利。在该产品的销售过程中，当事人的正常预期是出卖人意图销售产品中的所有权利，而购买者也将获得这些权利。如果允许出卖人对购买者处置其购得产品的权利进行限制，尤其是限制产品的使用方式、产品转售的地域或时间，那么就会有违当时的正常预期。上述观点与所销售的产品是不是专利产品没有实质关系，也与出卖人是不是专利权人没有实质关系，除非在销售时专利权人附加了双方经过讨价还价的限制条件。

（二）对专利产品在美国销售的明确限制

美国专利产品平行进口法律规则与商标产品平行进口法律规则相比，其显著差异就是如果在购买国外专利产品时附有明确的禁止进口条件并且该限制条件为平行进口商所知晓，那么美国权利人就有权禁止该专利产品的进

---

① 24 Fed. 185（SDNY，1885）.

口；但是对商标产品而言，只要国内商标权人与国外权利人存在共同控制关系，那么即使存在明确的禁止进口条件并为被告知晓，国内商标权人也不能禁止该商标产品的进口。美国法院之所以承认权利人对专利产品销售限制条件的有效性，主要基于两个理论：一是专利权的财产理论；二是合同理论。

1. 专利权的财产理论

在 Dickerson v. Tinling 一案[①]中，第八巡回上诉法院运用专利权的财产理论明确了禁止进口条件对专利产品平行进口法律地位的影响。在该案中，Bayer 公司在美国拥有一种药品专利并将该专利转让给原告 Dickerson 公司。Bayer 未在德国对该药品申请专利，但在德国制造并销售该药品，同时还在其出售的药品上贴附了禁止将其进口到美国销售的声明。被告 Tinling 从德国购买该药品后进口到美国销售，原告即起诉被告专利侵权。被告抗辩称原告实际上只是 Bayer 公司的代理人，应将原告与 Bayer 公司视为同一人，这样根据既往判例，被告在海外从美国专利权人处购得专利产品进口到美国销售并不构成侵权。

法院认为，即使被告的产品可以视为购于美国专利权人，但如果专利权人已经在其海外销售的每件产品上标有禁止进口到美国销售的声明，那么海外产品的购买者就应受到该禁止性条件的约束，被告的进口及销售即可构成侵权。

在论述其判决理由时，上诉法院认为：未附限制条件的海外专利产品购买人之所以有权在美国使用或销售该产品，是因为美国专利权人在海外销售该产品时，已经将其对该产品的专有权利完全转让给了购买人；同样，专利权人在海外销售专利产品时，亦有权设定该产品的销售条件，禁止他人将该产品进口到美国销售。Bayer 公司在美国拥有制造、使用或销售该专利产品的专有权，而他人将该产品进口到美国销售则可能减损其专有权。如果 Bayer 公司在销售专利产品时附有了上述限制条件，那么对该专利权而言，购买者，无论是第一购买人还是后续购买人，只要知晓该限制条件，则与除专利权人之外的第三人处于同样的法律地位，附有限制条件的国外产品购买人如果在美国使用

---

① Dickerson v. Tinling，84 F. 192 (8th Cir. 1897).

或销售该专利产品，则应与普通侵权者一样负有相同的侵权责任。

2. 合同理论

第二巡回上诉法院则在 Dickerson v. Matheson 一案[①]中，运用合同理论承认了权利人在海外销售专利产品上附带进口限制条件的有效性。在该案中，Bayer 公司亦在德国和美国就某药品分别拥有专利权。被告在德国从 Bayer 公司的一个被许可人处购买专利药品进口到美国销售。有证据表明被告在购买专利产品时知晓 Bayer 公司禁止该在德国销售的产品进口到美国，因此被告即通过多个代理人分多次向德国被许可人购买该专利产品，以规避这种限制。但是，法院则认定销售者已成功地对产品的销售附加了限制条件。理由是销售发票上写有明确的反对向美国进口的限制条件，同时产品上也贴有“禁止向美国进口”的标签，因此应该认定被告知晓发票上的内容。法院认为，发票不仅仅是一个声明或收据，同时，根据商业的性质，它还应被视为包含销售合同条款的文件，而接受发票则意味着被告同意了该销售所附的限制条件。由于权利人已成功地设定了销售条件，被告后续的向美国的进口和销售就构成了对合同限制性条件的违反。

显然，无论根据财产理论还是合同理论，美国法院通过承认权利人在国外首次销售专利产品时附加的限制条件的效力，使国际用尽原则的适用范围受到了很大的制约。这样，专利权人如果不希望平行进口的专利产品与国内的授权产品竞争，那么他就可以根据自己的意愿将国外产品排除在美国之外。但是值得注意的是，被告只有在获得充分的通知的情况下，一个禁止在美国销售的限制条件才能对被告有效。

三、绝对国内用尽原则

（一）Boesch v. Graff 案

美国最高法院在 1890 年裁决的 Boesch v. Graff 一案[②]是绝对国内用尽原

① Dickerson v. Matheson，57 Fed. 524（2d Cir. 1893）.

② Boesch v. Graff，133 U. S. 697（1890）.

则论者最常引用的案例之一[1]。最高法院 Fuller 大法官代表法院做出的多数意见认为本案需要解决的法律问题是：在未得到美国专利权人许可或同意的情况下，一个美国人在国外从当地有权销售专利产品的人处购得专利产品后，是否可以将该专利产品进口到美国并销售。

Fuller 大法官在回答这个问题时认为，专利权的独立地域性是这个问题的关键。Hecht 在德国所拥有的制造和销售该专利产品的权利是根据德国法律获得的。法律不能以损害美国专利权人的利益为代价，允许 Hecht 产品的购买者在美国销售该专利产品。国外在先专利在美国法律体系中的作用是可以限制美国相同发明专利权的期限，但是仅此而已。受到美国专利保护的产品在美国的销售不能由国外的法律来控制。

如果仅根据 Boesch 案的具体情况而对最高法院的规则进行解释，那么显然不能根据本案决定普通的平行进口案件。因为本案的进口商所购买的产品来自于在先使用权人，而与美国专利权人没有任何关系，美国专利权人也未从进口产品的销售中获得任何利益，所以美国法院禁止该类产品的进口可以被认为是正当的。另外，由于各国对专利权的限制可能有所不同，德国的销售者根据德国法律而获得在先使用权，美国法院不承认德国法律对专利权的限制所产生的效果，亦属正常。

但是，如果对 Boesch 案进行宽泛解释，那么就可以得出最高法院在该案中主张绝对国内用尽的结论。第一，根据 Fuller 大法官对本案提炼的法律问题，可以认为法院意图在澄清国外的合法专利产品是否可以进口到美国销售的问题。第二，最高法院的判决还强调了外国法律不能控制专利产品在美国的销售。那么如果引申理解，就可以认为根据国外法律而合法销售的专利产品，并不能影响该产品在美国的法律地位。第三，Fuller 大法官还认为国外专利在美国法律仅具有非常有限的作用，即可以限定以国外发明为基础的美国专利的期限[2]。

① See Margreth Barrett：The United States' Doctrine of Exhaustion-Parallel Imports of Patented Goods，27 N. Ky. L. Rev. 911.

② See Warwick A Rothnie：Parallel Imports，Sweet & Maxwell，1993，p170-171.

（二）Griffin v. Keystone 案

宾夕法尼亚州东区联邦地方法院在裁判 Griffin v. Keystone Mushroom Farm 一案[①]时明确支持了绝对的国内用尽原则。在该案中原告 Griffin 对一机器发明分别在美国和意大利拥有专利，并指定 Longwood 作为其美国专利的独占被许可人，指定 Carminati 作为其在意大利的独占被许可人。被告 Keystone 是美国的一家蘑菇农场，其从意大利的被许可人处购得三套专利机器并进口到美国，其中一套由其农场使用，另外两套销售给他人。原告向法院起诉被告侵权后，被告以两点理由请求法院做出简易判决驳回原告的请求：第一，最高法院在 Adams v. Burke 一案中所适用的权利用尽原则，应该同样适用于在美国之外销售的专利产品；第二，如果 Griffin 有权禁止其进口，那么原告与 Carminati 之间的专利权许可协议就会使原告不正当地对其发明获得“双重回报”，而这个结果显然不是专利法的意图所在。

联邦地方法院首先根据 Boesch 案否定了被告的第一个抗辩理由，指出根据最高法院的这个判例，进口的专利产品被国外法律视为合法的事实与美国的专利侵权诉讼没有任何联系，权利用尽原则不能适用于国外销售的专利产品。

地方法院在否定被告的“双重回报”抗辩时认为，被告的主张是一种对法律的误解，它没有认识到美国专利是一个独立于意大利专利而单独存在的权利。由于美国专利权是一个独立的权利，那么原告除了可以要求对意大利专利的使用获得使用费之外，还有权要求他人支付使用其美国专利的使用费。专利产品在美国和意大利两个国家的使用或销售，是分别由这两个国家各自的权利进行控制的。被告在意大利的非侵权行为不能使其在美国的侵权行为合法化。原告从 Carminati 处获得的使用费，仅能使被告在意大利的使用或销售行为非侵权化，但是该使用费不能覆盖对美国专利的使用。

（三）Jazz Photo v. International Trade Commission 案

联邦巡回上诉法院在 Jazz Photo v. International Trade Commission 一案[②]

---

① Griffin v. Keystone Mushroom Farm，Inc.，453 F. Supp. 1283（E. D. Pa. 1978）.

② Jazz Photo v. International Trade Commission，264 F. 3d 1094（Fed. Cir. 2001）.

中，也对国内用尽原则进行了一定的支持。在该案中，FUJI 公司就有关一次性相机技术在美国拥有专利，并在美国和其他地区销售该专利产品。Jazz Photo 以及其他一些公司收购用过的该一次性相机，将其运到美国境外重新换上胶卷及电池并进行封装后再进口到美国销售。FUJI 公司因此根据关税法 337 条款要求国际贸易委员会进行调查。国际贸易委员会经过调查后认为，Jazz Photo 等公司进口的相机不能被视为是修理（repair）后的相机，而应被视为是重新制造（reconstruction）的相机。对专利产品的重新制造属于专利侵权，因此，国际贸易委员会对进口人完全禁止进口命令。

Jazz Photo 对国际贸易委员会的决定提出上诉。联邦巡回上诉法院审理后认为，根据既往判例，Jazz Photo 公司将用过的相机重新换上胶卷及电池并进行封装的行为，应该被视为修理，而不应被视为重新制造。上诉法院还认为，"修理"与"重新制造"之间的区分隐含着专利权的权利用尽原则。权利人或经其同意对专利产品的销售如果不附限制性条件，那么该销售即可穷竭权利人对该产品的进一步销售或使用进行控制的权利。同时，一旦专利产品在美国被合法销售，后续的购买者也会根据权利用尽原则受让与第一个购买者相同的豁免。如果购买者对专利产品的处分行为不构成重新制造，那么专利权人就无权禁止。但是在本案中，进口的修理过的相机有一部分产于美国境外并且仅应在国外销售。对这部分二手相机，上诉法院认为，根据 Boesch 案，美国专利权不会因为国外来源的产品而用尽。只有根据美国专利权而授权的首次销售，购买人才能获得权利用尽原则的保护。为了将专利产品进口到美国销售，合法的国外购买行为并不能免除美国专利权人的许可。因此，法院裁定只有那些首次在美国销售并经修理再次进口到美国的相机是合法的，而源自国外的相机则不能根据"修理"的抗辩而获得侵权豁免。

根据联邦巡回法院对本案的判决，只有对美国专利权人在美国销售的专利产品才能适用权利用尽原则，而在专利权人在美国之外销售的专利产品则不能适用权利用尽原则。显然，联邦巡回上诉法院在本案适用的是国内用尽原则，而这一态度则与美国法院此前一百多年专利产品平行进口法律规则大相径庭。根据 1982 年联邦法院改革法，联邦巡回上诉法院对专利上诉案件拥有专属管辖权，因此本案的判决对专利产品平行进口问题具有深远的影响，同时也招致了广泛的争论。

首先，在该案联邦巡回上诉法院主要是根据最高法院对 Boesch 一案的判决而主张权利用尽原则，但是 Boesch 案的情况与本案有本质的区别。Boesch 案中的产品来源于德国先用权人，该先用权人与美国专利权人没有任何关系，专利权人亦未从国外产品的销售中获得任何经济回报。而本案中的专利产品则来自于专利权人自己或经其授权的人，专利权人已经直接或间接地从国外产品的销售中获得了经济回报。所以联邦巡回上诉法院通过引用 Boesch 案并不能充分地说明其改变法院此前确立的规则的合理性。

第二，国会长期以来一直对法院所确立的国际用尽原则持默许态度，而联邦巡回上诉法院对本案采取国内用尽原则则不符合立法机关长期坚持的态度。

第三，最高法院以及其他美国法院在版权和商标领域亦采用国际用尽原则，而联邦巡回上诉法院在本案坚持国内用尽原则与其他知识产权领域的平行进口规则不相协调。

第四，美国专利法的主要目的是促进科学和实用技术的进步，而给予发明人回报则仅是次要的目的或实现主要目的的手段，采取国内用尽原则将使发明人对同一发明获得双重回报，这一结果不符合专利法的目的。

第五，国内用尽规则属于贸易保护主义法律规则，采取这一规则与国内和全球的促进自由国际贸易的潮流背道而驰①。

因此，美国联邦法院在本案中所确立的平行进口规则，还有待于美国法院后续判决的检验。

四、美国规则对我国的借鉴意义

在 2001 年前，美国法院对专利产品平行进口的主流态度是所谓的“修正的国际用尽原则”。但是，到了 2001 年美国联邦巡回上诉法院在 Jazz Photo v. ITC 一案中则抛弃了此前美国法院坚持了一百多年的“修正的国际用尽原则”，转而采用了绝对的国内用尽原则。虽然联邦巡回上诉法院采取的绝

① Margreth Barrett：A Fond Farewell To Parallel Imports Of Patented Goods-The United States And The Rule Of International Exhaustion，E. I. P. R. 2002，24（12），571-578.

对的国内用尽原则，与此前美国法院所坚持的主流规则大异其趣，其所确立的规则受到了广泛的质疑，但是这一做法无疑也契合了美国在成为世界科技最发达国家之后的现实利益。由此可见，平行进口规则通常应以国家利益为首要前提。中国在制定和实施专利领域的平行进口规则时，亦应首先考虑到国家利益。

我国 2000 年《专利法》第 63 条第 1 项虽然规定了权利用尽原则，但是却没有对平行进口问题做出明确规定。2008 年在修改《专利法》时，考虑到目前我国的经济实力和科研能力与发达国家相比还有相当差距，高技术领域的专利权绝大多数由外国人掌握，我国的产业发展在相当程度上仍依赖于对国外技术的引进，因此，在专利领域采取了允许平行进口的规则。根据 2008 年修改后的《专利法》第 69 条第 1 项的规定，“专利产品或者依照专利方法直接获得的产品，由专利权人或者经其许可的单位、个人售出后，使用、许诺销售、销售、进口该产品的”，不视为侵犯专利权。在正常情况下，所“进口”的经专利权人许可而售出的专利产品通常是在国外售出的产品，因此，根据该项规定，可以推论该项所规定的专利权人或者经其许可而售出的专利产品或者依照专利方法直接获得的产品，不仅包括在国内售出的产品，而且还包括在国外售出的产品。而这些产品在售出后，他人使用、许诺销售、销售或进口该产品不构成侵权。

我国 2008 年《专利法》虽然在原则上允许了平行进口，但是，与美国的平行进口规则相比，仍然存在一些问题需要澄清。首先，2008 年《专利法》第 69 条第 1 项没有明确该项意义上“专利权人”是仅指国内的专利权人还是亦包括国外的专利权人。根据美国的规则，该专利权人仅指国内的专利权人，而不包括国外的专利权人，这样的规定显然有助于切实维护本国专利权人的利益。虽然有的国家，如新加坡，不仅允许平行进口国内专利权人在国外投放市场的专利产品，而且还允许平行进口与国内专利权人没有任何关系的国外专利权人在国外投放市场的专利产品，但是，考虑到我国本身就是一个具有世界吸引力的巨大市场，而且创新能力已经达到较高水平，并且仍然有着巨大的增长空间，因此，对平行进口问题就不能只盯着短期利益，而必须着眼未来，着眼我国的科技创新，所以我国应该借鉴美国的做法，应该仅允许平行进口国内权利人在国外投放市场的专利产品。其次，根据美国

2001 年之前的规则，如果国内权利人未从进口产品的销售中直接或间接地获得经济回报，那么亦应禁止该类产品的平行进口。比如，国内存在相互独立的专利权人和独占被许可人，如果允许平行进口国内专利权人在国外许可售出的专利产品，那么就会严重损害国内的独占被许可人的市场利益，因此美国不允许该类产品的平行进口。我国 2008 年《专利法》虽然没有对这个问题做出明确规定，但是考虑到对本国权利人（既包括专利权人也包括独占被许可人）合法权益的保护，亦应借鉴美国的相关规则，在司法实践中禁止该类产品的平行进口。

与技术标准相关的知识产权强制许可*

技术标准一般指企业为进行一定产品生产或者为进入市场而在涉及产品质量或者安全等方面必须达到的一定技术要求。因此，技术标准是一种强制性的技术要求。在一种产品或者服务已经实现了技术标准化的条件下，没有达到标准的产品或者服务就不可能进入市场，或即便进入市场也不可能销售出去。标准化为消费者带来的好处有目共睹，如不同厂家生产的同类型号产品可以实现相互兼容。标准化也可给生产企业带来巨大的好处，如有助于企业扩大规模经济，降低价格，改善质量，提高企业的竞争力。标准化也有助于推动企业的创新活动，从而有助于市场竞争，如同一标准下的产品可以更好地开展质量竞争、价格竞争、服务竞争等。但是在另一方面，标准化过程中也可能产生限制竞争的问题，如妨碍技术创新和新的市场进入。尽管评价标准化对市场竞争的影响是一个十分复杂的问题，这一般需要对具体情况进行具体分析，但是因为知识产权在技术标准化的过程中往往起着核心作用，人们在这方面的共识是，知识产权权利人不得在技术标准化过程中滥用知识产权。这即是说，当一个知识产权成为标准的情况下，权利人得在公平合理的条件下向所有潜在的市场进入者开放其技术；在权利人无正当理由拒绝许可或不以公平条件实施许可的情况下，知识产权有可能被实施强制许可。本

* 本文作者为王晓晔，原载《当代法学》，2008年第5期，第14页。

文通过德国和美国的两个相关案例，说明与技术标准相关的知识产权被强制许可的情况。

一、德国联邦最高法院 Standard－Spundfass 案

德国联邦最高法院 2004 年关于 Standard－Spundfass 一案的判决涉及德国化工行业的一个事实标准。案件的起因是，德国化工行业的一些大企业共同提出要研发一种新的合成材料桶，以便通畅地倒空桶内残留物。有四家企业在研发这种产品中做过努力，其中一家企业受专利法保护的技术被选中作为生产合成材料桶的标准，这个技术由此也成为行业标准，不符合这个标准的产品在市场上卖不出去。这个企业随后与提出制定标准的其他三家大企业订立了协议，免费许可它们使用这个专利。其他的企业如果要生产专利产品，则需要向权利人支付专利费。该案的被告 X 是一家意大利企业，它在向原告提出有偿使用专利的请求被拒绝后，生产和销售了专利产品。这种情况下，专利权人便起诉 X，请求法院判决被告支付损害赔偿。被告则反诉专利权人限制竞争，违反了德国《反对限制竞争法》，请求法院对这一事实上已成为行业标准的专利实施强制许可。该案最后被提交到德国联邦最高法院①。

本案的核心内容是法院能否强制许可被告使用原告的专利。如果答案是肯定的，被告则可以胜诉；如果是否定的，被告则可被认定侵犯了权利人的知识产权。在该案审理过程中，尽管欧共体法院已经有了知识产权被强制许可的一系列判决，如 1996 年的 Margill 案，但德国学术界和企业界仍有人坚持这样一种观点：既然德国专利法明确规定了专利强制许可的情况，这个案件原则上不能适用《反对限制竞争法》，即不能以限制竞争为由强制权利人实施许可。然而，德国联邦法院认为，这个结论是不正确的，因为知识产权法和竞争法的立法目的不完全一致，知识产权原则上不能成为依据竞争法可被实施强制许可的障碍。这个案件的结果是，联邦最高法院依据《反对限制

① BGH，Urt. v. 13. 7. 2004-KZR 40/02，GRUR 2004，966-Spundfass.

竞争法》第 20 条第 1 款的规定[①]，认定在本案中的专利已经成为行业标准的情况下，权利人有义务许可竞争者使用其专利。

德国联邦最高法院关于这个判决的核心内容是，因知识产权限制竞争而被实施的强制许可应当满足两个前提条件。第一个条件是，知识产权许可是进入市场必不可少的条件。在 Spundfass 一案中，法院首先指出，作为排他权的知识产权一般具有推动竞争的作用，因此它仅是在“例外情况下”方可适用竞争法。法院没有明确指出何谓“例外情况”，但是指出了这个案件中的例外情况是，与该案相关的专利已成为化工行业生产合成材料桶的事实标准。这即是说，企业如果要生产这种合成材料桶，它们除了使用这个案件中的相关专利，没有其他可替代的技术。这种情况下，这个专利本身就是一个技术市场（在该案中是上游市场），权利人在市场上占百分之百的份额，是一个占市场支配地位的企业。由于除了这个专利，在合成材料桶生产中没有可替代的技术，潜在的市场进入者能否获取专利许可，便成为它们能否进入市场（该案中是下游市场）的必不可少的条件。第二个条件是垄断者的拒绝许可不存在重大合理性。从竞争法的角度看，国家授予知识产权的目的是为了推动创新和技术传播，即通过制止企业间的搭便车行为来推动技术和产品的替代性竞争。因为该案中权利人的拒绝许可是出于限制竞争的目的，即阻止竞争者进入市场，从而不利于推动市场上的替代性竞争，不利于企业的创新活动，这个拒绝许可就缺乏重大的合理性和公正性。法院还指出，即便是占市场支配地位的企业，它们一般也有权在授予某些企业许可的同时拒绝许可其他企业；然而，占市场支配地位企业的这种自由权利必须受到限制，即拒绝许可必须具备客观的公正性。尽管在这个案件中，因为联邦最高法院仅是对案件进行法律审而不是事实审，判决中没有明确权利人的拒绝许可是否具有客观的公正性，但是法院强调指出，既然专利法的目的是推动竞争和创新，在这个与歧视行为相关的案件中，权利人的拒绝许可需要极高的公正性。

---

① 根据 2005 年第 7 次修订的德国《反对限制竞争法》第 20 条第 1 款，占市场支配地位的企业不得以不正当的方式，直接或者间接地阻碍其他企业参与同类企业可以参与的经营活动，或在缺乏客观的正当理由的情况下，直接或者间接地给予另一企业不同于同类企业的待遇。

上述德国联邦最高法院 Spundfass 案是一个与技术标准相关的典型案例。根据这个判决，认定一个知识产权拒绝许可的行为是否构成滥用，至少需要考虑两个因素：一是知识产权是否成为进入下游市场的关键性条件；二是权利人的拒绝许可是否具有重大的合理性。在这个案件中，法院依据《反对限制竞争法》第 20 条第 1 款，认定权利人实施了违法的歧视行为，由此使某些企业在市场竞争中处于严重的不利地位。然而，这个案件中的权利人即便没有实施歧视行为，即在它尚未许可任何企业使用其技术的条件下，法院也同样会做出强制许可的判决。因为这个判决还指出，一个技术一旦成为行业标准，它就得像标准化组织制定的标准一样，对任何企业都是开放的，否则这个标准化就不能起到推动竞争的作用，相反还会成为排除、妨碍和损害竞争的工具。

二、美国联邦贸易委员会 N-Data 案

2008 年 1 月，美国联邦贸易委员会指控 N-Data 实施了不公平的竞争方式和不正当竞争行为，违反了《联邦贸易委员会法》的第 5 条①。其理由是，N-Data 取得 National 的专利技术 Nway 之后，拒绝履行 National 就该技术与标准化组织 IEEE 订立的许可费协议。具体案情如下。

1993 年，National 游说 IEEE 采用其被称为 Nway 的技术作为与以太网（Ethernet）相连接的标准。为了使自己的技术成为标准，National 向 IEEE 承诺，它将按照一次性 1000 美元的收费标准向任何人开放这个专利技术，Nway 技术由此成为与以太网相连接的标准。2003 年，N-Data 通过专利转让取得了 Nway 专利技术的所有权。尽管 N-data 取得专利时就知悉 National 对 IEEE 的承诺，但它以自己与 IEEE 没有直接协议为由，拒绝以一次性 1000 美元的收费标准许可使用该专利技术。其结果是，N-data 一方面对其专利使用提出了远远高于 1000 美元的收费标准，另一方面威胁到法院起诉那些拒绝按其要求支付专利许可费的企业。这种情况下，美国联邦贸易委员会于 2008

① In re Negotiated Date Services LLC，FTC File No. 051 0094，（Jan. 23，2008），available at www. ftc. gov/os/caselist/0510094/080122do. pdf.

年 1 月 23 日指控 N-data 采取了不公平竞争方式，实施了不正当竞争行为。与此同时，联邦贸易委员会的五名委员通过三比二的投票表决，以委员会的名义通过了一个与 N-data 订立的和解协议。该协议的主要内容是，N-data 不得起诉那些没有按其要求支付许可费的企业，不得在没有首先承诺遵守 National 与 IEEE 协议的条件下对其专利技术实施许可。此外，和解协议还禁止 N-data 在拒不执行联邦贸易委员会这个指令的情况下转让或者出售这个专利技术，明确指出这个指令的条款对这个专利技术未来的所有权人也有约束力①。

与以往的涉及技术标准的案件相比，美国联邦贸易委员会在 N-date 一案的观点有了很大发展。在过去的案件如 Rambus 一案中，委员会认定 Rambus 违反《联邦贸易委员会法》第 5 条的理由是它欺骗了标准化组织，即在申请其技术作为标准的过程中隐瞒了该技术的专利属性，目的显然是在这项技术成为标准后收取垄断性的专利许可费。在这些案件中，联邦贸易委员会依据反托拉斯法的理论，特别强调了被告有义务在技术标准化过程中保护消费者的利益。然而在 N-data 一案中，由于被告没有参与标准的制定，委员会认定其违法行为的理由是它没有执行该专利技术原所有权人与标准化组织订立的许可费协议。特别值得关注的是，在该案中，联邦贸易委员会认定 N-date 违反《联邦贸易委员会法》第 5 条的行为不是因为它违反了反托拉斯法，而是实施了不公平竞争方式和不正当竞争行为。为此，委员会在这个案件中对《联邦贸易委员会法》第 5 条作了以下广义的解释："有人也许批评联邦贸易委员会广泛地（但恰当地）行使了禁止不公平实践的权力，然而忽视这个致命问题的代价是巨大的"。这即是说，联邦贸易委员会认为自己既有权通过适用《联邦贸易委员会法》的第 5 条制止违反反托拉斯法的行为，也有权通过适用这一条制止不正当竞争行为和不公平的贸易实践。

委员会在 N-date 一案将 N-date 的行为视为不正当竞争，主要原因是这个行为与技术标准相关。委员会认为，"确定标准的过程是一个取代竞争的过程。这个过程中任何一个不诚实或者欺骗的行为都会损害整个产业的竞

---

① In re Negotiated Date Services LLC, FTC File No. 051 0094, Decision and Order at 5-10 (Jan. 23, 2008), available at www. ftc. gov/os/caselist/0510094/080122do. pdf.

争，提高产品价格，减少消费者的选择"[①]。这即是说，在 N-date 的专利技术成为技术标准的条件下，也即是其交易对手被"锁定"（lock in）该技术标准的条件下，因为 N-date 的交易对手没有其他任何可选择的余地，N-date 向这些交易对手索取垄断高价的行为在本质上就是压制和胁迫。阐述 N-date 的不正当竞争行为时，联邦贸易委员会把这个行为称为"专利抢劫"（patent hold-up），即专利权人剥削被锁定在 IEEE 标准下的企业，这在性质上是不公平的。联邦贸易委员会还认为，N-date 的行为会影响技术的价格，从而会给 IEEE 以及其他标准化组织带来威胁。

三、两案的启示

上述德国联邦最高法院关于 Spundfass 一案的判决和美国联邦贸易委员会关于 N-date 一案的决定都涉及专利的强制许可，内容丰富，意义深远。尽管两个案件的内容和结论不尽相同，但它们都体现了这样一个原则，即参与制定技术标准的专利权人负有更大的法律责任，即应当在公平合理的条件下向所有的企业开放它们的技术；另一方面，这两个案件也增大了参与技术标准制定的专利权人的法律风险，即在他们拒绝许可或不以公平条件许可的情况下，他们的知识产权极有可能被实施强制许可。通过这两个案例，我们在与知识产权相关的竞争政策方面至少可以得到以下启迪。

（一）知识产权的行使须受竞争法的制约

两个案件的共同特点是，与案件相关的专利都没有适用专利法，而是适用了竞争法。德国的 Spundfass 一案是适用了德国《反对限制竞争法》第 20 条，美国的 N-date 一案是适用了《联邦贸易委员会法》第 5 条。正如德国联邦最高法院在 Spundfass 一案判决中指出的，知识产权法和竞争法的目的不完全一致，知识产权原则上不能构成适用竞争法的障碍，也不能构成依据竞争法对知识产权实施强制许可的障碍。这说明，知识产权法和竞争法作为鼓

① In re Negotiated Date Services LLC，FTC File No. 051 0094，at 2.

励创新和推动竞争的两种法律制度，它们的功能虽然互补，但是二者也有重要的区别。广义地说，知识产权法是基于知识产权所具有的经济价值，其功能主要是授予权利人专有权，保护专有权，平衡知识产权权利人与受让人之间的关系；竞争法则是作为维护市场竞争秩序的一种手段，其功能就会包括规范知识产权的行使，制止权利人滥用知识产权。

也许有人认为，竞争法对源于知识产权的市场势力应当仁慈对待，否则会损害企业创新的动力，进而减少因知识产权而推进的社会利益。当欧盟委员会 2004 年对微软公司做出了巨额罚款的决定后，有人说这个决定给全世界的企业和学界提出了一个巨大的问题和两难选择：是鼓励创新还是保护竞争？其实，这个问题是不正确的，因为鼓励创新和保护竞争没有本质区别，知识产权保护和反垄断法也没有本质上的冲突，只不过知识产权的取得不能保证权利人不受反垄断法的制约。即在反垄断问题上，知识产权权利人不得凭借其知识产权享受特殊的待遇。在美国司法部指控微软一案中，微软公司曾为自己辩护说，它的版权理应得到反托拉斯法的豁免。但是美国一个巡回法院的法官反驳说，版权所有权人不能从反托拉斯法得到豁免，这就如同棒球队的球棒所有者不能从侵权法得到豁免一样①。

现在，世界各国反垄断法在对待知识产权与对待一般财产权的原则上是一样的。一般财产权不能凭借其专有权或者独占权而不受反垄断法的制约，知识产权也不得凭借其专有权或者独占权不受反垄断法的制约。现在人们特别关注知识产权领域的限制竞争问题，这是因为占市场支配地位的企业凭借其知识产权，特别是通过网络效应，极易将其所处市场的上游和下游市场尽心收入自己的势力范围，从而在太大的范围窒息市场竞争，不公平地损害其他企业的创新活动。所以，依据反垄断法对知识产权包括对微软的知识产权实施强制许可，这不是限制微软公司的创新和发展，而是要给竞争者提供一个参与竞争的平台和环境。

其实，知识产权的特殊性已经在知识产权法中被予以充分的考虑。例如，专利权范围的地域限制一般被视为专利权人固有的权利。因为这种限制

① Lawrence A. Sullivan/Warren S. Grimes, The Law of Antitrust: An integrated Handbook, 2nd edition, 2006, p. 899.

可以使权利人和被许可人之间进行合理和恰当的配置资源，可以激励被许可人承受投资风险，从而有利于促进市场竞争，各国反垄断法一般不会将专利权人对被许可人的地域限制视为违法行为。这种情况下，知识产权所有权人就不应在竞争法中再次得到特殊的保护，否则市场竞争秩序就不可能得到维护。简言之，如果知识产权所有权人不仅将知识产权作为保护其发明创造的手段，而且作为损害公平自由竞争的手段，这种行为会被视为滥用知识产权，违反反垄断法。但是无论如何，知识产权权利人因限制竞争而被强制许可在实践中是很少有的情况，这一般发生在与技术标准相关的案件中，如微软和德国 Spundfass 等案件就是这样的例外。

（二）解决知识产权与竞争法冲突的方法是衡量限制竞争的影响

知识产权的特点是专有性，即未经权利人的同意任何人都不得使用知识产权。由此，知识产权才能够成为一种激励机制，激励企业的创新活动并最终改善消费者的社会福利。然而，知识产权的专有权不是绝对的，而是一种有限期和以有限方式的保护。如各国专利法一般都规定专利的最高期限，专利期一过，任何人都有权免费使用技术。可见，国家对知识产权的保护是国家对知识产权的长远经济利益和短期限制竞争进行了利益权衡的结果。

因为知识产权的目的是为了激励和促进人们的创新活动，知识产权引起的限制竞争能否得到反垄断法的豁免，就取决于这些限制竞争能否激励和促进人们的创新活动。在 Spundfass 一案中，德国法院指出知识产权强制许可的前提条件之一是权利人的拒绝许可没有重大的合理性。法院强调提出，专利法的目的是推动竞争，而该案中权利人的歧视行为不具有推动竞争的作用，这个限制竞争因此不具有重大合理性。在美国 N-date 一案中，尽管 N-date 没有拒绝其他企业使用知识产权，但它在明知原始权利人 National 与标准化组织 IEEE 订立了一次性收费 1000 美元标准的协议条件下，不遵守协议，肆意抬高专利许可费，这就被美国联邦贸易委员会指控为是不公平竞争方式和不正当竞争。事实上，不管 Spundfass 一案的限制竞争，还是 N-date 一案的不正当竞争，两个案件中的权利人都是将已经成为标准的知识产权作为限制竞争和阻止市场进入的手段。正如美国联邦贸易委员会指出的，“确定标准的过程是一个取代市场竞争的过程”。如果权利人在标准化过程中存在欺诈、不诚实的行为，如隐瞒技术的专利性；或者在技术成为标准后对潜在的市场进入者实施不正当的歧视行为或者不合理地抬高技术许可费，这些行为就会对市场竞争产生长期的不利影响，最终会抬高产品的价格，限制消费者的选择。因此，这些案件应当适用竞争法。

自 20 世纪 90 年代以来，随着知识产权法和反垄断法在司法实践中的不断发展，人们已经不再把知识产权领域的限制竞争看成一个黑白分明的问题，即人们既不把它们一概视为本身违法，也不把它们一概视为可从反垄断法得到豁免。占主导地位的观点是，专利、商标、版权或者商业秘密本身虽然具有专有性，即涉及它们的生产、使用和销售在某种程度上受到了排他性的限制，但它们本身并不必然等于市场支配地位或者垄断地位。事实上，除了像微软公司的计算机操作系统和已经成为标准的专利技术，绝大多数的知识产权事实上处于市场竞争之中，受到了足够大的竞争压力。因此，在与知识产权相关的反垄断问题上，市场势力是一个决定性的因素。仅当知识产权事实上已经成为妨碍竞争的因素和市场势力时，它的行使才会受到反垄断法的制约。

需指出的是，在美国 N-date 一案中，美国联邦贸易委员会依据《贸易委员会法》第 5 条，将 N-date 的行为认定为不正当竞争，认为它是在交易对手没有可选择的情况下，行使了一项已构成行业标准的专利技术上的势力，这个行为从而带有强制性和胁迫性。但是，联邦贸易委员会扩大解释《联邦贸易委员会法》第 5 条和将 N-date 的行为解释为不正当竞争的做法也受到了人们的批评。联邦贸易委员会主席 Magoras 女士就批评了这种做法，并对委员会这个三比二的决定投了反对票。Magoras 女士认为，这个案件应适用谢尔曼法，因为“美国学术界一致认为，按照当前的解释，谢尔曼法和克莱顿法在实施竞争政策方面已足以解决所有的问题”①。笔者也认为，如果适用《谢尔曼法》来解释 N-date 行为的违法性，可能更容易些。因为在这个案件中，N-date 通过专利转让协议取得了已成为行业标准的 Nway 技术的所有权，它在事实上已成为一个有着市场势力和垄断势力的企业。这种情况下，它不遵

① In re Negotiated Date Services LLC, FTC File No. 051 0094, at 3.

守原始所有权人 National 与标准化组织 IEEE 的协议，显然是不合理地谋求垄断利益，滥用知识产权，违反了谢尔曼法的第 2 条。

（三）我国应尽快完善与知识产权相关的反垄断法

德国联邦法院之所以能够做出 Spundfass 一案的判决，其前提条件是德国有一部《反对限制竞争法》。美国联邦贸易委员会之所以能够对 N-date 发布禁令，是因为它可以依据联邦贸易委员会法，将 N-date 不遵守 National 与 IEEE 之间协议的行为定性为不正当竞争。然而，如果 Spundfass 或者 N-date 案件发生在我国，我国反垄断执法机关能否将这些案件定性为限制竞争或者不正当竞争，现在还不得而知①。2003 年 1 月 24 日，美国思科系统有限公司宣布中国华为技术有限公司及其子公司非法侵犯其知识产权从而在美国提起了法律诉讼。事实上，思科诉华为一案与德国 Spundfass 一案很有相似之处。思科公司通过软件源代码和技术文档在相关市场取得了近乎垄断的地位，在路由器市场占据了 80%左右的市场份额，这种情况下，思科公司凭借其事实上已成为行业标准的知识产权（即一种软件源代码）限制其竞争对手进入市场。随着越来越多的跨国公司包括思科这样的软件企业进入我国市场，由于这些企业已经在全球软件业市场上取得了市场支配地位，我国特别需要反垄断法来保护企业参与市场竞争的权利。思科诉华为一案引发了我国法学界和企业界人士对我国反垄断立法的期盼和关注，一定程度上也推动了我国反垄断立法的进程。

我国 2007 年通过的反垄断法第 55 条对滥用知识产权的行为做出了禁止性规定："经营者依照有关知识产权的法律、行政法规规定行使知识产权的行为，不适用本法；但是，经营者滥用知识产权，排除、限制竞争的行为，适用本法。"有人说，这是一条豁免知识产权的规定。但我个人认为，这一条是在告诉人们，知识产权不能从反垄断法得到豁免，特别是滥用知识产权

① 我国《专利法》第 48 条关于发明专利和实用新型专利的强制许可规定不足以解决 Spundfass 一案的问题，因 Spundfass 一案的被告是在权利人拒绝许可其作为行业标准的专利的情况下，要求法院实施强制许可。但是，我国《反垄断法》第 17 条禁止具有市场支配行为的经营者从事下列滥用市场支配地位的行为：（2）没有正当理由，拒绝与交易相对人进行交易；（6）没有正当理由，对条件相同的交易相对人在交易价格等交易条件上实行差别待遇。

排除、限制竞争的行为不能从反垄断法得到豁免。现在，尽管人们认为知识产权与一般财产权处于同等的地位，知识产权本身不应被视为一种垄断权，但是考虑到知识产权对推动竞争和推动创新的重要意义，国家一方面有必要对知识产权保护做出专门规定，同时也有必要对滥用知识产权的行为做出禁止性的规定，如欧共体委员会 2004 年第 772 号条例。这方面的法律制度应包括对知识产权许可中限制竞争的基本评价，分析知识产权许可中限制竞争的基本方法，对通常发生的限制性条款做出适用合理原则或者本身违法原则的规定，并对适用合理原则的限制竞争分析其可能严重损害竞争的情况。另一方面，我国当前仍然是一个知识产权进口国，绝大多数的核心技术依赖于进口。这种情况下，我国应特别关注滥用知识产权的问题，防止权利人滥用知识产权限制竞争的情况，以保护我国技术进口企业的合法权益，维护国家利益。此外，鉴于技术标准在市场竞争中的重要意义，我们还应当关注标准化过程中滥用知识产权的问题，防止权利人以技术标准化为手段，限制竞争，妨碍市场进入。因此，我国应尽快制定与知识产权相关的反垄断指南或者实施条例。

滥用知识产权限制竞争的法律问题*

国务院2006年提交全国人大常委会的反垄断法草案第54条规定，“经营者依照有关知识产权的法律、行政法规规定行使知识产权的行为，不适用本法；但是，经营者滥用知识产权，排除、限制竞争的行为，适用本法”。由于知识产权事实上已成为企业竞争的战略手段，尤其是大跨国公司往往凭借知识产权在市场上取得了市场优势地位甚至垄断地位，这一条规定便有些敏感。有人问道，反垄断法有必要对知识产权滥用做出专门规定吗？人们更为关心的问题是，何谓滥用知识产权限制竞争行为？随着当今社会越来越成为信息社会，知识产权在市场竞争中成为越来越重要的因素，知识产权保护与反垄断法的关系已成为法学研究的重要课题，很多涉及知识产权的问题包括知识产权的取得、主张、许可、拒绝许可以及知识产权纠纷的解决都需要考虑反垄断法。

一、知识产权与反垄断法的关系

（一）知识产权的专有性

知识产权是指因智力成果而依法享有的专有权，主要包括专利权、专有

* 本文作者为王晓晔，原载《中国社会科学》，2007年第4期，第130页。

技术、商标权和版权。有些国家的宪法明确规定了知识产权保护[①]。各国一般都制定了专利法、商标法和版权法。在专有技术方面，各国大多是通过合同保密条款保护许可人的技术秘密。此外，反不正当竞争法和民法中的侵权行为法对知识产权也有保护性规定。例如我国《反不正当竞争法》第5条规定，经营者不得假冒他人的注册商标；第10条规定，经营者不得侵犯他人的商业秘密。法律为什么要给知识产权权利人以“独占权”或者“排他权”？这主要出于以下两个原因。

第一，知识产权是对权利人创新活动的回报和鼓励。与一般财产权一样，知识产权的权利人在其创新和发明过程中也需要付出资金、时间和辛勤劳动。如果国家不能通过法律赋予知识产权权利人的排他权，社会上就会出现对他人创造性成果的随意侵占，就会出现搭便车和不劳而获。这样的社会不仅是无序的，而且因为创新活动不能得到补偿，没有商业价值，任何人都不会进行创新，不会对创新进行投资，其结果就是社会得不到发展。这就是说，知识产权保护和一般财产权保护有着相同的目的，即一方面避免和减少人们以暴力和欺诈手段剥夺他人财产的现象，避免和减少随意侵占他人创造性成果的欲望，另一方面则是激发人们的聪明才智和创造性，为社会创造更多的财富，推动社会进步，提高社会福祉。这并不是说，没有知识产权制度社会上就不会有创新活动。但可以肯定，没有知识产权的专有权制度，对社会有益的创新活动将会大幅度减少。

第二，知识产权可以推动技术传播。知识产权本质上是一种生产要素，它要实现自身价值，必须与厂房、机器、劳动力、原材料等其他生产要素相结合。因此，知识产权所有人往往通过知识产权转让的方式，允许他人使用自己的专有权，以获取经济利益。这从社会的意义上就是科学技术的传播。可以想见，如果国家没有保护知识产权的制度，如果权利人没有独占自己智力成果的权利，他们就会尽量保守自己在创新和发明活动中获得的秘密。这如同一个人发现了金矿，他为使自己有更长时间的淘金活动，就不会把金矿位置告诉他人。然而，信息保密不仅需要创新者花费很大的代价，而且这种

---

① 如美国宪法第1条第8款规定，“为促进科学和技术进步，作者和发明者得在一定期限内对其作品和发明享有专有权”。见网站 http：//www. chinaelections. org/NewsInfo. asp? NewsID=81231。

保密不利于知识和技术的传播。因此，知识产权具有重大的社会价值，应当得到高度评价。

（二）知识产权与反垄断法的潜在冲突

知识产权和反垄断法有着相同目的，即推动竞争和鼓励创新。但它们推动竞争和鼓励创新的方式不同：反垄断法是通过反对限制竞争来推动竞争，因为限制竞争会损害现实和潜在的竞争；知识产权法则是通过某种限制竞争的方式，即通过保护权利人的专有权，来激励人们在知识经济领域的创新活动。这就是说，知识产权与一般财产权一样，因为具有限制竞争的可能，从而不可避免要受到反垄断法的制约。一方面，权利人有权通过其发明创造在竞争中取得优势地位甚至垄断地位；另一方面，因为市场经济的本质是竞争，反垄断法不允许知识产权所有人因其合法垄断地位而严重妨碍、限制或者扭曲市场竞争。

反垄断法与知识产权法的冲突似乎不可避免。例如，专利技术转让作为配置资源的一种方式，它肯定与某个专利或者技术秘密一定程度的垄断权相联系。从专利权人的角度看，他应当设置这样那样的限制，但从反垄断法的角度看，这些限制可能是违法的。人们对知识产权转让中的限制竞争所持的反对态度，最明显表现在美国司法部反托拉斯局 20 世纪 60 年代对 9 种与知识产权相关的限制竞争条款一揽子适用“本身违法”原则①。美国法院对知识产权转让中的限制竞争也长期持反对态度。例如，第 2 巡回法院 1981 年的一个判决指出：“反托拉斯法禁止不合理的限制竞争行为，专利法却授予发明人一定时期的垄断权，由此使其专利成果不能得到竞争性的开发和使用。因此，专利权和反托拉斯法必然发生冲突”②。

---

① 9 种协议包括：①要求被转让人从转让人处购买与专利权无关的材料；②要求被转让人向转让人转让许可证协议生效后取得的所有专利；③限制专利产品销售中的买主；④限制被转让人关于专利权范围之外的产品或者服务的交易自由；⑤与被转让人的协议中规定，未经被转让人的同意，转让人不得向其他任何人授予许可；⑥要求被转让人订立一揽子许可协议；⑦要求被转让人对其整个产品的销售支付转让费，甚至包括与专利权无关的产品销售；⑧限制工序专利被转让人销售由这种工序生产的产品；⑨要求被许可人按照固定价格或者最低价格销售相关产品。

② SCM Corp. v. Xerox Corp.，645 f. 2d 1195，1203（2d Cir. 1981）.

另一方面，知识产权领域有学者认为，既然国家设立知识产权的目的是推动技术创新，知识产权就应当从反垄断法得到豁免。他们认为，知识产权权利人有权处置自己的知识产权，因此，任何拒绝许可行为都不应被视为滥用知识产权。近年在美国司法部和欧盟委员会指控微软的案件中，很多人为微软打抱不平。他们说，视窗和因特网浏览器既然都是微软的产品，微软就有权选择销售它们的方式，也有权要求个人计算机生产商按照它提出的条件销售产品。按照他们的说法，知识产权所有权人有权拒绝交易，也有权对自己的产品进行搭售，而不管这些行为对市场竞争有何影响①。

(三) 知识产权与反垄断法的互补性

其实，知识产权法与反垄断法之间最重要的不是相互冲突，而是相互补充，这是因为它们都有鼓励创新、提高经济效益和增大社会福祉的目的。反垄断法是通过反垄断和推动竞争来提高企业效率和增进消费者福利，因为只有在市场竞争压力下，企业才会降低价格，改善质量和进行技术创新。知识产权法则是通过对创新和发明的激励机制来提高企业的效率和增进消费者福利。例如，专利权可激发人们的创造和发明活动；著作权可激发人们生产知识产品；商标权则有助于改善产品质量，激发同类产品之间的价格竞争和质量竞争。事实上，企业的创新和发明既是市场竞争的结果，又是市场竞争的过程。因为自由竞争的市场可以为企业的创新活动提供最大的激励机制，可以使知识产权的专有权产生真正的社会价值，反垄断法和知识产权法本质上没有冲突，而是相辅相成的关系。

(四) 与知识产权相关的反垄断法

知识产权和反垄断法虽然有着共同目的，即提高效率和增大消费者福利，但它们毕竟是两种不同的法律制度，相互间不免有时存在着冲突和矛盾。这种情况下，就需要一种机制来平衡这两种法律制度，需要国家制定与

① Edward W. Younkins. Antitrust laws should be abolished. http://www.Quebcoislibre.org/000219-13.htm.

知识产权相关的竞争政策或者反垄断法。很多国家的做法是，权利人正当行使知识产权的行为不适用反垄断法，但是滥用知识产权的行为得依照反垄断法的规定予以禁止①。然而，何谓正当行使知识产权？何谓滥用知识产权？

鉴于知识产权与一般财产权相比的特殊性，鉴于知识产权保护较一般财产权保护的难度，特别是鉴于知识产权转让对社会经济发展的重大意义，有些国家和地区对知识产权领域中的限制竞争做出专门规定，或者发布专门的指南。当前影响最大的是美国司法部和联邦贸易委员会 1995 年共同发布的《知识产权许可反托拉斯指南》和欧共体委员会 2004 年发布的《技术转让协议适用条约第 81 条第 3 款的第 772/2004 号条例》（简称《欧共体技术转让豁免 2004 年第 772 号条例》）。它们的宗旨都是在保护竞争和保护知识产权二者之间寻找平衡点，即一方面保护知识产权的激励机制，使其充分发挥为竞争之火添加燃料的功能，以最终丰富公共财产和提高社会福祉；另一方面为了维护市场的竞争性，将知识产权领域的限制竞争限于为激励创新而必要的范围之内。这就是说，在知识产权限制竞争的问题上，立法者有必要权衡这些限制对激励创新的社会收益和因限制竞争引起的社会成本[1]。当一个限制的社会收益大于其社会成本时，这个限制应得到积极评价。反之，则应予以禁止或者限制。

1. 《知识产权许可反托拉斯指南》[2]

顾名思义，这个指南是关于美国政府机构在知识产权领域执行反托拉斯法的政策，目的是给企业界和律师界预测知识产权领域的限制竞争提供帮助。指南的基本观点是，知识产权法和反托拉斯法没有原则性冲突，它们的共同目的是推动创新和增进消费者福利。基于这个观点，指南提出了美国政府机构审查知识产权许可中限制竞争依据的三原则：第一，知识产权与一般财产权处于平等地位，即知识产权不能不受反托拉斯法的约束，但也不应受到反托拉斯法的特别质疑。第二，出于反托拉斯分析之目的，不应推断知识产权等同垄断地位。即与知识产权相关的产品或者技术虽然具有排他性，但

① 例如，德国 1998 修订的《反对限制竞争法》第 17 条，日本 2005 年修订的《禁止垄断法》第 21 条。

它们一般存在事实上或者潜在的竞争者，从而可以阻却市场支配力的产生。另外，即便知识产权确实产生了市场支配力，这个市场支配力本身并不违反反托拉斯法。第三，知识产权许可有利于企业间实现优势互补，从而普遍具有推动市场竞争的作用。但是，指南也指出，知识产权许可尽管普遍具有增大社会福祉和推动竞争的效果，但是仍会出现反竞争的问题。因此，指南提供了分析知识产权许可中反托拉斯问题的框架。美国是判例法国家，研究知识产权领域的反托拉斯法必须注重美国法院的判决。实际上，《知识产权许可反托拉斯指南》就是美国法院司法实践的总结。

2. 《欧共体技术转让豁免 2004 年第 772 号条例》[①]

该条例主要规定了技术转让协议中的限制竞争可以依据欧共体条约第 81 条第 3 款得到豁免的条件，它于 2004 年 5 月 1 日生效。随着这个条例的发布，欧共体委员会还发布了《欧共体条约第 81 条适用于技术转让协议的指南》[②]，以使企业界和法律界更好地掌握欧共体竞争法适用于知识产权的基本原则。

欧共体委员会早在 20 世纪 80 年代就发布了专利许可协议和技术秘密协议集体适用条约第 81 条第 3 款的两个条例。1996 年又发布了《技术转让协议集体适用欧共体条约第 81 条第 3 款的第 240/96 号条例》[③]。与 1996 年第 240 号条例相比，2004 年第 772 号条例更加注重经济分析，对技术转让中的限制竞争持更为灵活和宽松的态度，即赋予协议当事人更大的合同自由。在实体法方面，第 772 号条例将技术转让中的限制竞争分为两类：一类是对竞争明显具有严重不利影响的核心限制（hardcore restrictions）；另一类是排他

---

① Commission Regulation（EC）No 772/2004 of 27 April 2004 on the Application of Article 81（3）of the Treaty to Categories of Technology Transfer Agreements，OJ 2004，L 123/11-17，以下注释简称 TTBER No. 772/2004。

② Commission Notice Guidelines on the Application of Art. 81 of the EC Treaty to Technology Transfer Agreements，OJ 2004，C 101/2-42，以下注释简称：Commission Guidelines on TTR。

③ Commission Regulation（EC）No 240/96 of 31 January 1996 on the application of Article 85（3）of the Treaty to certain categories of technology transfer agreements，OJ 1996，L31/2，以下注释简称 TTBER No. 240/96。

性限制（excluded restrictions）[①]。核心限制是指某些情况下的价格、数量、地域以及研发能力的限制。但在当事人不存在竞争的情况下，最高价格限制可以得到豁免。数量限制和地域限制也有很多被豁免的情况[②]。排他性限制主要指独占性回授、不质疑义务和不竞争义务，它们的合法性或者违法性需在具体案件中进行具体分析。

二、知识产权许可中限制竞争的一般分析

现在，各国反垄断法基本不把与知识产权相关的限制竞争看成一个黑白分明的问题，即它们既不是本身违法，也不是一概可以得到豁免。与一般的市场竞争因素相似，仅当知识产权成为市场势力的决定性因素，且不合理地严重妨碍市场竞争的时候，它们的行使才会受到反垄断法的禁止。在考察与知识产权相关的限制竞争时，一般需要界定相关市场，认定当事人之间的关系，确定当事人的市场地位，此外还应分析限制竞争对市场竞争的影响。

（一）界定相关市场

评价一个限制竞争对市场竞争的影响时，首先应分析相关的产品或者服务所处的市场。在竞争法中，这个市场被称为相关市场。《欧共体技术转让豁免 2004 年第 772 号条例》提出了相关产品市场和相关技术市场的概念[③]。《知识产权许可反托拉斯指南》还有相关研发市场（又称创新市场）的概念。

相关产品市场是指从产品的特性、价格以及用途等因素出发，消费者认为相似或者相互具有可替代性的所有产品或者服务。相关产品市场上的竞争者可分为事实上的竞争者和潜在的竞争者。前者是指订立技术转让协议时，生产同类产品或者提供同类服务的企业。后者则是指订立协议时还不是事实上的竞争者，但有理由认为他们很快能够成为竞争者。根据美国司法部和联邦贸易委员会 1997 年《横向合并指南》，在识别潜在竞争者时，可以假定

---

① TTBER No. 772/2004，Article 4 and 5.

② TTBER No. 772/2004，Art. 4（1）（b）（c）.

③ TTBER No. 772/2004，Art. 1（1）（j）.

追求利润最大化的垄断者实施一个“数目不大但有意义且为期不短的涨价”（即SSNIP标准），并分析买方对涨价的反应。在大多数情况下，当局将可预见的涨幅定为5%[3]。即这种情况下，如果一个企业能够及时且在不影响其他企业知识产权的情况下进入相关市场，这个企业就是一个潜在的竞争者。

相关技术市场是指从技术的特性、转让费及使用目的等因素出发，在被许可人看来，它们可被视为相似或者相互具有可替代性的所有技术。《知识产权许可反托拉斯指南》指出，当知识产权与知识产权产品分别销售时，政府机构可基于技术市场对许可协议的限制竞争影响进行评估。然而，除了专门从事技术研发的企业，大多数知识产权是作为与知识产权产品不可分割的部分进行销售、许可或者转让，所以在大多数情况下，人们只需界定相关产品市场就可分析知识产权许可协议对限制竞争的影响。

如果一个许可协议不易通过它对现有的产品或者技术的影响进行评估，美国司法部和联邦贸易委员会就可能通过它对相关创新市场的影响进行评估。例如，如果一个许可协议中的回授条款能够影响许可人和被许可人研发新技术或者新产品的活动，这个条款就会影响相关创新市场。创新市场这一概念的提出，说明美国反托拉斯执法机构可能会以一个许可协议损害创新市场为由，对其进行质疑和审查。然而有学者认为，创新市场是不明智的提法，因为它是以企业的创新潜力来说明企业的市场竞争力。由于创新存在着风险、不确定性和固有的不可预期性，创新市场就是一个不确定的概念，以致人们有可能把当前一个不确定、无损害的行为描述为今后确定的和危险的行为[1]。也许是因为创新市场的不确定性和对协议当事人的不可预期性，《欧共体技术转让豁免2004年第772号条例》没有引入这个概念。

在反垄断案件包括涉及知识产权的案件中，界定相关市场对诉讼当事人的胜负有着非常重要甚至是决定性的意义。在1956年美国政府指控杜邦公司垄断玻璃纸生产的一案中，因为玻璃纸由杜邦公司独家生产，政府就认定该公司在玻璃纸产品市场上占百分之百的市场份额。然而，美国最高法院在该案中则将玻璃纸看做一种包装材料，而在包装材料这一产品市场上，杜邦公司生产的玻璃纸仅占18%的市场份额，最终政府在该案中败诉[4]。

（二）认定当事人之间的关系

如同一般合同当事人之间存在横向或者纵向关系，知识产权许可协议的当事人之间也存在横向或者纵向关系。一般说来，如果一个技术转让会影响当事人具有互补性的经济活动，如一方从事技术研发，另一方利用技术进行生产经营活动，这个协议的当事人之间就存在纵向关系。如果许可人和被许可人在相关市场上是竞争者，他们之间的关系就是横向关系。

许可协议中横向或者纵向关系有时不是一目了然的。如果许可人和被许可人只是潜在的竞争者，即订立转让协议时，许可人和被许可人的技术远不在同一水平，这种情况下许可人的技术可以制约被许可人的发展，他们之间的技术转让应被视为纵向关系①，这样的技术转让一般发生在生产同类产品但不同品牌的企业之间。

欧共体竞争法和美国反托拉斯法重视许可协议当事人之间的关系，这是因为竞争者或者潜在竞争者之间的合作很可能导致协调行为。例如，一个专利池（patent pool，亦称专利联营）② 的成员如果是竞争者，他们就不可能通过专利池相互授予对方许可，这种情况下的专利池事实上是竞争者之间共谋的手段，如固定价格或者限制产出。一般来说，如果一个限制竞争条款可以影响横向关系中的各方，这个限制对市场竞争就可能产生严重的不利影响。

然而，技术转让协议中当事人之间的横向关系或者纵向关系并不能决定该协议的合法性或者违法性。例如，在两个小企业建立合营企业的情况下，即便当事人之间存在竞争关系，它们之间的技术转让一般也具有推动竞争的作用。这说明，在分析许可协议的限制竞争影响时，还应考虑协议当事人的市场份额。

---

① Commission Guidelines on TTA，§ 33.

② “专利池”来自人们的想象：即在一块油田上拥有所有权的人们出于自身利益的考虑，希望共同在油田上开掘一口油井，由此一方面共同分担采伐费用和共享经济利益，另一方面则可将他们之间的冲突降到最低程度。

（三）确定当事人的市场份额

随着各国反垄断法越来越注重经济分析，当事人的市场份额在分析知识产权许可中的限制竞争时占有越来越重要的位置。这尤其表现在《知识产权许可反托拉斯指南》中关于“安全区”的规定上。即知识产权转让协议中的限制竞争如果同时符合下面两个条件，将不受政府机构的干预：一是限制性条款不具有明显的反竞争后果；二是许可人和被许可人在相关市场上的份额共计不超过20%[①]。这里的“安全区”分析不适用于企业合并中的知识产权转让[②]，因为在企业合并的情况下，知识产权转让将与合并交易额一并计算，用来考虑合并对市场集中度的影响。

《欧共体技术转让豁免2004年第772号条例》借鉴了美国的经验，也有以市场份额为标准的“安全区”规定。根据条例第3条第1款，在技术转让协议当事人相互存在竞争的情况下，如果它们在相关技术市场或者相关产品市场上的份额共计不超过20%，且协议不涉及条约第81条第1款所禁止的限制竞争行为，该协议可以得到豁免。根据条例第3条第2款，在协议当事人相互不存在竞争的情况下，如果它们各自在相关技术市场或者相关产品市场的份额不超过30%，且协议不涉及条约第81条第1款所禁止的限制竞争行为时，该协议可以得到豁免。换言之，在横向协议的情况下，如果当事人的市场份额共计超过了20%；或在纵向协议的情况下，当事人各自的市场份额超过了30%，这些限制竞争不能依据该条例自动得到豁免。在这种情况下，协议是否能够得到豁免，需要对具体情况进行具体分析。

在实践中，特别在相关市场是一个技术市场的情况下，计算企业的市场份额不是一件容易的事情。根据《欧共体技术转让豁免2004年第772号条例》，当事人在相关技术市场上的份额等于他使用该技术所生产的产品在相关市场上的份额；许可人在相关技术市场上的份额等于他自己和被许可人共同的产品在相关市场上的份额[③]。在新技术尚未投产的情况下，该技术在相

---

① 《知识产权许可的反托拉斯指南》第4.3节。

② 《知识产权转让的反托拉斯指南》第4节。

③ TTBER No 772/2004，Art 3（3）.

关技术市场上的份额等于零①。该条例第 8 条还指出计算市场份额应特别注意的问题：第一，市场份额应根据企业的市场销售额进行计算；在市场销售额不能计算的情况下，应根据企业的其他信息如销售数量进行计算。第二，市场份额应依据企业上一营业年度的数据进行计算。第三，市场份额是一个变化中的数据。特别是新兴产业，企业市场份额更是不断地发生变化。因此，该条例规定，一个协议取得豁免后，如果当事人在相关市场的份额超过了 20%，该协议可在市场份额超过这一标准后的两年内继续享受豁免。

（四）评估限制竞争条款

一般反垄断法把垄断协议分为两类，一类适用本身违法原则，另一类适用合理原则[5]。这两个原则同样也适用于与知识产权相关的限制竞争协议。

如果某些限制对市场竞争和经济发展的不利影响非常明显，以至不需要进一步分析就可认定其违法性，这些限制性协议就适用本身违法原则。根据《知识产权许可反托拉斯指南》，适用本身违法原则的限制性安排主要指固定价格、限制产量、竞争者之间分割市场、某些情况下的集体抵制以及维护转售价格的协议②。《欧共体技术转让豁免 2004 年第 772 号条例》提出了核心限制的概念。如果一个许可协议中含有一个或者几个性质上属于核心限制的条款，这个许可协议整体上不能依据第 772 号条例从条约第 81 条第 1 款得到豁免③。

需指出的是，知识产权许可协议通常具有增大福利和推动竞争的效果，因此，各国反垄断法总体上对知识产权转让中的限制竞争是依据合理原则进行分析。以排他性的限制为例，鉴于知识产权在某些情况下更易被侵犯的事实，许可人阻止或者限制被许可人使用竞争性技术的这一事实在其他情况下可能被视为违法，但在知识产权许可协议中则可能是正当的。评估一个限制竞争是否具有正当性，反垄断执法机构应考虑这个限制是否对激励创新是合理的和必要的。如果当事人可以通过不限制竞争或者通过较小程度的限制竞

① Commission Guidelines on TTA，§ 70.

② 《知识产权许可的反托拉斯指南》第 3.4 节。

③ TTBER No 772/2004，Recital 13.

争取得同样大的激励创新机制，这个限制就是不合理和不必要的。因为任何知识产权法都不可能对“正当行使权利”做出明确规定，在司法实践中，反垄断执法机构往往通过知识产权保护的宗旨或者目的来认定一个与知识产权相关的限制竞争是否具有正当性。当一个限制违背了知识产权激励创新的宗旨，即超出为排除对知识产权侵害而必要的范围，它就不能被视为是正当地行使权利。

三、知识产权转让中的几种限制

反垄断法一般将限制竞争协议分为横向限制和纵向限制。因为竞争者之间的横向限制能够抬高价格，限制产出，扭曲资源配置，这种限制是反垄断法最为关注的。然而，许可协议中的权利人在很多情况下也生产知识产权产品，因此与知识产权相关的限制竞争在很多情况下同时具有横向和纵向的性质。出于这个考虑，这里列举的限制竞争基本以限制的内容分类，但列举的类型是不全面的。

(一) 价格限制

1. 横向价格限制

竞争者之间商定价格的行为是对竞争损害最甚的行为。《欧共体技术转让豁免 2004 年第 772 号条例》明确规定，协议当事人之间存在竞争的情况下，不管协议是直接还是间接，是单独还是与其他因素一起，如果其目的是限制当事人的销售价格，这个限制不能依据条约第 81 条第 3 款得到豁免①。

在美国，与知识产权相关的横向价格限制是否违反反托拉斯法，尚有争议。美国最高法院曾在 1926 年关于通用电气公司一案的判决中，允许专利权人控制被许可人销售专利产品的价格和条件。理由有二：一是专利权人有权通过控制被许可人的销售价格来实现自己的最大利润。在该案中，许可人通用电气公司和被许可人是竞争性地生产专利产品。二是该案中通用电气公

① TTBER No 772/2004，Art. 4 (1) (a).

司是向竞争者转让知识产权，这个转让会影响它的竞争地位①。尽管这个判决迄今尚未被推翻，但后来的美国法院判决认为，价格协议仅当是不具约束力的价格推荐，方可被视为合法。最高法院在1948年金属线材料公司一案的判决中，拒绝引用通用电气公司案的判决，认定一个交叉许可中维持专利产品最低价格的条款属本身违法②。

《知识产权许可反托拉斯指南》将限制专利产品的首次销售价格和转售价格作了区分。指南指出，维持转售价格的行为本身违法③。但在限制专利产品首次销售价格的问题上，指南似乎受最高法院1926年通用电气公司一案判决的影响，没有明确予以说明。然而由于以下两个原因，美国反托拉斯法总体上对知识产权领域固定价格的行为持反对态度：一是从经济学的角度看，被固定的价格不能合理反映市场的需求；二是从许可人的角度看，他们从固定价格得到的好处往往不如取得一个合理的技术转让费[1]。

2. 纵向价格限制（权利耗尽原则）

1995年《知识产权许可反托拉斯指南》指出，一种知识产权产品如果被投入市场，许可人固定转售价格的行为是违法的④。这就是说，知识产权产品只要被投入市场，权利人就不得限制该产品的转售价格或者做出其他限制。这个理论也被称为知识产权权利耗尽原则（exhaustion doctrine）。

权利耗尽原则源于美国最高法院1873年关于一个专利权案件的判决⑤。被告Burke从波士顿一家享有生产和销售棺木盖专利产品的企业购买了一个产品，在自己所住地区使用。被告住所地的棺木盖专利被许可人即指控Burke侵犯了他的专利权。然而，美国最高法院认为，棺木盖虽为专利产品，但被告是通过合法手段买到了产品，专利权人以及其他权利人不得限制该产品的使用和销售。法院的结论是，“如果专利权人或者其他合法权利人销售一台机器的价值在于机器的使用，他得承认其他人有权使用这台机器，从而

---

① William C. Holmes，Intellectual Property and Antitrust Law，2003，§ 16.02.

② United States v. Line Material Co.，333 U.S. 287，76 USPQ 399（1948）.

③ 《知识产权许可的反托拉斯指南》第5.2节。

④ 《知识产权许可的反托拉斯指南》第5.2节。

⑤ Adams v. Burke，84 U.S. 453，456（1873）；Hobbie v. Jennison，149 U.S. 355（1893）.

必须放弃限制这台机器被使用的权利"[①]。在 1942 年 Masonite 一案判决中，美国最高法院对权利耗尽原则作了新的解释。即一个产品的专利权是否耗尽，取决于该产品是否进行过处置，即专利权人是否从产品的使用中得到了回报[②]。如果专利权人已经从一个产品的第一次销售中得到了合理报酬，他就不应再从第二次、第三次及多次销售中得到好处，即不能对这个产品再享有控制权。

现在，世界各国对知识产权国内权利耗尽的原则已经没有争议。但在国际贸易领域是否权利耗尽，尚存在不同看法。根据美国的判例法，权利耗尽原则只适用于首次在美国销售的产品，而不适用于在国外销售的专利产品[③]。在欧共体，由于欧共体内商品自由流动的原则与成员国的知识产权法相比处于优先适用的地位，早在 1974 年 Sterling 一案的初步判决中，欧共体法院就提出了欧共体内适用知识产权权利耗尽的原则[④]。即欧共体内的专利产品只要经权利人本人或经其同意在欧共体某一成员国的市场上进行了销售，专利权人在这个产品上的专有权即被视为自动消失。欧共体内的知识产权权利耗尽原则广泛地适用于版权产品和商标权产品的平行进口，特别是适用于再包装商标产品的平行进口。

需指出的是，欧共体内知识产权权利耗尽的原则只是为了建立欧洲统一大市场。对于第三国向欧共体进口的知识产权产品，欧共体不实行权利耗尽的原则。欧洲法院曾依据欧共体理事会《商标指令》第 5 条，认可权利人阻止非欧共体的商标产品向英国进口的权利。法院判决指出，权利人可放弃这一权利，但仅当其明确不反对商标产品的平行进口时，才能推断他同意平行进口[⑤]。

（二）数量限制

专利许可协议往往有数量限制，如规定被许可人生产专利产品的最低

① Adams v. Burke，84 U. S. 456（1873）.

② United States v. Masonite Corp.，316 U. S. 265，278（1942）.

③ Sanofi，S. A. v. Med-Tech Veterinarian Products，Inc.，565 F. Supp. 931，218 USPQ 1002（D. N. J. 1983）.

④ Valentine Korah，Cases and Materials on EC Competition Law，1996，p. 352.

⑤ Zino Davidoff SA v. A & G Imports Ltd，[2002] 1 C. M. L. R. 1.

数量或者最高数量。这些限制有横向限制，也有纵向限制。许可协议规定被许可人的最低生产数量，这一般是因为专利费与被许可人的生产或者销售数量有直接关系，为保证预期的经济回报，权利人可能限制被许可人最低的生产数量。在1967年Hensley一案判决中，美国第5巡回法院认可了一个最低数量限制的条款，即被许可人销售的专利产品如果低于合同数量，专利权人有权将独占许可改为非独占许可。法院的观点是，这个限制性规定“可确保被许可人不得因其‘不使用’而剥夺专利权人和社会从这个专利可以获得的利益”①。

许可人限制被许可人的最高生产数量，一般也有合理动机。如果许可人本人或者有多个被许可人生产专利产品，许可人就可能对被许可人做出配额限制。美国联邦巡回法院在1990年Atari Games一案判决中，认可了一个限制最高生产数量的条款。该案的原告从被告手中取得生产录像带专利产品的许可。被告除生产录像带，还生产录像机，且拥有将录像带装入录像机内的专利。原告指控被告违反了反托拉斯法，请求法院宣告被告的专利无效，理由是这个许可协议中有两个限制条款：一是禁止原告生产的录像带向美国境外销售，二是被告给原告规定了最高生产数量。法院的判决是，禁止专利产品出口和限制最高生产数量均不构成本身违法，也不会导致被告的专利无效，因为这些限制是专利法授予专利权人的权利②。在美国反托拉斯法的司法实践中，迄今很少有涉及数量限制的案件。

欧共体委员会1984年《专利许可协议集体豁免条例》禁止技术转让协议中的数量限制，但这个规定受到了产业界的普遍反对。产业界反对的理由有两个：一是有数量限制的技术转让总比技术不转让好，因为它毕竟扩大了技术产品的市场供给；二是数量限制属知识产权保护的范畴，如德国第7次修订前的《反对限制竞争法》第17条第1款明确规定，数量限制属工业产权保护的范围之内③。欧共体委员会1996年第240号条例对技术转让中的数量限制有很多豁免规定。例如，在被许可人有权自主决定协议产品数量的条

---

① Hensly Equipment Co. v. Esco Corp.，383 F. 2d 252，155 USPQ 183（5th Cir. 1967）.

② Atari games Corp. v. Nintendo of American，Inc.，897 F. 2d 1572，14 USPQ 2d 1034（fed. Cir. 1990）.

③ GRUR Int. 1994，S. 499.

件下，被许可人生产的协议产品可限于为自己生产所必要的数量，或者限于作为其产品的零配件或者关联产品进行销售①。在2004年第772号条例中，欧共体委员会在数量方面进一步扩大了许可人的自由权利。即如果这种限制是出于权利人的合理动机，且事实上不会产生价格卡特尔，它们可被视为合法②。此外，不管横向协议还是纵向协议，由于对被许可人的最低数量限制不可能减少对市场的供给，不会损害市场竞争，这种限制都是合法的③。

（三）市场限制

技术转让协议往往限制被许可人使用技术的范围，或者限制被许可人销售知识产权产品的地域或者固定其客户，这即是对被许可人的市场限制，如协议规定，被许可人不得在许可人的地域使用被转让的技术；或者不得在其他被许可人的合同地域生产协议产品或者使用协议工序；或者不得为推销协议产品在其他被许可人的合同地域实施营销策略，不得在这些地域发布广告、建立销售机构或者建立贸易货栈，等等。另外，许可协议也常常限制许可人，如不得在被许可人的独占地域使用被许可的技术。这样的地域限制可被视为横向限制，因为许可人和被许可人之间存在竞争，或者被许可人之间存在竞争。

知识产权许可中的地域限制很少引起反垄断法的问题。如同数量限制一样，专利法也将地域限制视为专利权固有的属性。如美国专利法第261条规定，专利权人有权通过书面方式将其通过专利申请而取得的专有权在美国境内或美国某地域进行转让或者出售④。在1973年Dunlop一案中，美国第6巡回法院驳回原告将一个许可协议中限制专利产品进口的条款认定为违法的请求，理由就是专利法第261条许可地域限制的规定⑤。另外，许可协议中的地域限制在经济上一般具有合理性，因为它有利于被许可人之间或者许可人和被许可人之间恰当地配置资源，并鼓励他们承受制造或者销售专利产品

---

① TTBER No. 240/96，Art. 1（8）.

② TTBER No. 772/2004，Art. 4（1）（b）.

③ Commission Guidelines on TTA，§ 155（e）.

④ 35 U. S. C. 261.

⑤ Dunlop Co.，Ltd. v. Kelsey-Hayes Co.，484 F. 2d 407，417，179 USPQ 129（6th Cir. 1973）.

的成本和风险，其结果就是权利人可以最大限度地获取知识产权的经济价值和推动创新活动。

然而，许可协议中的市场限制并不总是合法。如果被许可的知识产权或者知识产权产品在相关市场上没有替代品，即当知识产权或其产品在相关市场上处于支配地位时，被许可人之间以及许可人和被许可人之间的地域限制就会严重损害竞争。由于在许可人占市场支配地位的情况下，许可人和被许可人如果没有地域分割，他们在知识产权产品的制造或者销售方面就存在竞争。然而由于地域限制，他们在各自的地域就都是一个垄断者，这会导致产品价格上涨和质量下降，其后果如同价格卡特尔一样。出于这个考虑，欧共体法和美国法都设置了20%的市场份额标准作为“安全区”，即许可人和被许可人在相关市场上的份额共计不超过20%的情况下，他们之间分割地域、分割客户或者分割使用领域的协议可以得到豁免。如果市场份额共计超过了20%，则需要个案分析来决定是否予以豁免。

根据《欧共体技术转让豁免2004年第772号条例》第4条第1款，依据“安全区”规定可以得到豁免的横向地域限制仅限于单方许可的情况，即协议中只有一个许可人的情况。在双方都向对方转让技术的情况下，当事人之间的地域分割可被视为核心限制，不能得到豁免①。美国法院也有这方面的判决，如1956年美国诉Grown Zellerbach公司案。案件的起因是，两个在手巾业占市场支配地位的企业企图通过相互转让专利的方式分割美国市场。因为根据谢尔曼法第1条，竞争者之间的地域分割得被视为本身违法，这两个企业便试图通过相互转让专利来规避法律。被告为自己辩护说，他们有权根据专利法第261条进行地域分割。法院的判决指出，“专利权授予地域限制不能说明这个协议的正当性，因为专利法授予发明人有限的垄断权不能用来实施非法的共谋行为”②。

还需指出的是，可以豁免的地域限制、客户限制或者使用领域的限制仅限于许可人与被许可人之间或者被许可人与其他被许可人之间的限制，而不

① TTBER No. 772/2004，Art. 4（1）（c）.

② United States v. Crown Zellerbach Corp.，141 F. Supp. 118，126，110 USOQ 399（N. D. Ill. 1956）.

能扩大到在其他销售阶段的限制。如果许可人要求被许可人承担义务，保证购买其产品的销售商不在其他被许可人的合同地域销售产品，或者保证第三方不向某个国家出口，这种限制不能得到豁免。因为根据权利耗尽的原则，专利所有权人享有的专有权仅指生产专利产品并将这种产品首次投放市场的权利。这种产品一旦进入市场，权利人便无权干预市场的流通。

（四）专利联营和交叉许可

专利联营（亦称专利池）和交叉许可是指专利或者技术的权利人相互允许对方或者共同允许第三方使用自己的专利或者技术。两者的不同之处是，交叉许可一般指两个企业之间相互许可对方使用自己技术的协议，专利联营的参与者则可能是一个行业涉及核心技术的多个企业甚至包括所有的企业。

根据欧美司法实践，评价一个专利联营或者交叉许可是否有利于竞争和经济时，主要是考虑相关技术是否具有互补性。《知识产权许可反托拉斯指南》指出，交叉许可和联营安排可以通过互补性技术的一体化、减少交易成本、消除技术封锁以及避免高成本的侵权诉讼等因素，促进市场竞争。如在一个交叉许可或者联营安排的参与者相互拥有遏制对方专利的情况下，他们之间的合作显然有利于提高经济效益。另外，联营安排和交叉许可也有利于被许可人的利益。因为在技术互补的情况下，一次性地采购技术很可能是被许可人所期望的。

有些技术尽管是生产同一产品的技术，如生产 DVD 的技术，如果通过联营和技术互补可使企业生产出质量更好的产品，这个联营的技术仍可视为具有互补性。如果一个专利联营的技术不具有互补性，而是相互可替代性，这个联营的技术就是竞争性的技术，这种专利联营很可能就是竞争者之间共谋的手段。例如，这种安排中的集体定价或产量限制，如果不能促进许可人的经济一体化，就可能是价格卡特尔或者数量卡特尔。此外，在专利联营企业共同占市场支配地位的情况下，如果拒绝符合条件的第三方进入联营，这会构成集体抵制，是不公平的歧视。

专利联营和交叉许可的最大问题是，它们可能会以隐蔽的方式损害竞争，如要求被许可人按照规定的价格支付一揽子专利，即便被许可人只需要其中一项或者几项专利。强制性一揽子许可事实上是捆绑销售知识产权，其性质与不合理的搭售行为无异。2004 年年底，我国生产 DVD 的几家企业在美国加州 San Diego 联邦地方法院起诉，要求制止索尼、飞利浦、先锋和 LG 四家企业组成的 DVD 专利联营滥用权利的行为。诉状列举了 DVD4C 专利联营以下违法行为：①一揽子许可中包括无效的和不可执行的专利；②一揽子许可中有很多生产简单 DVD 不需要的专利；③一揽子许可中很多属于与 DVD 生产无关的专利。诉状还指出，这个专利联营只给被许可人两种选择：取得全部专利或者不能取得任何专利①。这个案件说明，许可人强迫被许可人接受一揽子许可的做法会严重限制竞争。这里关键的问题是要证明存在强制性一揽子许可交易。为此，被许可人应证明许可人在相关技术市场上拥有支配地位，因为被许可人仅在没有选择的情况下才会接受强制性一揽子许可。

（五）排他性许可

排他性许可是指，被许可人在许可协议期间不得通过许可或者其他方式获取任何与许可人相竞争的技术，也不得自己研发与许可人相竞争的技术。如果被许可人拥有或者正在研发与许可人相竞争的技术，这种排他性许可交易具有横向限制的性质，否则就是纵向限制。排他性限制主要表现为被许可人的独占性回授、不质疑义务和不竞争义务。

1. 独占性回授

回授是许可协议中的一种安排，即被许可人授权许可人使用其在被许可技术基础上的发明或者技术改进。回授分为非独占性回授和独占性回授。在前一情况下，被许可人除向许可人许可外，他自己有权自由使用被改进了的技术，且有权在保守许可人技术秘密的条件下向第三方转让新技术。这种回授一方面可使许可人享受转让技术带来的好处，另一方面又可激励被许可人的创新活动，因而不具有限制竞争的负面影响。然而，如果协议

---

① http：//www.marketwire.com/mw/release_html_b1? release_id=89091.

规定，被许可人得以许可人独占的方式回授其对被许可技术进行的改进或者新应用，这种安排就可能是滥用知识产权的行为。因为这种情况下，许可人不公平地攫取了被许可人的权利和利益，会严重损害被许可人与许可人之间的竞争。

为平衡协议双方的利益和制止许可人的滥用行为，《欧共体技术转让豁免 2004 年第 772 号条例》规定，独占性回授不属本身违法，但不能依据该条例自动得到豁免。《知识产权许可反托拉斯指南》指出，独占性回授应依据合理原则进行分析，即不仅考虑回授对许可人创新活动和转让技术的影响，也应考虑对被许可人改进许可技术的积极性及对相关技术市场竞争的影响[①]。

2. 不质疑义务

不质疑义务是指被许可人直接或者间接地承担义务，不得对权利人知识产权的有效性提出质疑。人们对不质疑条款的正当性存在争议。从竞争法的角度看，如果企业凭借一个事实上无效的知识产权在市场上取得了优势地位，这个无效的知识产权肯定与社会公共利益不协调。因此，法律应允许被许可人对知识产权的有效性提出质疑。然而，从保护权利人的角度看，质疑条款有时是不合理的。因为即便在知识产权受到法律保护的情况下，这种条款也会给权利人带来风险，即被许可人可能会以质疑知识产权的有效性相威胁，要求降低专利使用费或者其他费用。在这种情况下，即便法庭诉讼不能使被许可人实现降低费用的愿望，不必要的诉讼也会给许可人带来极大的烦恼。

《欧共体技术转让豁免 2004 年第 772 号条例》在这方面平衡了许可人和被许可人的利益。条例规定，如果一个许可协议使被许可人直接或者间接地承担义务，不得对许可人知识产权的有效性提出质疑，这样的限制不能依据该条例获得豁免；但如果协议规定，在被许可人质疑许可人知识产权有效性的情况下，许可人有权终止协议，这个限制性规定可以得到豁免。

---

① 《知识产权许可的反托拉斯指南》第 5.6 节。

3. 不竞争义务

不竞争义务也是许可协议的一种安排，即要求许可人或者被许可人不得从事竞争性技术的开发，或者不得从事竞争性的生产或者销售等。不竞争的限制对市场竞争的影响视具体情况而定。在当事人之间存在竞争关系的情况下，对竞争性技术开发的任何限制都会给市场竞争带来不利影响，因此《欧共体技术转让豁免 2004 年第 772 号条例》将不竞争义务列为核心限制，属于本身违法。然而，这种条款也有不违法的例外，这就是为防止向第三人泄露被许可的技术秘密，对许可人或者被许可人的不竞争限制是必要的情况①。《知识产权许可反托拉斯指南》指出，不竞争条款作为排他性限制会妨碍被许可人获得重要的投入，或者增加竞争者获得重要投入的成本，并且导致价格协调和减少产量，从而具有损害竞争的后果。但是，不竞争义务也可激发被许可人更好地利用许可人的技术，具有促进竞争的作用。因此，这种限制性条款仍应采取合理原则进行分析。

(六) 搭售

搭售是指企业销售某种商品或者服务时，强迫交易对手购买从性质或者交易习惯上与该商品或者服务无关的其他商品或者服务。搭售是不合理的安排，违背合同自由原则。知识产权领域的搭售一般表现为权利人转让其知识产权时，要求被许可人同时接受其他知识产权，或者要求购买没有知识产权的产品或者服务。可见，知识产权领域的搭售与一揽子许可有相似之处。在被许可人不同意购买搭售品的情况下，许可人可能要求被许可人做出不与第三人交易的承诺，这种搭售就表现为对被许可人强加“不与第三人交易”的限制性条件。知识产权领域的搭售对市场竞争明显有着不利影响：一是这种行为会阻止与被搭售品相竞争的产品或者服务进入市场；二是这种行为使消费者失去了选择产品或者服务的机会。

美国法院适用谢尔曼法的第 1 条或者克莱顿法的第 3 条，将知识产权领域的搭售行为认定为本身违法。根据法院判决，违法的搭售行为应具备 4 个

---

① TTBER No. 772/2004，Art. 4 (1) (d)，Art. 5 (2) .

要件：①被搭售品和搭售品可以分离，即它们处于不同市场上；②搭售事实存在，即被许可人购买产品时必须同时购买另一产品或者接受某个限制性条件；③搭售者在搭售品市场上有着市场势力，即有能力限制被搭售品市场上的竞争；④搭售损害被搭售品市场竞争的程度是严重的[①]。

美国法院过去往往把拥有知识产权的企业视为市场势力。然而，最高法院在 2006 年对 Independent Ink 一案的判决中明确指出，搭售品是专利产品的事实不能支持市场势力的推断[②]。该案的原告 Independent Ink 是一家生产工业印刷机的企业，被告 Trident 是一家生产印刷装置的企业。原告指控被告违反谢尔曼法第 1 条，因为它在购买压电喷墨打印头和打印头墨盒两种专利产品时，被告搭售不属于专利产品的墨粉。然而，最高法院不再将知识产权所有权人简单推断为市场势力，要求原告提供被告在相关市场上占支配地位的证据。最后，该案的原告败诉。

总的来说，当搭售的知识产权产品在相关市场上不占支配地位的情况下，搭售一般应被视为合法。根据《欧共体技术转让豁免 2004 年第 772 号条例》，在买方和卖方的市场份额均不超过 30% 的情况下，不管买方是否情愿接受被搭售品，这样的搭售都应被视为合法[③]。因为在这种情况下，买方存在选择自由。即便买方和卖方的市场份额超过了 30%，欧共体委员会仍适用合理原则来分析搭售行为。《知识产权许可反托拉斯指南》指出，在决定是否提起公诉时，主管机构将不仅考虑搭售的反竞争后果，也要考虑搭售的效率；仅当一个搭售提高效率的正面影响不能抵消反竞争的负面影响时，执法机构方对之提出质疑[④]。

四、与知识产权限制竞争相关的强制许可

除知识产权许可中的限制竞争外，知识产权领域的限制竞争尤其表现为

---

① Eastman Kodak Co. v. Image Technical Services，Inc.，504 U. S. 451，461（1992）.

② Illinois Tool Works，Inc. v. Independent Ink.，Inc.，547 U. S. —，126 S. Ct. 1281（2006）.

③ Markus Feil，The New Block Exemption Regulation on Technology Transfer Agreements in the Light of the U. S. Antitrust Regime on the Licensing of Intellectual Property，IIC，1/2005，p. 60-61.

④ 《知识产权许可反托拉斯指南》第 5. 3 节。

权利人拒绝许可的情况，如拒绝许可版权或者专利权。一般来说，根据合同自由原则，知识产权权利人有权自主决定是否交易，也有权决定与谁进行交易。但是，他们一旦凭借知识产权取得了市场支配地位，这个自由交易的权利就会受到限制，即有可能被强制许可知识产权的情况。下面两个案例说明，在保护知识产权和维护市场竞争两者之间发生冲突的时候，竞争法有着优先适用的地位。

（一）欧共体 Magill 案

欧共体法院 1996 年的 Magill 案是一个涉及著作权强制许可的案件，该案判决是欧共体竞争法中具有里程碑意义的判决[①]。案中原告是在爱尔兰和北爱尔兰从事电视广播业务的 RTE、ITP 和 BBC 三家电视台，被告 Magill 公司是爱尔兰一家出版商。案件起因是，Magill 以“Magill 电视指南”为名出版了一个周刊，预告可在爱尔兰收视的一周电视节目。在 Magill 电视指南出版之前，上述三家电视台是通过报纸预告它们的当日节目，或在周末和节假日预告双日节目。根据爱尔兰法和英国法，周期性节目预告属著作权法保护的内容。因此，当 Magill 电视指南预告一周电视节目的名称、频道、日期和时间后，三家电视台便以 Magill 侵犯著作权为由向爱尔兰法院起诉，法院以保护著作权为由禁止 Magill 出版电视指南。Magill 于 1986 年 4 月向欧共体委员会申诉。委员会在 1988 年 12 月裁定，三家电视台滥用市场支配地位，违反了欧共体条约第 82 条。作为制裁手段，委员会要求停止违法行为，即要求电视台以不歧视的方式向第三方提供每周电视节目预告，并允许第三方复制其电视节目单。裁决还指出，在允许第三方复制节目预告时，电视台可收取合理报酬。RTE 和 ITP 不服委员会的裁决，遂向欧共体初审法院提出申诉。初审法院驳回申诉后，它们又向欧共体法院提出上诉。欧共体法院于 1996 年 4 月对该案做出终审判决，维护初审法院的判决，驳回了原告的上诉。

欧共体法院在判决中首先认定 RTE、ITP 和 BBC 三家电视台共同占市场

① Cases C-241/91P&242/91P，1995 E.C.R.I 743（C.J.）.

支配地位。法院指出，知识产权本身不等于市场支配地位，但在这个案件中，三家电视台节目的名称、频道、放映日期和放映时间是 Magill 电视指南中唯一的信息内容，因此它们在相关电视播映市场上占支配地位。在是否滥用市场支配地位这一问题上，原告认为，它们的拒绝许可是行使著作权的行为，不能被视为是违反欧共体条约第 82 条。法院虽然承认授予著作权是成员国国内法的问题，是否许可复制属著作权人的专有权，但因下列原因，法院认定该案中原告拒绝许可是在滥用市场支配地位。第一，Magill 电视节目预告周刊问世之前，市场上没有这种周刊的替代物。因为电视节目周刊可以方便消费者事先安排节目收视，Magill 的出版物便能满足市场需求。三家电视台在自己未能满足市场需求的情况下，凭借其著作权阻止 Magill 电视节目预告周刊问世，这就构成欧共体条约第 82 条意义上的滥用行为，即限制生产、市场或者技术发展，损害消费者的利益。第二，三家电视台没有正当理由拒绝第三方出版电视节目预告周刊。第三，电视台拒绝提供的是 Magill 电视节目预告周刊必不可少的信息，这表明电视台企图将其在电视播映市场上的支配地位扩大到电视节目预告的信息市场上。基于上述理由，欧共体法院认定初审法院的判决适用法律适当。

（二）德国 Spundfass 案[①]

德国联邦最高法院 2004 年的 Spundfass 案是一个与行业事实标准相关的强制许可专利的案件。案件起因是，德国化工大企业共同提出要研发一种新的合成材料桶。有四家大企业在研发中作过努力，其中一家企业的专利产品被选为这种材料桶的标准。根据该企业与其他三家大企业的协议，拥有行业标准的这家企业有义务免费许可它们使用该专利。其他企业取得许可则需要向权利人支付专利费。该案的被告 X 也是一家生产合成材料桶的企业。它向原告提出有偿使用专利的请求被拒绝后，未经许可生产和销售了这种专利产品。专利权人便起诉 X，请求法院判决支付损害赔偿。被告则反诉专利权人限制竞争，违反了德国反对限制竞争法，请求法院强制许可原告在事实上已

① BGH，Urt. v. 13. 7. 2004-KZR 40/02，GRUR 2004，966-Spundfass.

成为行业标准的专利。案件最后交由德国联邦最高法院审理。

本案的核心问题是，法院能否强制许可被告使用原告的专利。尽管欧共体法院已经有了知识产权强制许可的判决，如上述 Margill 一案的判决，但原告仍坚持认为，因为德国专利法已明确规定了专利强制许可的情况，这个案件不能适用反对限制竞争法，即不能以限制竞争为由强制许可知识产权。然而，法院认为，知识产权法和竞争法的立法目的不同，知识产权法不能成为该案适用竞争法的障碍，也不能阻碍人们依据竞争法对知识产权实施强制许可。

在这个判决中，德国联邦最高法院虽然没有明确权利人的拒绝许可行为是否合法，但它依据《反对限制竞争法》第 20 条第 1 款①认为，在一个专利已成为行业事实标准的情况下，权利人有义务许可竞争者使用其专利。这个判决的最重要之处是提出了与限制竞争相关的知识产权强制许可的前提条件。

第一，知识产权许可成为进入市场必不可少的条件。法院指出，作为专有权的知识产权一般具有推动竞争的作用，因此，它仅在“例外情况”下才涉及反垄断的问题。Spundfass 一案的例外情况是，与该案相关的专利已成为化工行业生产合成材料桶的事实标准，即生产这种产品的企业除使用这个专利技术外，没有可替代的其他技术。因此，这个专利本身就是一个技术市场（该案中的上游市场），权利人在市场上占百分之百的份额。在这种情况下，企业能否获取专利许可便成为它们能否进入生产和销售合成材料桶市场（该案中是下游市场）的一个必不可少的条件。

第二，垄断者的拒绝许可不存在重大合理性。法院指出，即便占市场支配地位的企业，它们也有权授予许可的同时拒绝许可其他企业。然而，垄断企业的这种自由权利必须受到限制，即它们的拒绝许可必须具有客观的公正性。因为德国联邦最高法院只是对案件进行法律审查，这个判决没有明确权利人的拒绝许可行为是否具有客观的公正性。但是法院强调指出，既然专利

① 根据 1998 年修订的德国《反对限制竞争法》第 20 条第 1 款，占市场支配地位的企业不得以不正当的方式，直接或者间接地妨碍另一企业参与同类企业可以参与的经营活动，或在缺乏客观正当理由的情况下，直接或者间接地给予另一企业不同于同类企业的待遇。

法的目的是推动竞争和推动创新，在这个与歧视行为相关的案件中，权利人的拒绝许可需要极大的公正性。

（三）知识产权强制许可的争论焦点

关于知识产权强制许可的问题，不同的人有不同的观点。2004 年 3 月，当欧盟委员会要求微软公司在一定期限内向服务器软件市场上的竞争者公开其“完整和精确”的编程代码，以使竞争者的软件产品能够在视窗操作平台上运作和实现互联互通时，有人说欧盟委员会这个决定给全世界提出了一个巨大问号：是鼓励创新还是保护竞争？换句话说，是保护创新者的利益还是给市场竞争以更多的机会？

其实，这个问题本身是不正确的。因为前面已经指出，鼓励创新和保护竞争二者之间并没有根本的冲突。只是在极个别情况下，当一个占市场支配地位的企业凭借其知识产权，特别是凭借网络效应，将其所处上游市场和下游市场随心所欲地全部收入其势力范围，不公平地妨碍其他企业的创新活动，这就会在太大的范围窒息竞争。所以，对微软知识产权的强制许可，不是限制微软的创新和发展，而是要给竞争者提供一个参与竞争的平台。在美国司法部指控微软一案中，微软公司曾辩护说，它的著作权应从反托拉斯法得到豁免。巡回法院反驳说，著作权不能从反托拉斯法得到豁免，这如同棒球队的棒球员不能要求其手中的球棒从侵权法得到豁免一样[6]。总之，知识产权的强制许可是例外情况，Magill 案、Spundfass 案以及欧洲初审法院当前审理中的微软案件就属于这些例外。

五、我国与知识产权相关的反垄断法评析

德国联邦法院做出 Spundfass 一案的判决，其前提条件是德国有一部《反对限制竞争法》。如果 Spundfass 案件发生在美国，美国法院也有能力做出类似判决，因为《谢尔曼法》第 2 条规定，图谋垄断是违法行为。然而，如果 Spundfass 一案发生在我国，由于我国目前几乎没有反垄断法，我国法院或者其他执法机关便很难按照反垄断的思路来处理案件。2003 年年初，美

国思科系统有限公司宣布中国华为技术有限公司侵犯其知识产权并在美国起诉华为。思科诉华为案与德国 Spundfass 案很有相似之处。思科公司通过软件源代码和技术文档在相关市场取得了近乎垄断的地位，在路由器市场占据了 80%的市场份额，因此它有能力凭借其已成为行业事实标准的知识产权（即软件源代码）限制竞争对手进入市场。思科诉华为案引起了我国法学界和企业界人士对我国反垄断立法的期盼和关注。可以说，这个案件是对我国现行法律制度的挑战。

（一）我国与知识产权相关的现行反垄断规定

我国目前与知识产权限制竞争相关的法律主要是 1999 年的《合同法》。该法第 329 条规定，“非法垄断技术、妨碍技术进步或者侵害他人技术成果的技术合同无效”。最高人民法院 2004 年 12 月 16 日发布的《关于审理技术合同纠纷案件适用法律若干问题的解释》指出了“非法垄断技术、妨碍技术进步”的 6 种情形：①限制当事人一方在合同标的技术基础上进行新的研究开发或者限制其使用所改进的技术，或者双方交换改进技术的条件不对等，包括要求一方将其自行改进的技术无偿提供给对方、非互惠性转让给对方、无偿独占或者共享该改进技术的知识产权；②限制当事人一方从其他来源获得与技术提供方类似技术或者与其竞争的技术；③阻碍当事人一方根据市场需求，按照合理方式充分实施合同标的技术，包括明显不合理地限制技术接受方实施合同标的技术生产产品或者提供服务的数量、品种、价格、销售渠道和出口市场；④要求技术接受方接受并非实施技术必不可少的附带条件，包括购买非必需的技术、原材料、产品、设备、服务以及接收非必需的人员等；⑤不合理地限制技术接受方购买原材料、零部件、产品或者设备等的渠道或者来源；⑥禁止技术接受方对合同标的技术知识产权的有效性提出异议或者对提出异议附加条件。

国务院 2002 年《技术进出口管理条例》和 2004 年修订的《对外贸易法》也有知识产权限制竞争的规定。根据《对外贸易法》第 30 条，知识产权权利人有阻止被许可人对许可合同中的知识产权有效性提出质疑、进行强制性一揽子许可、在许可合同中规定排他性返授条件等行为之一，并危害对外贸易公平竞争秩序的，国务院对外贸易主管部门可采取必要措施消除危害。

（二）我国现行法规存在的问题

我国在多部法律、法规中对知识产权领域的限制竞争做出规定，这说明这种限制已经引起我国立法者足够的重视。但是，由于上述法规存在很多问题，它们还不足以解决与知识产权相关的限制竞争问题。

1. 缺乏反垄断法的基本概念

任何限制竞争案件都必须从评估相关市场入手。如果不能正确界定相关市场，执法人员就不可能准确地认定当事人在相关市场上的地位，也难以判断一个与知识产权相关的限制竞争是否具有合理性。当今各国反垄断法对知识产权一般给予与一般财产权相同的待遇。即当一个技术或者一个知识产权产品存在有效竞争时，权利人一般享有很大的合同自由；如果它们具有垄断性，如 Spundfass 一案的专利权人占市场支配地位的情况下，他们的合同自由就受到很大限制。然而，如果没有基本的反垄断法，没有界定相关市场、认定市场支配地位等反垄断法的基本规定，人们难以对知识产权领域的限制竞争进行分析和认定。

2. 缺乏知识产权限制竞争行为的一般分析方法

《关于审理技术合同纠纷案件适用法律若干问题的解释》列举了知识产权许可中的一些限制性条款。然而，这些列举是不全面的，如我国 DVD 生产企业反映最强烈的专利联营和交叉许可就没有规定。《对外贸易法》第 30 条参考 TRIPS 协议，仅指出三种与知识产权相关的限制竞争，也很不妥当，因为这里只字未提很多情况下被视为核心限制的价格限制、数量限制和地域限制。另外，这些法规提及的限制性安排，如《对外贸易法》提出的不质疑、强制性一揽子许可和排他性回授，给人的印象是这些限制本身违法，而没有说明应如何分析这些限制。

事实上，如上所述，各国反垄断法对知识产权转让中的限制甚至包括地域限制一般都是适用合理原则。因为这里的地域限制虽然限制了被许可人之间或者被许可人和许可人之间的竞争，但这种限制可以保护被许可人免于其他被许可人或者许可人的搭便车行为，有利于提高他在被许可地域进行投资的积极性，增大被许可技术的经济价值。当然，一个地域限制能否得到豁免，还取决于协议当事人之间的关系以及它们各自在相关市场上的地位。这就是说，在评估与知识产权相关的限制竞争时，需要考虑很多因素，才能衡量一个限制竞争对激励创新的社会收益和它引起的社会成本。一般来说，当一个限制竞争导致市场上长期地减少供给、提高价格和扭曲资源配置，这个限制就可能背离了知识产权保护的宗旨，这样的限制不能被视为正当行使权利，而是应当受到反垄断法的制约。

还有一个问题是，知识产权许可中的滥用行为虽然主要源自许可人，但如果被许可人有着市场势力，它也可能对许可人提出不合理的限制，如过度的地域限制，或者要求许可人在协议期限之后仍不得向其他企业授予许可，以阻止在合同地域内使用该技术。我国现行法似乎对许可人的利益注意不够，如《对外贸易法》第 30 条只是提及知识产权权利人的限制竞争，没有做到许可人和被许可人的利益平衡。

（三）完善我国与知识产权相关的反垄断法前景

随着我国反垄断法的制定和颁布，与知识产权相关的反垄断立法也提到立法者的议事日程上来，如国务院 2006 年提交全国人大常委会的反垄断法草案的第 54 条。有人说，这是反垄断法豁免知识产权的规定。但我认为这一条恰恰说明，知识产权不能从反垄断法得到豁免，特别是经营者滥用知识产权排除和严重限制竞争的行为不能从反垄断法得到豁免。

在反垄断问题上，尽管知识产权与一般财产权处于同等地位，但是由于知识产权与一般财产权相比明显具有共享性和易被侵犯的特点，为了提高法律稳定性，为了使当事人对其法律行为的后果具有可预期性，立法者应对知识产权许可中的限制竞争做出专门规定，如《欧共体技术转让豁免 2004 年第 772 号条例》所规定的那样。这方面的法律制度应包括对知识产权的基本评价，知识产权许可协议的基本评价，知识产权限制竞争的基本分析方法，此外还应当对通常发生的限制性条款做出适用合理原则或者本身违法原则的说明，并对适用合理原则的限制竞争说明评估它们的一般原则。实际上，我国已开始着手这方面的立法工作。

参考文献

[1] Jay Dratler. 知识产权许可（下）. 王春燕等译. 北京：清华大学出版社，2003：513，593-595，673.

[2] 知识产权许可的反托拉斯指南. 王蔷译//尚明. 主要国家（地区）反垄断法规汇编. 北京：法律出版社，2004.

[3] 美国司法部和联邦贸易委员会. 横向合并指南. 王晓晔译//尚明. 主要国家（地区）反垄断法律汇编. 北京：法律出版社，2004.

[4] 霍华德·M C. 美国反垄断法与贸易规则. 孙南申译. 北京：中国社会科学出版社，1991：25.

[5] 王晓晔. 竞争法学. 北京：社会科学文献出版社，2007.

[6] Lawrence A. Sullivan/Warren S. Grimes，the Law of Antitrust：An integrated Handbook. 2nd ed. West Pub Co，2006：899.

软件搭售救济模式的发展
——从隐藏、删除到选择屏*

利用市场支配地位搭售商品是反垄断法所禁止的行为，因为它常常造成扭曲市场竞争、损害消费者选择自由、阻碍技术创新的后果。自 1998 年以来，美国微软公司在几乎无所不在的个人电脑视窗操作系统（Windows，简称视窗）中搭售应用软件的行为相继受到美国、欧盟和韩国的反垄断执法机构的调查和起诉。美国司法部、十九个州和哥伦比亚特区政府于 1998 年起诉微软违反《谢尔曼法》，诉由之一就是微软将其 IE 浏览器等中间件与视窗进行捆绑式搭售。[捆绑（bundling）是搭售（tying）的一种形式。微软通过将其浏览器等软件源代码与操作系统源代码混合在一起的方式实现二者的捆绑，故本文中的软件搭售是指软件捆绑。]欧盟委员会 1998 年对微软进行的反垄断调查涉及多媒体播放器与视窗的捆绑，2007 年启动的调查则针对微软 IE 浏览器与视窗操作系统的捆绑。韩国公平交易委员会则审查了微软视窗多媒体服务软件、视窗多媒体播放器、即时通信软件与相关视窗操作系统的捆绑。这些反垄断机构针对微软软件搭售所采用的救济措施各不相同，总的说来经历了一个逐步演进的发展过程。微软在视窗中搭售中间件和应用软件是

---

* 本文作者为罗先觉，原文名为《论软件搭售救济模式的发展——从隐藏、删除到选择屏》，原载《科技与法律》，2011 年第 2 期，第 24～29 页。

一个全球性问题。因此，探索软件搭售救济模式的历史发展，对于我们正确认识软件搭售的危害性并施予适当的救济具有很大的启发意义。本文将对此进行尝试。

一、美国 2002 年的模式

1998 年，美国司法部、十九个州和哥伦比亚特区政府向美国哥伦比亚特区地区法院（简称地区法院）起诉微软，指控其通过非法独占合同、软件不兼容和非法捆绑的手段排斥来自美国网景公司（netscape）的导航者浏览器（navigator）和美国太阳微系统公司（sun microsystems）的 Java 技术的竞争，非法维持其在个人电脑操作系统市场上的垄断地位，从而违反《谢尔曼法》第一条。政府还指控微软试图垄断浏览器市场，违反了《谢尔曼法》第二条[1]。这就是由杰克逊法官进行初审的所谓“世纪大案”。

基于其事实认定，地区法院于 2000 年 6 月发布了彻底的判决，包括将微软分拆成操作系统公司和应用软件公司以及施加其他一些行为限制。然而，上诉法院认为这种结构性的救济难以恢复一个剧烈变化并且仍在持续变化之中的市场竞争秩序，从而推翻了杰克逊法官的全部救济措施，将案件发回重审①。2002 年 11 月，地区法院支持了原告和被告达成的和解令。该和解令虽然被马萨诸塞州和两个产业组织提出上诉，却得到上诉法院的维持，从而成为美国微软案件的最终生效文书（简称“最终和解令”）。该和解令采取的主要救济包括：①微软不得限制个人电脑原始制造商（original equipment manufacturers of personal computer）安装、显示非微软中间件②的图标

① See D. C. Circuit 2001，253 F. 3d at 49.

② 除了操作系统和应用软件以外，还存在一些被称为“中间件”（middleware）的软件。作为应用软件的平台，操作系统可以提供应用软件编程接口（application programming interfaces，APIs），使得应用软件可以调用操作系统中的功能，与其兼容并在其中运行。中间件为了在操作系统上运行，必须依赖后者的 APIs，但是中间件又可以向其他应用软件提供自己的 APIs。典型的中间件有浏览器和 Java。如果中间件能够提供足够数量的 APIs，就会有越来越多的软件开发者为其编写应用软件，操作系统的应用软件方面的进入障碍就会减弱。See William H. Page & John E. Lopatka：The Microsoft Case：Antitrust，High Technology and Consumer Welfare，The University of Chicago Press，2007，p. 87。

或经销或启动非微软中间件；②微软必须允许个人电脑原始制造商从桌面或菜单中删除IE浏览器和多媒体播放器的图标以及采取使这些软件不能自动启动的其他措施；③微软必须为个人电脑原始制造商经销、安装、显示、启动非微软中间件之目的披露必要的文档，以便竞争对手的中间件能够通过视窗操作系统来实现其功能；④微软不得向个人电脑原始制造商和互联网服务提供商进行或威胁进行报复；⑤和解令有效期为三年。由此可见，对于捆绑，美国最终的司法救济主要是保证微软的IE浏览器和多媒体播放器的图标能够从个人电脑桌面或者菜单中删除。但是，重审中的地区法院以及上诉法院都没有要求微软删除其中间件源代码以彻底解除其中间件与视窗操作系统的捆绑，也没有要求微软提供未捆绑中间件的视窗版本以便消费者有更多的选择。因为IE浏览器和多媒体播放器软件的图标被删除后其源代码仍然留存于视窗操作系统之中，所以，美国的这种做法也被称为隐藏图标式的救济[2]。

二、欧盟2004年的模式

1998年12月10日，美国太阳微系统公司向欧盟指控微软在个人电脑操作系统市场拥有支配地位，并且微软拒不披露工作组服务器（work group server）操作系统与视窗操作系统兼容所必需的信息违反《欧洲共同体条约》第八十二条。2000年2月，欧盟委员会亦就微软将视窗多媒体播放器与视窗操作系统进行捆绑的问题展开了调查。2004年3月24日，欧盟委员会发布了彻底、全面的裁决，认定微软滥用了其市场支配地位，对其处以4.97亿欧元（将近6.13亿美元）的罚款，命令微软在一百二十天内提供能让竞争者的工作组服务器操作系统与视窗操作系统兼容工作的完整、准确信息；而且，微软必须在九十天内提供不带有视窗多媒体播放器的视窗操作系统版本①。微软随后提出了上诉。2007年9月17日，欧盟初审法院驳回微软的上诉，维持了欧盟委员会的裁决。同年10月22日，微软决定放弃向欧洲法院上诉。

---

① See COMP/C-3/37.792 Microsoft，p300.

根据《欧洲共同体条约》第八十二条（d）项之规定，一个企业利用其支配地位，要求对方当事人接受与合同主要标的物在本质上或商业惯例上无关联的附加义务作为订立合同的条件，构成滥用支配地位。该项所定义的滥用行为适用于捆绑。欧盟委员会认为通过多媒体播放器与视窗的捆绑，微软成功地将视窗作为分销渠道来确保其在多媒体播放器市场的重要竞争优势，这具有反竞争的性质。这是因为捆绑有利于树立一个保护微软多媒体播放器的市场进入障碍。这种障碍使得竞争者的产品难以进入市场，挫伤了多媒体播放器厂商人力和资金投资的积极性，减少了来自这些厂商的有效竞争，最终扰乱了正常的竞争程序①。基于上述理由，认定微软将多媒体播放器与视窗捆绑违反了《欧洲共同体条约》第八十二条禁止滥用支配地位之规定。

对多媒体播放器与视窗操作系统捆绑的救济，欧盟委员会与美国上诉法院明显不同，它采取了强制改变版本（mandatory versioning）的救济手段。美国微软案件中，微软被责令允许个人电脑原始制造商删除微软中间件图标，但是在视窗中保留了中间件的源代码。而欧盟委员会则要求微软提供不包括视窗多媒体播放器并删除其源代码的视窗操作系统版本，该救济既适用于直接许可给最终用户的视窗，也适用于许可给个人电脑原始制造商在欧共体市场销售的视窗。然而，微软可以继续向个人电脑原始制造商和最终用户提供捆绑了多媒体播放器的视窗版本，只不过微软须保证不包含多媒体播放器的视窗版本的性能不得低于包含多媒体播放器的视窗版本。

三、韩国 2006 年的模式

韩国公平交易委员会于 2006 年 2 月 24 日发布裁决，认定微软的软件捆绑行为违反了韩国《规制垄断与公平交易法》，命令微软停止捆绑行为并对其处以相当于 3100 万美元的罚款。微软先向韩国公平交易委员会提出复审，被驳回后，又向韩国首尔高等法院提起诉讼。2007 年 10 月 16 日，首尔高等法院和微软同时证实微软放弃了对韩国公平交易委员会裁决的起诉。

韩国公平交易委员会审查了微软的三个捆绑行为，即视窗多媒体服务软

① See COMP/C-3/37.792 Microsoft，p272.

件（windows media service）与视窗服务器操作系统的捆绑，视窗多媒体播放器（windows media player）、即时通信（windows messenger）软件与视窗个人电脑操作系统的捆绑。该委员会认为微软的行为提高了多媒体服务器软件市场的进入障碍，不合理地干涉了竞争对手的经营活动，侵犯了消费者选择多媒体服务器软件的权利，从而限制了市场竞争，阻碍了技术创新，严重地损害了消费者的利益。韩国公平交易委员会在上述事实认定基础上做出了相应的救济，主要是责令解除相关软件的捆绑和处以罚款。微软应在收到裁决后一百八十天内以删除源代码和文档的方式解除视窗多媒体服务软件与视窗服务器操作系统以及视窗多媒体播放器、视窗即时通信软件与视窗个人电脑操作系统的捆绑，并且须确保删除这三个被捆绑软件后，视窗的性能和稳定性不得低于删除前的视窗版本，但是微软仍然可以向市场提供包括视窗多媒体播放器和视窗即时通信软件的视窗个人电脑操作系统。这显然是借鉴了欧盟委员会 2004 年所采用的救济方式。然而，与欧盟委员会显然不同的是，韩国公平交易委员会还责令微软必须在其个人电脑操作系统中安装“多媒体播放器中心”（media player centre）和“即时通信中心”（messenger centre）软件，以便消费者可以轻易地下载微软竞争对手的多媒体播放器和即时通信软件。除此之外，微软还应支付 324.9 亿韩元（相当于 3100 万美元）的罚款①。

四、欧盟 2009 年的模式

2007 年 10 月 22 日，微软放弃对欧洲初审法院裁决的上诉后，欧盟委员会对微软的“关注”并没有因此结束。由于挪威 Opera 公司于 2007 年 12 月控告微软在视窗操作系统中非法捆绑 IE 浏览器，欧盟委员会对微软展开了新的调查，并于 2009 年 1 月 14 日再次向微软发出异议书，指控微软将 IE 浏览器与视窗操作系统捆绑销售，涉嫌违反《欧洲联盟运作条约》第一百零二条（即原《欧洲共同体条约》第八十二条）关于滥用市场支配地位的规定。微软先是于 2009 年 6 月 11 日主动宣布将自欧洲市场推出的 Windows7 操作

---

① See Holding of 2002 Kyung-Chok 0453，Art. 1，§A & §C；Art. 2，§A & §B.

系统中删除 IE 浏览器。迫于欧盟委员会的压力，微软又于 2009 年 12 月正式承诺将在视窗操作系统中设置一个选择屏（choice screen），使用户可以轻易地从包括 IE 浏览器在内的十二款浏览器中进行选择。2009 年 12 月 16 日，欧盟委员会通过一项决议同意微软的承诺，从而使之具备法律约束力[3]。

对于微软 IE 浏览器与视窗操作系统的捆绑，欧盟委员会认为，微软通过捆绑使其 IE 浏览器遍布于世界上 90%的个人电脑中，导致 IE 浏览器获得了其他浏览器无法企及的人为分销优势，保护了 IE 浏览器免于与其他浏览器的直接竞争，另外还人为地刺激网络内容提供者和软件开发者设计主要适用于 IE 浏览器的网站和软件。这都会损害浏览器之间的公平竞争、产品的创新速度以及消费者最终获得产品的质量。据此理由，欧盟委员会在 2009 年 1 月 14 日的异议书中初步认定微软将 IE 浏览器与视窗操作系统进行捆绑，构成滥用其个人电脑操作系统的市场支配地位，涉嫌违反欧盟关于禁止滥用支配地位之规定。但是，该委员会在 2009 年 12 月 16 日批准微软承诺书的决议中没有正式认定微软的捆绑行为违反欧洲竞争法，也没有处以罚款。这与欧盟委员会于 2004 年、2008 年分别对微软处以 4.97 亿欧元和 8.99 亿欧元的罚款可谓是天壤之别。个中原因应该是欧盟委员会和微软都有达成和解、避免旷日持久诉讼的意愿，以及微软在压力之下提出了迄今为止解决浏览器与视窗捆绑的最为彻底的救济方案。

针对 IE 浏览器与视窗操作系统的捆绑，欧盟委员会批准的救济则与此前相比有很大不同。根据欧盟的决议，将通过以下机制来确保用户选择浏览器的自由。第一，微软须在欧洲经济区销售的 Windows7 操作系统中提供能够使得个人电脑原始制造商和最终用户关闭或启动 IE 浏览器的功能。个人电脑原始制造商可以自由地在其装配的电脑中预装它们所选择的任何网络浏览器，也可自由地将任何浏览器设置为默认浏览器。如果用户选择关闭 IE 浏览器，浏览器的文档就会自动转移至一个单独的备份存储区保存，而不是被删除源代码，以便用户在愿意使用的时候可以再启动它。第二，微软须在五年内通过一个选择屏向欧洲经济区内的视窗操作系统用户提供获取不同浏览器的选择自由。用户只要点击选择屏中的“安装”，就会连接到其所选择的浏览器厂商的网站服务器，确认安装后，即可直接下载浏览器的安装程序包，以供本机运行。这种选择的结果与用户不经由选择屏协助而自行下载和运行特定浏览器的安装程序包如出一辙[4]。该选择屏通过升级视窗操作系统即可获得并可自动更新。它将包括十二种最常用的浏览器。但是，除了 IE 以外，选择屏不得包括基于 IE 内核的其他浏览器以及开发、分销受到微软全部或部分实质性资助的浏览器。可提供的浏览器名单将根据市场份额情况每六个月更新一次。首次提供的浏览器包括苹果 Safari、谷歌 Chrome、微软 IE、Firefox 和 Opera 等十二种。微软应在 2010 年 3 月中旬前向 Windows7 操作系统用户提供该选择屏，并在五个月内惠及所有的 Windows XP 和 Vista 用户。微软应就选择屏方案的实施情况定期向欧盟委员会报告并接受核查。第三，微软将确保所有的 Windows 应用软件编程接口都以完整、准确和及时的方式披露，以便其他浏览器供应厂商在设计应用于 Windows 操作系统的浏览器时不会处于劣势地位。第四，如果微软违反承诺，欧盟委员会无须证明微软违反欧盟反垄断规则即可根据微软违反承诺本身对其处以高达年度营业额 10%的罚款[5]。

五、比较分析与评价

发生在美国、欧盟、韩国的微软案件都涉及软件捆绑。捆绑的主要危害在于减少了竞争者的交易机会，限制了消费者对竞争性产品的自由选择[6]。所以，针对捆绑的司法救济应当以恢复竞争者的交易机会和消费者的选择自由为目的。

（一）隐藏 IE 浏览器桌面图标

美国的最终和解令仅仅要求微软允许个人电脑原始制造商和最终用户删除对微软 IE 浏览器等中间件的访问，而不是删除微软中间件的源代码，删除的典型方式是隐藏这些中间件的桌面图标。然而，由于微软中间件的源代码已经与视窗的源代码融合在一起，几乎没有个人电脑原始制造商会忍痛割爱地隐藏微软的中间件，而去安装别的中间件[7]。所以，美国这种隐藏中间件桌面图标式的救济措施没有实质性地减轻对竞争者的损害，不能达到恢复竞争者交易机会和消费者选择自由之目的。

（二）删除多媒体播放器源代码

欧盟委员会也许是认识到仅仅要求隐藏微软中间件图标而对其源代码原封不动的救济对于竞争者没有实质意义。它在2004年的裁决中责令微软提供不包括视窗多媒体播放器的个人电脑视窗版本，这意味着视窗多媒体播放器的源代码必须从现有的视窗版本中删除。该委员会认为，“有了这样的救济，用户从操作系统和多媒体播放器捆绑中可得的利益将不会因此减少，同时选择不同的多媒体播放器的能力也得到恢复”①。这种强制改变版本的救济措施看起来比美国最终和解令所要求的隐藏微软中间件图标更加有力。然而，这仍然不足以恢复有效的竞争和消费者的选择自由。其一，欧盟委员会并没有要求微软以不同的价格分别提供捆绑和没有捆绑多媒体播放器的视窗版本。如果非捆绑的视窗版本价格等于而不是低于捆绑的视窗版本，将很难有个人电脑原始制造商愿意购买前者。微软明确表态它将以原来的价格销售未捆绑多媒体播放器的视窗软件。世界上最大的计算机制造商戴尔表示将不会向顾客提供不包括多媒体播放器的视窗。而惠普声称尽管其顾客可以获得未捆绑多媒体播放器的视窗，但是预计需求非常有限[8]。其二，与微软相比，其竞争对手的多媒体播放器软件的经销条件处于明显劣势。根据欧盟委员会的裁决，微软可以同个人电脑原始制造商协商将捆绑多媒体播放器的视窗版本安装在计算机中。这样一来，其他多媒体播放器厂商为了使其产品安装在视窗中，必须与个人电脑原始制造商谈判，从而增加分销费用。个人电脑原始制造商还可能会因为额外的技术支持和培训费用而丧失添加第二个多媒体播放器的积极性。因此，欧盟委员会强制改变版本的救济虽然比美国法院要求隐藏中间件图标的措施更加有力，但是实际上也不能根本消除微软非法捆绑行为对竞争者造成的损害，从而真正地使消费者“选择不同的多媒体播放器的能力得到恢复”。

（三）删除微软应用软件源代码、提供下载竞争对手软件的工具

受到韩国公平交易委员会制裁的微软捆绑行为涉及视窗多媒体服务、视

---

① See COMP/C-3/37.792 Microsoft，p284.

窗多媒体播放器和视窗即时通信三个软件与相应视窗操作系统的捆绑。关于视窗多媒体服务软件的捆绑，该委员会要求微软从视窗服务器操作系统中彻底删除其源代码，而且，微软不能以CD盘的形式与任何版本的视窗服务器操作系统一起提供视窗多媒体服务软件，不得在操作系统中设置下载该软件的链接，不得在未征得消费者、制造商或分销商直接同意的情况下默认安装视窗多媒体服务软件①。这样完全的软件分离措施比美国的隐藏软件图标和欧盟委员会的强制改变版本都更加有力，也是根除非法捆绑问题的较为简单的方法。然而，对于视窗多媒体播放器和视窗即时通信软件，韩国公平交易委员会采取了类似于欧盟委员会强制改变版本的救济，即要求微软向市场单独提供彻底删除视窗多媒体播放器和视窗即时通信软件源代码的视窗版本，同时允许微软继续提供包含这两个软件的视窗版本。像欧盟委员会一样，韩国公平交易委员会也没有要求微软就捆绑和非捆绑的视窗版本分别定价[9]。因此，这种救济仍然不可能根本杜绝微软非法捆绑行为之危害。

韩国公平贸易委员还要求微软在捆绑视窗多媒体播放器和视窗即时通信软件的视窗中预装“多媒体播放器中心”和“即时通信中心”软件，以帮助最终用户下载微软竞争对手的产品。诚然，通过这些辅助性软件，其他多媒体播放器和即时通信软件厂商能够降低额外的经销费用，从而缓解分销劣势。然而，由于微软竞争对手的产品并没有默认安装在视窗中，消费者首先看到的是包含了视窗多媒体播放器和视窗即时通信软件的电脑桌面环境，对此已经习以为常的消费者们下载微软竞争者产品的可能性显然很低。就像在浏览器市场那样，大多数消费者会对呈现给他们的第一个产品情有独钟[10]。因此，比起欧盟委员会的强制改变版本，韩国公平交易委员会的救济措施虽然在更大程度上削弱了微软通过将其应用软件与视窗捆绑所获得的分销优势，但是也无法使得微软的竞争者享有与微软平等的竞争地位。

（四）保留IE浏览器、提供下载竞争对手浏览器的选择屏

与欧盟2004年、韩国2006年的救济相比，欧盟委员会2009年的救济

① See Holding of 2002 Kyung-Chok 0453，Art. 1，§B.

措施消除了两个根本的缺陷。第一，欧盟 2004 年的救济允许包括和不包括多媒体播放器的两种视窗操作系统并行流通，韩国 2006 年的救济也同意捆绑和不捆绑视窗多媒体播放器和视窗即时通信软件的两种视窗操作系统同时销售。这看似给了消费者选择自由，但是由于电脑制造商不情愿在电脑中安装微软竞争对手的应用软件，消费者的这种自由其实是形同虚设。这种情况在欧盟 2009 年的救济中则不复存在。第二，根据欧盟 2004 年、韩国 2006 年的救济，如果消费者选择使用微软竞争对手的应用软件，需要自己去搜寻、下载。由于大部分消费者对应用软件并不熟悉以及消费惯性的作用，他们往往怠于改换所习惯的微软应用软件。而根据欧盟委员会 2009 年批准的微软承诺，微软须在视窗操作系统中设置方便用户选用浏览器的选择屏，该选择屏系通过升级视窗操作系统的方式自动地安装在用户的电脑上。用户只要点击选择屏中的“安装”按钮，即可在十二种最常用的浏览器中选择下载、安装所中意的浏览器。除此以外，用户将不需要采取任何其他措施[11]。

如果将微软竞争对手的十一种浏览器的源代码如同 IE 浏览器一样与视窗的源代码混合在一起，那就是在视窗中携带竞争对手的浏览器。这看似是最为平等的解决浏览器搭售的救济方式。但是，这种方式既不现实，亦无效率。其一，携带竞争对手的十一种浏览器将占用更大的计算机硬盘存储空间，并增大维护成本，这不符合市场竞争的效率原则。其二，微软竞争对手出于保护知识产权的考虑，并不一定愿意向微软提供其浏览器的全部源代码。其三，浏览器的市场份额在变化之中，固定地携带某些浏览器不利于浏览器市场的竞争和创新。有鉴于此，笔者认为，方便用户选择浏览器的选择屏式救济，已经是目前情况下最为彻底的解决应用软件与视窗操作系统捆绑的救济方式，不仅使微软竞争对手的浏览器与微软自己的 IE 浏览器在最大程度上处于平等的竞争地位，而且使消费者拥有了有效的选择自由。

六、结　语

综上，无论是欧盟委员会 2004 年要求微软从视窗中删除其多媒体播放器的源代码，还是韩国公平交易委员会 2006 年要求删除微软多媒体播放器和视窗即时通信软件的源代码，都比美国法院只要求删除微软中间件的桌面图标和在菜单中删除对中间件的访问显然更加有利于竞争。关于视窗多媒体服务软件与视窗服务器操作系统的捆绑，韩国公平交易委员会不仅要求从视窗中删除源代码，还禁止以任何方式与任何版本的视窗一起提供视窗多媒体服务软件，这又比那种允许捆绑应用软件和未捆绑应用软件的两种版本的视窗以相同价格并行流通的救济方式更有好处。韩国公平交易委员会责令微软在视窗中安装“多媒体播放器中心”和“即时通信中心”等辅助软件之救济进一步缓解了微软竞争者的劣势地位。但是，这种辅助软件仍然要求用户动手搜寻和下载微软竞争对手的应用软件才有可能摆脱对微软应用软件的依赖，这往往很难做到。相比而言，欧盟委员会 2009 年同意微软在视窗操作系统设置选择不同浏览器的选择屏，则可以使这些浏览器软件在同一条起跑线上展开竞争，这将在最大程度上有利于浏览器市场的自由竞争、产品创新，最终造福于消费者。

参考文献

[1] Schanzenbach M. Network effects and antitrust law：Predation，affirmative defenses，and the case of U. S. v. Microsoft. Stan Tech Law Rev，2002，(4)：12.

[2] Mota A. Hide it or unbundle it：A comparison of the antitrust investigations against microsoft in the U. S. and the E. U. Pierce L Rev，2005，3 (2)：183.

[3] The European Commission. Commission accepts Microsoft commitments to give users browser choice. http：//europa. eu/rapid/pressReleasesAction. do? reference = IP/09/1941&format=HTML&aged=0&language=EN [2009 - 12 - 18] .

[4] Mtcrosoft Corporation. Microsoft statement on European commission decision. http：//www. microsoft. com/presspass/press/2009/dec09/12-16statement. mspx [2010 - 01 - 05] .

[5] The European Commission. Commission accepts Microsoft commitments to give users browser choice-frequently asked questions. http：//europa. eu/rapid/pressReleasesAction. do? reference=MEMO/09/558&format=HTML&aged=0&language=EN&guiLanguage=en [2009 - 12 - 18].

[6] 尚明．对企业滥用市场支配地位的反垄断法规制．北京：法律出版社，2007：37.

[7] Takigawa T. A comparative analysis of U. S.，EU，and Japanese Microsoft cases. The Antitrust Bulletin，2005，50 (2)：257.

[8] Brown J. EU's Microsoft order has skeptics-striped-down windows won't be offered by dell; H-P sees little demand. The Washington St J, 2005-04-01.

[9] Kim S. The Korea Fair Trade commission's decision on Microsoft' tying practice: the second-best remedy for harm competitors. Pacific Rim Law & Policy Journal, 2007, 16 (2): 385.

[10] James C A. The real Microsoft case and settlement. Antiturst, 2001, 16 (Fall): 58, 59.

[11] The European Commission. Commission decision on Microsoft's new web browser choice screen. http://europa.eu/rapid/pressReleasesAction.do?reference=MEMO/09/559&format=HTML&aged=0&language=EN&guiLanguage=en [2009-12-18].

第六部

科技与法律

标准制定与专利池管理的结构性矛盾与调和*

标准制定和专利池的组织运营，是标准制定和实施效果的关键所在。标准制定组织和专利池管理机构是由一些高度复杂的要素相互关联而形成的两个机体，这些要素决定了二者间存在着天然的结构性矛盾。在特定的政策语境下，如信息技术产业领域，其影响因素更复杂，结构性矛盾更加突出，可能导致在标准世界里最为棘手的一些现实问题。本文侧重于标准制定和专利池管理的机构设置之间的关系[1]，并在对其结构性矛盾成因及机构设置模式进行比较分析的基础上，以期提出适合中国情境的调和该结构性矛盾的思路。

一、分合两难：结构性矛盾的成因

标准化组织和专利池的组织及运营，虽然存在共同目标和利益追求，但从政策角度来看，二者的立场和着眼点还是有所不同的，尤其在国家推广型

---

* 本文作者为刘朝，原题为《上下通达：标准制定与专利池管理的结构性矛盾与调和》，原载《科技与法律》，2008年第4期，第84～87页。

标准[1]的制定和其后的专利池组建中，随着公共利益的扩大，其与私权保障的冲突也随之加大。

一般情况下，早已存在的这两个组织之间是基于标准采用的专利由专利池管理而发生密切联系的。专利人可以加入标准制定组织，参与制定并推动特定技术及其组合成为标准，从而将专利纳入标准，并遵循组织的授权规则而对其他会员授权。到了专利池的层面上来说，标准制定有可能以现存的专利池为基础。但在中国目前的情境下，更加可能的方式是由标准制定组织首先确定哪些技术、专利进入标准规格成为必要专利，然后下一步才是将相关专利形成专利池。所以，标准制定和专利池虽然可能紧密联系，但是功能不同，步骤也可能有先有后或者一并考虑。在这一系列过程中，二者之间的结构性矛盾就可能引发标准领域中的一些棘手问题。

在标准制定组织与专利池管理机构合并的情况下，由于专利池管理机构是权利人的代表，他们的介入减损了标准制定组织的中立性和公正立场，有可能限制或者扭曲公共市场上的竞争，进而促成事实上的垄断。而在标准制定组织与专利池管理机构分立的情况下，则有可能产生两种矛盾：一是标准制定者们缺乏与专利池成员的沟通，导致专利池制定的相关规定违背标准制定的初衷，或者标准组织的知识产权政策与专利池的专利许可政策存在不可调和的矛盾；二是有策略的知识产权所有者能更有效地利用分层系统，以避开标准制定组织的强势的许可政策。如某一技术领域的创新者都会毫不犹豫地参与到标准制定组织中，并鼓励该组织采用其某项技术作为标准。在分离的模式下，必要专利权的一或两个最大的所有者或许将会选择不参与标准的制定而加入专利池，因为一个把重心集中在获得许可而不是从事制造的公司会发现这种方法特别有益；或者某些专利权人参与标准制定而不加入专利池[2]。当专利池管理机构与标准制定的过程分离时，许可规则将不再那么

① 从法律属性上看，技术标准可以分三大类：强制性技术标准、推荐性技术标准和任选性技术标准。我们认为推荐性技术标准可分为国家推广型技术标准和其他推荐性技术标准。本文的讨论范围限于国家推广型标准及其必要专利池。参见北京大学知识产权学院的研究报告《适合中国社会的技术标准化与专利池制度框架的相关研究》。

② 一些主要的3G基本专利权的持有者，包括爱立信、诺基亚、摩托罗拉、高通等并不是3G专利平台协议的参加方。

有效。

总之，我们有理由担忧知识产权的合法垄断和缺乏沟通的分层系统被有策略的专利权人利用来达成非法垄断的目的，这种两难处境使我们有必要对结构性矛盾给予相当的重视。然而，现存的竞争市场和设计良好的社会规范是否能在不过度降低创新动力的同时，找到能将上述负面效应降到最低的安排，是值得探讨的议题。

二、不同结构设计模式的比较分析

从上述分析可见，标准制定组织与专利池管理机构完全分离模式的负面效应是显而易见的，我们首先排除了这种构建模式。其他模式则因构造设计上的差异而各有优劣，须逐一加以分析比较。

（一）完全合并模式

“完全合并模式”即标准制定组织与专利池管理机构形式上一体化，其最大优势是效率高。标准制定组织与专利池管理机构具有最大程度的连接和融合，标准制定组织的政策可以充分且迅速地了解或涵盖专利池管理机构的要求和意愿。但这种模式仍可能存在负面效应或可进一步完善。

首先，如何保障标准制定组织形式上的公正性。国家推广型标准的制定组织代表国家权力机关行使一部分公权利，必然要求其具备公正性。而代表私权利的专利池管理机构进入标准制定组织，明显破坏了其公正性，会引起社会公众和不同利益群体的质疑。其次，标准制定组织决议的公信力会降低。由于无法保证形式上的公正，必然破坏标准制定组织的中立和权威，从而使标准制定组织的决议很难具有足够的公信力，容易导致在标准诞生后的公示期和之后的实施阶段引发争议和纠纷。人们还可能对专利的权利声明或专利对标准的重要性提出合理疑问，并更有理由怀疑可能有故意隐瞒专利的情况发生[①]。再次，我国的私权体系和尊重私权的意识如何保障。专利池管

---

① 例如美国戴尔计算机公司的案件、Rambus 和 Infineon 之间的诉讼，以及联邦贸易委员会（FTC）对 Rambus 的起诉就与此有关。

理机构作为私权利的代表，国家不能要求其承担过多的公益义务，而且国家有义务维护私权不受公权力的干预。标准制定组织与专利池合一的形式，很难保证私权利不受到公权力的干预甚至伤害。我国长期缺乏尊重私权利的法律文化，尽管通过立法建立了比较完整的私权体系，但整个社会的私权意识尤其是知识产权意识还亟待提高。而这种组织形式无疑不利于社会私权意识的培养和加强。

（二）形式上部分合并模式

“形式上部分合并模式”即标准制定组织与专利池管理机构部分职能一体，其可取之处是在一定程度上维护了标准制定组织的公正和中立，也维护了私权的相对独立。但其把两个原本完整的机构相对分开，机构繁冗（这正是我国政府正在大力改变却难以根治的痼疾），影响了标准制定组织和专利池管理机构各自的完整性和内部协调性，降低效率。因为“小的并且有凝聚力的团体与大的但凝聚力较弱的团体相比创造性和发明性更强。这是因为一个群体内的权力参与通常取决于具有独立性标志的权利和对现状挑战的空间”[2]。

（三）依内在机制联结模式

“依内在机制联结模式”即标准制定组织与专利池管理机构形式上分离、各自独立，但通过内在机制实现实质性联结。之所以定名为“实质性”，主要因为这种模式的特点是形式上标准制定组织和专利池管理机构是两个独立的机构，但二者内部建立具有职能上联结的工作机制，在工作职能上实现标准制定组织和专利池管委会的密切协作与沟通。

该模式的可取之处体现在三个方面。首先，既维护了标准制定组织的公正、中立和权威，也兼顾了标准制定组织和专利池管理机构的效率。这是在充分考虑国家推广型标准的公正和效率两大价值取向，并结合中国现状而设计的。其次，追求社会效益最大化，在效率优先的前提下保障社会公平，有利于实现国家推广型技术标准的目标“互联互通”。“国家推广型技术标准”的制定遵循公平、公正、透明原则，有利于保障在我国的所有企业（包括外资企业、合资企业等）及其利益关系人享有同等权利。再次，构建和工作流程更适合国家推广型技术标准的特点。由于国家推广型技术标准制定与其必要专利的专利池构建同步进行①，有利于将标准实施时可能出现的纠纷提前到制度设计阶段进行安排，以避免出现解不开的“死结”，从而为内在连接机制模式的构建提供良好契机。但是该模式的难点在于如何建立以及建立什么样的内在联结机制。倘若构建了运行良好的内在联结机制，则该模式无疑是最佳选择。

三、上下通达：调和结构性矛盾的道艺

建立运行良好的内在联结机制正是调和标准制定组织与专利池管理机构结构性矛盾的关键点。笔者尝试从中国传统思想文化的核心——中庸思想来寻求帮助。中国的思想与文化是在“中庸”中为自己奠基的。“中”是上下之间的贯通，“庸”意味着“用”，因此，“中庸”意味着如何上下通达的“智慧”或“道艺”。

借助于中庸的思想是出于以下三方面的考虑。一是由当前中国情境下科技和知识产权的独特困难，联想到中国文化历史精神的独特性。这使笔者注意到，中国古代思想文化的世界，与现在的知识产权思想世界保持在一种互不相干的状态，而这种互不相干是不利于中国知识产权发展的。二是中庸之道可以帮助我们避免知识产权政策工具的短视行为。中庸思想为我们开启了一种视野，其精神、意蕴在不同情境下变易、持续，有利于探求在中国情境下把负面效应降到最低。三是避免过于极端的利益倾向，破坏社会各个群体的利益平衡。中庸思想以上下通达来解释“执中”、“中庸”之道，通达或贯通的主题在中国古代思想中具有十分重要的意义。上下通达构成了“执中”的要点所在。上下通达必然不偏，即不偏倚于一方。对于不偏而言，通达具有更基础性的意义。

在我们进行新的制度设计或选择时，中庸思想的可贵之处在于，“《中庸》在中国思想中的核心位置，并不意味着，它给定了中国思想的框架、结

① 国家推广型技术标准的制定和其必要专利的专利池构建须依法接受司法审查。

构、范畴、与思想方式，它其实只是打开了开放性的远景思维空间”[3]。借助这样的思维空间，笔者在对上述模式进行评价和选择时发现，对于第一种完全分离的模式，民间的标准制定组织或许可以考虑这种形式，但国家推广型标准的标准制定组织不适于采用该形式。第二种模式，公正的价值取向得到有限维护，但效率大大降低，而且与目前中国政府简化机构的追求冲突，因而也不可取。

笔者基本认为第三种模式，但又面临设计内在联结机制的难点。在“上下通达”的智慧或“道艺”的启发下，为了使不同利益的关系人之间的议事疏通圆活化，笔者在标准制定组织中设计了“特别咨询工作组”，其主要职能在于联结标准制定组织与专利池管理机构，并在工作流程设计中尽可能充分地发挥这种职能，以实现二者之间的沟通和协调，该联结机制的构建详见图 1。“特别咨询工作组”在整个机制中处于承上启下的作用，“上”即具有决策力的专家委员会和标准制定组织的决策层，“下”即专利池管理委员会。“特别咨询工作组”在标准制定组织的章程制定、技术方案收集等初期工作，以及标准草案公布及其后的纠纷协商等工作环节中，密切保持专利权人与标准制定组织的沟通协调，信息传递工作在这里变得格外重要。因为，“许多重要的法律政策都聚焦于信息和信息是否以及如何传递，例如，法律可能要求信息的披露”[4]。而且其工作重点尤其要放在拥有最多必要专利的大的权利人方面，才可能达到真正的上下通达。

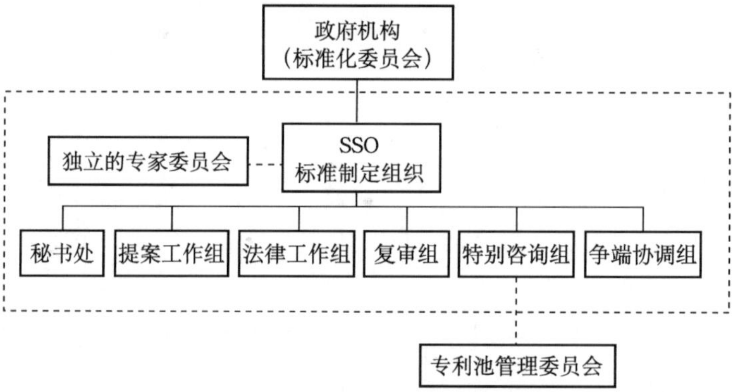

图 1　标准制定组织与专利池管理机构的工作机制示意图

四、结　语

这种矛盾的调和，是一种当前情境下的妥协和权衡。尽管这种调和能够在制度发展上给政策制定者以有益指引，但仍有很大部分是我们未曾涉足的，如这种构造模式在执行过程中所面临的操作性问题仍需经过实践才能逐渐显现和得到改善。此外，对于保障该良好运行所不可或缺的合同机制等，在可以预见的将来也会扮演重要角色。对这些问题的研究，必将有助于完成更正规的标准化知识产权制度设计和政策制定。本文研究表明，标准制定组织和专利池管理机构的构建设计，还存在着诸多发展空间和不同维度。尤其在信息产业，未来的技术发展可能会促使矛盾进一步尖锐。然而中国市场中专利技术更广泛的商业运用，也会促使我们逐渐发现更广的政策进路。

参考文献

[1] European commission. Antitrust clearance for licensing of patents for third generation mobile services. http：//www. 3gpatents. com/news/ec＜uscore＞app. htm [2007-05-07].

[2] 罗宾·保罗·马洛伊．法律和市场经济——法律经济学价值的重新诠释．钱弘道，朱素梅译．北京：法律出版社，2006：122.

[3] 陈赟．中庸的思想．上海：三联书店，2007：5.

[4] 道格拉斯·G. 拜尔，罗伯特·H. 格特纳，兰德尔·C. 皮克．法律的博弈分析．严旭阳译．北京：法律出版社，2003：83.

标准化过程中知识产权决策的准司法性制度安排

——以信息产业领域国家推广型技术标准为视角*

技术标准制定中技术方案选择和标准所涵盖的专利技术评审是技术标准化过程中至关重要的决策行为。设立独立专家委员会是目前标准化组织通行的决策机制。对于信息产业而言，由于其技术复杂程度和交叉融合程度都逐渐增强，标准技术体系往往无法绕开专利技术，所涉及利益群体则随之扩大，利益关系也趋于复杂，因而独立于标准化组织之外，中立的决策性制度安排就显得尤为重要。本文以信息产业国家推广型技术标准①为视角，首先以准司法性的功能定位，来探讨独立专家委员会的属性和功能；在功能分析时，侧重分析了独立专家委员会的隐性功能在中国语境下的独特作用；进而尝试对独立专家委员会的运行机制和程序性规则进行了初步的设计。

---

* 本文作者为刘朝，原题为《标准化过程中知识产权决策的司法性制度安排初探——以信息产业领域国家推广型技术标准为视角》，原载《科技与法律》，2010 年第 3 期，总第 85 期，第 13～18 页。

① 从法律属性上看，技术标准可以分三大类：强制性技术标准、推荐性技术标准和任选性技术标准。关于国家推广型技术标准的界定参见北京大学知识产权学院的研究报告《适合中国社会的技术标准化与专利池制度框架的相关研究》，该研究认为推荐性技术标准可分为国家推广型技术标准和其他推荐性技术标准。本文的讨论范围限于国家推广型标准。

一、准司法性制度构建解析

“准司法”（quasi-judicial）在《布莱克法律辞典》中被定义为与行政或管理有关的裁决行为[1]；由这一较为宽泛的定义可以看出，准司法性兼具司法性和行政性的双重属性，准司法性制度是在实体和程序上介于行政制度和司法制度之间的一种多样性制度安排。以下笔者将探讨信息产业领域技术标准化过程中涉及知识产权决策的准司法性制度安排——独立专家委员会制度。

首先需要说明的是，技术标准制定的外在需求以及技术标准发展的内在属性决定了其决策机构的准司法性制度安排。

技术标准是涉及产业发展和经济秩序的技术方案。从市场的视角看，在垂直层面上，技术标准的制定涉及产业链条上一系列利益分配，在水平层面上，则涉及竞争秩序和公众利益；从管理的视角看，在垂直层面上，技术标准中专利权的许可和运营属于私权范畴，技术标准相关各方主体的行为多数也是私权性质的合同行为；在水平层面上，则涉及政府等行政机构的监管和干预。无论上述哪个视角，其水平层面和垂直层面链条的交点都兼具司法性和行政性，而位于结点上的制度安排则是标准组织的核心决策机构——独立专家委员会。

本来，标准的制定应尽可能避免采用专利技术，或使用其替代技术，这是标准制定的基本技术原则。当标准技术体系无法绕开专利技术时，技术标准成为公共利益和私人利益的混合体，对于技术方案的选择和专利技术必要性的认定就成为专家委员会的重要职能。此时公权力和私权的关系是标准化组织决策的关键，因为“标准化中的知识产权问题就是协调标准化作为公共利益载体和知识产权作为私人权利的关系，在标准化对知识产权的需求和充分保护知识产权之间寻求合理的平衡，以便实现既充分保护知识产权、促进技术创新，又能促进标准健康发展，不断提高社会福利的政策目标”[2]。而公私权平衡的妥帖处理需要由中立的、权威的第三方组织实施。

实际上，由政府设立中立的第三方机构或者专家委员会作为标准化主体是目前国际通行的做法。例如，欧洲电信标准建立的主体是欧洲电信标准学会（简称“ETSI”）这一组织，是唯一旨在为电信设备和电信服务发展技术标准的欧洲经济区域组织，并以此为欧共体官方所承认。与只拥有政府会员的欧洲邮政电信管理委员会（简称“CEPT”）组织不同，ETSI 的会员包括行政管理组织、公共网络管理员、制造商、普通用户和其他组织及个人。ETSI 是这样表述自身的职责的：“通过建立一系列标准及其他技术文件，让欧洲在世界范围内电信、广播和信息技术的标准化上做出自身的贡献。”[①] 再例如，韩国工业标准由科技标准机关（agency for technology and standards，ATS）制定，ATS 制定标准时，应经韩国工业标准顾问组（Korean industrial standards council，KISC）同意通过，KISC 则由工业、学界、研发机构及消费者团体的技术专家所组成，目前由 300 个会员组成 39 个分组，并由 6808 个会员组成 594 个技术委员会支持[②]。

不过，我国的《标准化法》决定了中国的标准化体制是政府主导标准化，而不是市场主导标准化[③]。我国目前的标准体制存在诸多弊端，不利于标准化和知识产权战略实施，而技术委员会制度是其中之一。目前我国的各个专业标准化技术委员会是制定国家标准的主体，政府的行业主管部门掌握着大部分技术委员会的管理权，但技术委员会尚未形成完善的运行机制和良好的外部环境，其组成和职能的单一，与信息技术大规模商业应用中技术标准与知识产权交织而孕育的技术与利益关系的复杂局面形成了鲜明的对比。

应该承认，信息产业部分技术的战略高技术特点决定了单纯依靠市场力量难以保证标准化及其产业化的发展，在一些需要国家关注的基础性、前瞻性和战略性的信息高技术领域，离开政府的引导和支持很难实现跨越发展。甚至更进一步，我们还可以发现，即使在前文所述的国际通行的第三方组织中，政府依然可以施加实质性的影响。例如，自从 ETSI 采用包括各国相关标准制定机构代表在内的国别代表制来投票做出一些决定，欧洲各国政府便

---

① 欧洲邮政电信管理委员会（CEPT）根据欧共体委员会在其 1987 年格林文件中的建议创立了该组织。该文件旨在发展电信服务与电信设备的共同化市场，目的是为了在电信领域建立起欧洲共同标准。参见 http：//www. etsi. org，最后访问：2008 年 10 月 21 日。

② See Guide to the Implementation of Directive Based on New Approach and Global Approach. http：//europa. eu. int/comm/enterprise/newapproach/legislation/guide/legislation. htm (last visited Jan. 17，2009）.

③ 《中国技术标准发展战略研究总报告（征求意见稿）》（中国标准化委员会）2004 年 9 月。

也可以对该机构施加实质性的影响了（这些影响常常被他们用来支持本国的工业企业）[3]。因此，在信息产业领域，国家推广型技术标准具有存在的必要性和现实性。

国家推广型技术标准属于推荐性标准，但其推荐的技术方案是单一的①。在某些情况下，基于公共利益和标准化效率的考量，只有一种技术解决方案是必需的。然而，该标准化方案必须在非歧视的基础上被建立，而且，该标准应该是技术中性的。在这样的情况下，唯一的一种选择取代另一种或几种选择必须具有令人信服的原因，方能不违背公平原则，且不产生对技术创新的潜在的阻碍作用。而这对于决策者的理性、中立性和权威性的要求更高，因为在国家主导推广且标准化技术方案唯一的情况下，尤其要确保技术选择和知识产权政策不会阻碍创新，也不会阻碍竞争。在此情势下，独立专家委员会的制度设计应运而生。

独立专家委员会的属性界定，对于理论探讨和制度构建都有较为现实的意义。笔者认为，独立专家委员会具有准司法权的属性，与行政权共同构成国家推广型技术标准的决策机构。虽然独立专家委员会是由主导国家推广型技术标准制定的行政机构成立，形式上与标准制定组织（standard setting organization，SSO）又有密切的联系，但它具有明显区别于一般行政机构的重要特征，不应该被简单地视为与 SSO 一致或者下设于 SSO 的行政机构，而应该被界定为独立于 SSO 之外的中立性决策机构，其自身属性具有明显的准司法性。其准司法性主要体现在：首先，独立专家委员会的决策活动不受外来干预，由专家组依法独立做出决定，以保证决策的公正性；其次，独立专家委员会的工作机制具有公正性与程序上的严格控制，独立专家委员会的表决行为属于与司法者行为相类似的居中裁判行为；第三，独立专家委员会的成员资格合理具有类似司法裁决者的专业权威性和中立性；最后，独立专家委员会的决议具有权威性和执行力。日本的公正贸易委员会②即属于一种较为典型的“准司法性机构”。

---

① 关于国家推广型标准的详细论述，参见北京大学知识产权学院的研究报告《适合中国社会的技术标准化与专利池制度框架的相关研究》。

② 参见日本公正贸易委员会主页 http：//www.jftc.go.jp。

当然，独立专家委员会并非司法裁决机构，只是具有明显准司法性的中立机构。简而言之，其与司法机构的区别有两点：一是独立专家委员会是由行政机关组建；二是独立专家委员会的决议不具有终局裁决性，仍然要受到行政机关的制约，这种制约至少包括审查和撤销。

比较而言，现有的标准化技术委员会与独立专家委员会在议题、功能和决策上都有明显的不同，不可互相取代，而是并存和功能互补的关系。具体说来，独立专家委员会与现有的技术委员会的具体区别体现在：首先，从议题上，技术委员会讨论的出发点往往是技术相关事项，而独立专家委员会，由于对于专利技术的必要性认定是其主要职能之一，因此议题既涉及技术属性，又涉及法律关系、市场运行和公共利益等多方事项；其次，从决策考量上看，技术委员会仅仅是科学技术自身多种因素的综合平衡和抉择，大多不涉及多种利益群体利益平衡的考量，而独立专家委员会的决策准则有多种；第三，从专家的组成上，技术委员会成员是相关领域的技术专家，不需要其他专业的专家参与，而独立专家委员会则除了本专业技术专家外，还包括法律专家、市场专家、公共管理专家等①。

二、准司法性制度的功能定位

由上文可见，归结起来，独立专家委员会与现有的技术委员会最本质的不同在于其功能。技术委员会仅仅就单纯的技术议题做出决策，这样的技术或者是非专利技术，或者即使是专利技术或者正在申请或拟申请专利的技术，技术委员会的议题也并非从其专利性视角来考虑，而专利技术不可避免地要涉及多方利益关系，要涉及法律视角而并非仅仅是技术视角。以下笔者将以准司法性的功能定位，来探讨独立专家委员会的显性功能和隐性功能及其中国语境下的意义。

---

① 例如，与美国政府关系十分密切的世界五大智囊团之一美国兰德公司（Rand：Research and Development），其人员知识结构和智能结构为：社会科学家占 20%，数学家占 18%，经济学家占 14%，工程技术专家占 10%，物理学家占 9%，计算机专家占 3%，其余为法律、商业、教育、艺术、医学、政策分析、军事分析等方面的专家学者。参见：曹益民，《世界主要国家公共咨询的做法和经验》，载《中国软科学》，2000 年 10 月。

（一）显性功能

第一，客观而公正的技术选择。

技术标准的决策应该是在公正、透明的机制下形成的。标准的强制力越大，适用的潜在领域越广泛，在标准进程中公正和理性等就越重要。企业之间经常会在包括标准在内的技术上竞争，而借助标准的强大的扩散性和执行力，竞争成功者不仅扩大了自己的市场占有率，也会提高竞争对手的成本，从而对竞争和技术创新的格局产生强大的冲击。

独立专家委员会的准司法性制度构建，使其具有中立、客观的立场和权威性的决策素质，可以进行公开和客观的技术选择。在运行良好的状态下，能够在现有情境下最大限度地使标准的选择过程以客观的、中立的、理性的方式实施，从而使技术选择的结果最接近于理想情形下的应然性技术中性的标准。

第二，确立标准制定过程中知识产权的处理原则。

在信息产业，随着技术的发展，专利技术纳入标准越来越不可避免。专利技术的进入会增加标准实施的成本，因而公共利益和私人权益的妥协与平衡就在整个标准化进程中与各个阶段的决策如影相随，并随时可能影响标准的运行效果。决策中需要权衡的价值是多元的。首先的问题是效率，因为“如果在购买集体物品的任一水平上，集团收益超过总成本的量要大于它超过任一个体收益的量，那么就可以假设会提供集体物品，因为个体的收益超过了为集团提供集体物品的成本”[4]。其次是安全、发展和公正等价值。这些要素共同带来了标准化组织决策机构在确立之初就不得不面对的知识产权处理原则的问题，这既包括标准组织的知识产权政策，也包括专利池的知识产权协议。前者涉及专利授权原则和披露政策等敏感而棘手的问题，需要专家委员会的审查和理性抉择；对于后者，虽然专利池的主体是私权权利人，其知识产权协议也是意思自治的协议，专家委员会不必要也不应该对于许可的具体条件进行干预，但对于纳入国家推广型标准的必要专利的专利池协议，独立专家委员会仍然有必要进行适度的监督和审查，以确保其既不阻碍竞争，也不阻碍创新。

第三，技术评价中专利必要性的判断。

虽然技术提供者们大都在努力使成果形成专利，专利形成标准，但作为中立的专家委员会在决策时，应该确保进入标准的专利数目尽可能的少。这就需要判定欲纳入标准的专利是否为必要专利，而国家推广型标准属于对产业发展影响较大的标准，这一点尤为重要。在标准组织明确了知识产权政策时，在技术选择的同时需要对知识产权进行全面的评估，初始的评估全面、琐细且专业性强，不可能也不必要由独立专家委员会进行，可委托专业评估机构进行并出具全面的评估报告，独立专家委员会再根据评估报告在技术方案的选择中进行决策性评估，并在形成的决议中对于标准化方案的知识产权政策形成指导性意见，以确保技术方案中必要专利技术的实施不过分增加社会成本，也不阻碍竞争和创新。

（二）隐性功能

第一，引导标准化进程的开放式进路。

独立专家委员会开放的理念和广泛参与的机制，与标准的理念一致，其工作能确立一个或几个知识产权协议的基调，帮助其达到合理的目标。欧共体委员会认为，“普遍持积极态度的协议，促进经济渗透于共同市场上或者鼓励开发新的市场和改善供应情况”[①]。一个不限制竞争又无碍于技术创新的标准化知识产权协议的形成过程本身，就会体现出一种积极的开放的态度，因为这能吸引公私权各方利益主体以一个透明的方式参与订立该标准，从而引导标准化进程的开放式进路。

第二，促进标准战略、知识产权战略和科技创新的协调发展。

独立专家委员会的成员组成的多元化和他们身份和职业特点，决定了他们在理性决策时会以开放的视野制定标准；会重视专利，强调技术扩散，会兼顾考虑专利和标准战略；会注重支持能成为国际工业标准的高技术研究；会鼓励大学和国家科研机构开放技术等，这些都将间接促进标准战略、知识产权战略和科技创新协调发展。

① 欧盟政府信息公告（O. J. C）3/2，at 25，para. 169（2001）。

当然，这样的作用是隐性的、渐进的。毕竟“实现技术标准与科技研发协调发展是一个长期的、复杂的过程，其中涉及体制、法规、政策、市场等多要素和政府、企业、中介机构等多主体”[5]，而独立专家委员会只是这众多主体中的一个。

需要特别说明的是，独立专家委员会成员的工作还会带动培育一批具备知识产权和标准化多重专业技能的研发或管理人才，而这是标准战略、知识产权战略和科技创新协调发展的百年大计的基础。

第三，培育中国企业参与标准化的意识与能力。

虽然按照中国现行《标准化法》第十二条规定：“制定标准应当发挥行业协会、科学研究机构和学术团体的作用”，这里并没有提及企业的参与和作用，现行的运行机制也缺少企业的参与，同时中国企业参与标准化的意识和能力均欠缺，但是技术标准产业实施最重要的主体是企业，独立专家委员会的工作有助于鼓励企业进行竞争前的合作，并通过间接促进产学研合作等，从多个侧面培育中国企业参与标准化的意识与能力。

（三）中国语境下隐性功能的意义

我国正处于建设创新型国家战略和国家知识产权战略的实施期，从战略到战术的过渡是战略实施成败的关键所在。在这样的背景下，中国标准化体制的问题与知识产权和科技创新的一些突出症结重叠在一起，在中国语境下信息产业技术标准化的进程中，这些情况就更加突出了。

由上文所论，从独立专家委员会的显性功能和隐性功能中我们可以发现，显性功能直接作用于标准化组织和相关利益群体，功能明确，范围确定；而隐性功能则是多层面渐进式的，功能虽然不直接体现在标准化组织中，但具有在良好的运行中逐步释放的潜能和逐渐扩大的辐射面。在中国语境的特点下，隐性功能具有独特的重要作用。

首先，从产业视角看，我国战略高技术发展中普遍存在着国家意志弱化的倾向，缺乏明确的、统一的产业发展战略和思路，同时在科技投入加大的有利情势下，部分国家科技计划之间缺乏协调，各自为政，难以形成合力。独立专家委员会的系统化构建，有助于评估产业研发政策、知识产权政策和标准化政策之间的适应性，并逐渐有助于促进实施这三大政策的部门间的合作与互动。此外，专家在评估过程中需要独立的调查和研究，对技术以及知识产权政策等领域的国内外现状给出一个较为清晰的评估结果，这些对于产业具有重要的指导意义。

其次，从标准化实践看，虽然我国已经启动了一系列的高科技标准，包括 CDMA、TD-SCDMA、闪联和 WAPI 等，但是距离我国高科技标准促进产业发展的目标还有很长的路要走。企业的主动性和参与意识，企业在标准化过程中的默契与协作都急需加强。目前，我国制定的标准中涉及国内专利的还很少，国内产业积极参与标准能有效提升其创新意识并有助于反垄断和防止知识产权滥用的实践推动。

最后，从科技创新与知识产权的视角看，高技术产业发展的竞争焦点主要集中在高技术成果的快速转化、高技术人才的吸引凝聚以及各种资源与市场的快速有效组合等方面，这些都是我国在科技创新知识产权方面的薄弱环节。独立专家委员会的良好运行和专家的潜能发挥，有利于引导研发过程中的标准化，在研发阶段培育标准化意识，这种意识的主体包括企业、科研机构和大学等。

总之，对我国而言，把独立专家委员会构建成为一个独立、权威、公正的准司法性决策机构，并辅之以必要的制度设计将有利于促进标准化和知识产权及科技创新的全面协调与发展。

三、独立专家委员会的运行机制和程序性规则设计

行文至此，笔者主要着重于属性与功能层面的分析，但当我们把目光转移到具体运行机制和程序规则时，则会发现上述功能能否实现及专家委员会的工作质量如何，保障性的制度设计至关重要，同时程序性规则有助于保障决策者中立立场的获得，保障理性有效的判断的形成和适当选择。

在制度设计的问题上，有两个难点必须提出来。

第一，专家立场中立性的保证问题。由于标准不同的选择会给不同的人带来不同的损益，一些人在这种选择下会得到更多的收益，而另一些人在别的选择下会得到更多的收益。与此同时，人的意志和理性在很多方面都处于

相互的社会关系之中，专家也是如此。因为专家“权威的基础不是个人或情景机遇的作用，而是与社会地位相联系的一种期待”[6]，而且“权威的力量受限于一定的内容和特定的个人”[6]。

直言之，专家被一些利益集团操控的问题是当今世界范围内的难题。“今天的知识与传播工具都不像想象中的无辜或中立……因为这些‘知识’从来就掌握在权力角逐者的操纵中……”[7]虽然本文研究设计了专家资格限制、遴选机制、监督机制等多个环节的制度保障（详见下文），但是不得不承认，这些环节很大程度上还只能规制外在形式上的专家与利益集团的关联，至于内在的利害关系牵连，则暂时没有良好的机制进行明确的防范，这涉及目前国际范围内都无良策解决的专家被某些利益集团暗中控制的问题。

第二，理性决策机制的设计问题。随着技术和产业的发展，在信息领域技术标准化的过程中，会面对越来越多的新问题，而每个问题都需要更明智的决策。为了使独立专家委员会的运行状态良好，尽可能代表多方公众的利益，而非少数人的特殊利益，良好的决策机制和决策程序至关重要，在这里“良好”的含义至少包括理性、公正和可操作性。

按照在西方发展起来的公共选择理论，投票规则是通过投票进行决策的一种公共选择程序规则，投票是基本的共同决策方式之一。本文设计了多轮投票的表决机制。虽然投票这种决策机制在共同选择过程中仍存在着缺陷和风险，按照阿罗不可能定理，要寻找这样一种决策机制，即它所产生的结果不受投票程序的影响，同时又不限制投票人的偏好以及进行的独立决策，并能最终将所有的个人偏好转化为一种社会偏好，是不可能的[8]。

当然从理论上说，决策程序设计得越复杂精细，越能保证其公正性，但过于烦琐的表决程序欠缺可操作性并会导致低效率。而且按照阿罗的结论，无论是简单多数规则，还是任何比例代表制，也无论多么复杂的设计，都无法消除投票悖论。不过，在没有更好的机制取代的情况下，笔者仍选用投票这种公共决策方式。

以下笔者将介绍对独立专家委员会的运行机制和程序性规则的初步构建。

第一，独立专家委员会的运行机制。

首先是创立机制。政府应该有计划地逐步在拟制定国家推广型技术标准的领域，组建专家库，专家库的人数应该不低于200人。专家库的专业领域构成应该具有足够大的覆盖面，除了本专业技术专家占有一半以上人数外，还应该包括以法律专家、市场专家、公共管理专家等，需要特别注意的是，专家不应该仅仅来源于高校和科研机构等学术性单位，还应该有计划地吸收来自产业界的专家委员。

其次是专家资格及中立性、公正性监督机制。在组建专家库时主要考虑的是专家的资格，也就是保证其权威性。在具体为某一个标准制定遴选专家时，则应重点考虑其公正、中立的立场如何保持。由政府主导部门在专家库中随机抽取人员组建专家库时，首先应该就是否存在可能影响其决策公正性的因素，如亲属关系、利益关系等，征询被抽取的专家个人，被抽取到的专家应该出具文字声明，说明上述情况。

若存在可能影响其决策公正性的因素，不可终止相关关系的，专家应退出，由政府另行抽取补足；若专家自愿终止相关关系的（如担任相关企业顾问或者专职或兼职员工，存在可以由专家随时提出终止顾问关系，结束利益关联性的可能的），专家提出声明和中止后的相关证明，可继续作为专家委员会的成员。

需要特别说明的是，在专家征询及个人声明结束后，拟确定的专家名单应该进行不少于一个月的公示，公示期间任何人都可以针对专家的权威性及中立公正性资格提出异议，提出异议并能提供相关证据的，由政府主导部门审查决定。

再次，多轮表决机制。表决原则为过半数方能通过决议。若所有的提案均未过半数，则重复按照末位淘汰并重新投票的方式继续进行表决，直至产生过半数的方案为止。

最后，独立专家委员会决策审查监督机制。审查主体是单一的，为标准的行政主管机构，审查方式为首先对专家组的组成人员上是否存在瑕疵进行审查，其后对专家组的评审流程记录进行审查，最后对决议进行内容审查；监督的主体则多元化，可以为行政主管机关、司法机关和社会公众，相应的监督方式也是多样的，包括检举、要求说明理由、撤销、司法审查等。

第二，独立专家委员会程序性规则。

首先，专家遴选。专家委员会人员应该是本行业的技术精英或从事多年研究工作的技术、法律、市场、管理等方面的专家，人品端正、无违法记录；一项标准的技术评价成立专门的专家组，人员应控制在 20 至 30 名左右；专家组构成人员为该技术标准领域范围内的专家，专家具体专业构成应该至少包括以下几方面：专业技术、法律（主要为知识产权法，也可以包括民法、经济法、行政法等）、市场、公共管理等，其中专业技术专家的数目应该超过一半，法律专家的比例应该占剩余名额的一半左右。

其次，独立专家委员会组建。专家委员会的组建，应该由政府为主导推动，标准组织以及标准采用方共同提名，在经过政府评审的基础上，建立专家委员会专家名册，同时成立专家委员会标准技术评审组，针对具体的标准技术评定，成立特定的专家组，专家组从整个名册中随机抽取，并且建立异议制度，如果有异议，在有确切证据的能够证明专家组成员与标准制定存在回避情形的，政府责令专家委员会标准技术评审组重新抽取专家。

再次，其他操作性问题。包括专家组评审流程的记录保存，在专家组评审流程中，除了必要的文字记录外，应该保留必要的影音资料，便于政府的公正性审查；还有专家意见保留，在最终投票中尽管认可了该项技术作为标准体系技术，但是专家可以将自己的意见备注，与决议一并送交国家审查。

最后，特殊问题探讨：撤销。政府对独立专家委员会的决议审查时，如果所涉及的任何一项要素的正当性被质疑，此时，对于审查要素存在的问题进行意见批复通知，专家委员会在接到通知后，进行答复陈述，如果政府在接到答复后不能消除对于审查要素的异议，那么对决议不予批准，否则给予批准。

在撤销的问题上，存在主动撤销和被动撤销，如果在给定的答复期限内，专家委员会未对质疑未做出答复，视为撤销，即被动撤销；专家委员会对于已做出的决议，认为存在问题的可以主动提出撤销，即主动撤销。由政府撤销的决议，应该公开发布撤销决议及撤销原因，但不可更改，是最终决议。

四、结　语

应该特别说明的是，独立专家委员会机制的设计，是一种当前情境下的尝试和探索，尚未进行实践检验。独立专家委员会的工作，不可避免地会涉及一些在标准世界里最棘手的现实问题。例如，知识产权公示制度和披露制度，专利的许可政策及许可费的水平，还有反垄断审查与知识产权的交叉许可等，这些都是执行过程中所面临的操作性问题，需要经过一段时间的运行，才能显现出来。而且独立专家委员会成员的素质、主动性和参与意识，也需要经由实践才能逐步优化专家委员的整体素质结构。

由此看来，从准司法裁判的实践性和被动性出发，我们还必须进一步探讨制度设计的实践进路究竟何在的问题。也只有经过实践、改进、再实践、再改进的路径，才有知识产权决策的准司法性制度的真正落实，才有希望实现标准化中“道并行而不悖，万物并育而不相害”的理想境遇的到来。

参考文献

[1] Garner B A. Black's Law Dictionary. 8th ed. Thomson West，2004：1278.

[2] 安佰生．标准化条件下的知识产权保护．http//www. chinalawsociety. org. cn [2008-12-28]．

[3] Bekkers R，Liotard I. European standards for mobile communications：The tense relationship between standards and intellectual property rights. 21 Eur Intell Prop Rev，1999：110，115.

[4] 曼瑟尔·奥尔森．集体行动的逻辑．陈郁译．上海：上海三联书店，上海人民出版社，1995：30.

[5] 李志新，李贵宝，窦以松等．技术标准与科技研发协调发展战略研究——国内技术标准与科技研发协调发展现状与问题分析．水利技术监督，2004，(4)：3.

[6] 达伦多夫·R. 关于社会冲突的理论//谢立中．西方社会经典读本．北京：北京大学出版社，2008：406.

[7] 阿尔文·托夫勒．权力的转移．吴迎春，傅凌译．北京：中信出版社，2006：13.

[8] 肯尼斯·约瑟夫·阿罗．社会选择：个性与多准则．陈晓敏，孟岳良译．北京：北京首都经济贸易大学出版社，2000：25，26.

搜索引擎营销与消费者权益保护*

如果说诸如百度“竞价排名”、“凤巢”、谷歌 AdWords 此类的搜索引擎营销（search engine marketing）服务不属于广告服务，媒体界、互联网行业以及在搜索引擎上推广产品或服务的众多企业恐怕要大跌眼镜了。在他们看来这可能并不是一个值得讨论的问题。然而，这个问题在法律上确实悬而未决。我国 16 年前制定《广告法》时，搜索引擎营销尚未问世。作为广告行业的最高主管部门，国家工商行政管理总局至今还没有明文规定将搜索引擎营销推广纳入广告的监管范围。最高人民法院也没有出台相关司法解释。审理过搜索引擎营销所致纠纷的上海市第二中级人民法院，其态度似乎是倾向于认为搜索引擎不是发布广告的媒介。更有学者明确声称“竞价排名服务不是法律上的广告行为”[1]。

搜索引擎到底是否属于一种发布广告的媒介？搜索引擎企业提供的竞价排名等搜索推广服务究竟是不是广告服务？笔者认为，这个问题的合理解决对于保护消费者利益、促进搜索引擎和网络广告行业的健康发展可谓意义重大，因此十分有必要详加研究。而我国目前关于这个问题的研究现状很不理想。2009 年 7 月 26 日，笔者以“搜索引擎营销”、“搜索推广”、“广告”、“百度”、“谷歌”等关键词在中国知网上进行检索，没有发现专门研究这个

---

* 本文作者为罗先觉、张瑜，原载《消费经济》，2009 年第 6 期，第 76～80 页。

问题的论著。依笔者之见，这倒不是说这个问题有多么尖端，而是表明搜索引擎技术发展对消费者权益的影响这个问题未引起应有的重视。因此，本文将从问题由来、搜索引擎营销推广的广告属性、以保护消费者利益为目的对搜索引擎营销推广进行规制等方面，展开剖析、阐述，以期抛砖引玉。

一、问题的由来

据笔者所知，目前仅有大众交通（集团）股份有限公司和上海大众搬场物流有限公司起诉北京百度网讯科技公司、百度在线网络技术（北京）有限公司和百度在线网络技术（北京）有限公司上海软件技术分公司侵犯其“大众”商标权和不正当竞争一案，以及台山港益电器有限公司诉广州第三电器厂和北京谷翔有限公司（Google在中国设立的合资公司）商标侵权一案，涉及搜索引擎营销推广是否属于广告的问题。因为笔者未能获得后一案件的判决书，故本文不对该案进行具体评论。前一个案件的起因是原告上海大众搬场物流有限公司发现，在被告经营的百度网站（www. baidu. com）搜索框中输入“上海大众搬场物流有限公司”这一关键词后，在“竞价排名”和“火爆地带”栏目的搜索结果中出现了大量假冒原告上海大众搬场物流有限公司的第三方网站链接，这些网站未经许可，在其网站标题、简短内容描述上使用了原告的“大众”文字注册商标，使得搜索用户误认为这些第三方网站与原告存在关联。

上海市第二中级法院在判决中认定，三被告作为百度网站的经营者以及“竞价排名”的责任主体，对于第三方网站明显侵犯他人权利的行为未尽合理注意的义务，主观上存在过错，客观上给原告造成了损失，构成帮助侵权行为，应对第三方网站侵犯原告商标权和不正当竞争的行为共同承担赔偿损失的责任。但是，该法院对于原告和被告激烈争执的搜索引擎营销推广是否属于广告的问题未明确回应。原告诉称，“百度‘竞价排名’和‘火爆地带’两个栏目属于网络推广形式的广告，即以网页为媒介，为客户提供收费的宣传和服务”。而被告则辩解，“作为搜索引擎，百度网站无法对被链接网站的内容进行审核与控制，也无法控制关键词的输入及限制关键词所对应的网站，因此三被告不是广告发布者，不应对第三方网站的内容负责”。上海市第二中级法院并没有将双方的这个争执归结为一个必须在诉讼中解决的争议焦点，而只是在回答被告的行为是否构成不正当竞争时附带地说，“百度网站作为搜索引擎，其实质功能是提供网络链接服务，其既不属于网络内容的提供者，也不属于专门进行广告发布的网络传媒”[2]。笔者推测，由于“竞价排名”是百度搜索引擎业务的当然组成部分，该法院的观点就应当是百度“竞价排名”搜索推广业务不属于广告。

在笔者看来，上海市第二中级法院的这一认定既缺乏解决原被告上述争议的针对性，又忽视了广告收入实际上早已成为搜索引擎行业赖以生存发展的重要支柱这一关键事实。这意味着为正确解决当事人的纠纷，我们有必要从事实和法律两个层面反省搜索引擎是不是广告媒体这个问题。另外，在搜索引擎营销所致侵权案件中，实际常常涉及四方当事人——假冒者、被假冒者、搜索引擎企业和假冒产品或服务的消费者。假冒者是毫无疑问的直接侵权人，搜索引擎企业则可能构成共同侵权人或间接侵权人。被假冒者，通常是商标、商号或名称被假冒的权利人，可向假冒者和搜索引擎企业提起侵权或不正当竞争之诉。问题是，遭受假冒者损害的消费者如何得到救济呢？当然会有人说，消费者可以向那些假冒者索赔。但是，大量假冒者并无网下的经营场所，甚至没有工商注册。如果消费者根本无从找到他们，其损失该如何救济？根据有损害必有救济的法律原则，法律必须向这类受损害的消费者提供寻求司法救济的途径。在我国现行法律框架之下，这个途径的实际效果取决于搜索引擎是不是发布广告的媒介，或者说搜索引擎企业提供的营销推广服务是否属于广告。其实，只要我们回顾搜索引擎技术的历史演变、把握其赖以生存发展的赢利模式，就不难得出答案。

二、搜索引擎营销推广是否属于广告

（一）搜索引擎企业的赢利模式

自搜索引擎问世以来，为了生存和发展，搜索引擎企业一直孜孜以求地探索可持续的赢利模式。不难想到，广告是搜索引擎企业的重要收入来源之一。1997 年以前的网络广告都是按照浏览量（impressions）收取广告费的。

而在 1997 年，一家搜索引擎企业美国 Overture 公司就发明了付费网络广告的关键词拍卖机制。其原理是，每个广告主选定与自身相关的关键词并开出价格（即竞价），在该关键词的搜索结果页中，广告主的链接按照竞价递减的顺序排列。只有当用户点击某一链接时，广告主才按照自己开出的价格向搜索引擎付费，而不是像之前的网络广告那样按照浏览量付费[3]。Google 诞生不久就推出了自己的“竞价排名”广告业务。而我国的百度也于 2001 年开始其“竞价排名”推广业务。

以关键词广告为手段的“竞价排名”业务成为搜索引擎企业的主要收入来源，已有不短的历史了。我们以百度为例。在 2004 年 1 月接受搜狐网站专访时，百度总裁李彦宏就不无自豪地说百度 2003 年 80% 的收入都是来自“竞价排名”，他还宣称“搜索引擎不只是简单找信息的平台，而是目标广告品牌”（其所指应该是“平台”——笔者注）[4]。从 2004～2008 年我国网络广告市场规模结构（图 1）上可以看出[5]，搜索引擎已经超过综合门户网站，成为最主要的网络广告媒体。在 2008 年我国搜索引擎市场营业收入总额之中，百度和“Google 中国”分别占据了 63.5% 和 27.3% 的份额（图 2）[6]。

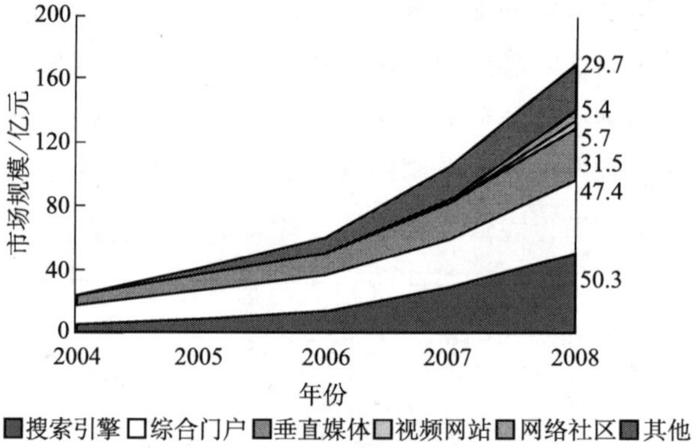

图 1　2004～2008 年中国网络广告市场规模结构

注：2008 年中国网络广告市场规模为 170 亿元

搜索引擎行业的发展完全应验了百度创始人李彦宏的论断，搜索引擎已经从最初的查找信息的互联网工具发展成了兼具信息检索和发布广告的多功能网络平台，完全具有广告媒体的属性。否则，搜索引擎企业就无法生存和发展。

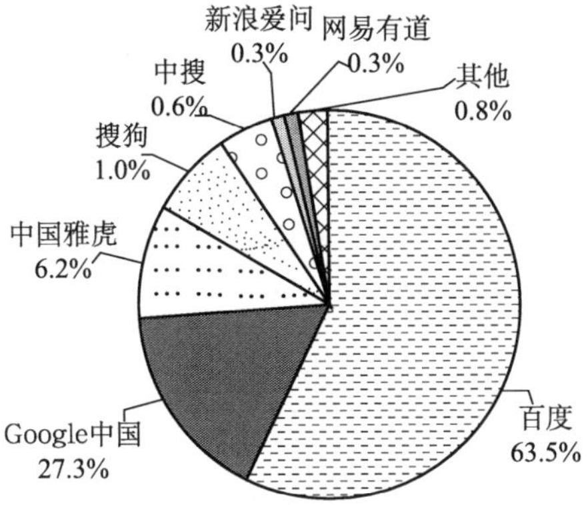

图 2　2008 年中国搜索引擎市场营收份额

注：2008 年中国搜索引擎市场规模为 50.2 亿人民币

资料来源：综合上市公司财报及企业访谈

（二）搜索引擎具备我国广告法规定的广告条件

按照我国《广告法》第 2 条之规定，广告法所称广告“是指商品经营者或者服务提供者承担费用，通过一定媒介和形式直接或者间接地介绍自己所推销的商品或者所提供的服务的商业广告”，广告主“是指为推销商品或者提供服务，自行或者委托他人设计、制作、发布广告的法人、其他经济组织或者个人”，广告经营者“是指受委托提供广告设计、制作、代理服务的法人、其他经济组织或者个人”，广告发布者“是指为广告主或者广告主委托的广告经营者发布广告的法人或者其他经济组织”。

根据广告法的有关规定以及商业广告的实践，商业广告应当包括以下几个构成条件：第一，广告主宣传、介绍其商品或服务是以推销为目的；第二，广告主要为商业广告支付费用；第三，广告主可以自行也可以委托广告经营者设计、制作商业广告；第四，广告主可以自行也可以委托广告发布者发布广告内容；第五，广告的发布需要借助一定的媒介。

竞价排名等搜索推广服务是否符合上述条件呢？第一，一个企业、组织或自然人无论是通过哪一个搜索引擎进行营销，其目的都是希望搜索用户——也就是其潜在的交易对象能够看到其发布的商业信息，从而获得交易机会。搜索引擎的注册用户经由搜索引擎发布的商业信息，也绝非链接地址那样简单。我们知道，从内容上看，有的广告内容具体，清楚地向广告受众传达产品或服务的品名、规格、价格、质量等具体信息。有的广告较为含蓄，仅仅表达商品理念或企业精神而不涉及任何具体商品信息。还有一种广告只向广告受众提供了查找可交易商品或服务的信息，包括广告主名称或姓名、主营业务、地址、电话等寥寥数语。笔者曾于 2009 年 8 月 1 日在百度输入“海尔维修”进行检索，搜索结果页面左侧上部的赞助商链接区域和右侧的关键词推广区域中，大多数搜索结果都包括厂家的名称或商号、主营业务、热线电话、网址等信息，有的甚至含有引人注目的要约邀请内容。例如，展现在赞助商链接区域中的网页描述中载明了“六环内免费上门”、“专业技术原厂配件明码标价一流服务”等内容，这显然是要约邀请。这确定无疑地表明这些企业希望搜索用户与其交易，从而达到推销其商品或服务的目的。第二，搜索引擎的注册用户为了其网站占据搜索结果页面中的有利位置而需要支付竞价排名或固定排名的费用。第三，搜索营销注册用户可以自己设计、制作、优化其网站内容，也可以委托第三方对其网站进行设计、制作和搜索引擎优化（search engine optimization)。这与传统广告可能有些技术差异，但无根本区别。第四，要进行搜索引擎营销，必须借助搜索引擎这个媒介发布其营销信息。固然，这个信息可以由搜索引擎注册用户自行制作或委托专业人员制作，也可以凭借注册账户、密码，通过搜索引擎营销系统进行发布，但是该信息的发布却是得到搜索引擎企业授权或同意的，对它来说该信息也完全是可审查、可控制的。

上述分析表明，搜索引擎注册用户发布的营销信息完全符合商业广告的构成要件，搜索引擎是兼具信息检索和广告发布的网络媒体，百度、谷歌等搜索引擎企业是广告法所规定的广告发布者。前述上海市第二中级法院关于百度网站“不属于专门进行广告发布的网络传媒”的断定，是完全不符合搜索引擎产业现状的。现实中，无论是电视、报纸、杂志等传统媒体，还是门户网站、电子商务平台等网络媒体，很少有像《精品购物指南》那样是专门发布广告的媒体，但这丝毫不会妨碍它们成为广告主、广告经营者们的宠儿。将搜索引擎界定为一种广告发布媒介、将搜索引擎企业界定为广告发布者后，政府将搜索引擎营销纳入广告监管范围就有了事实根据，消费者权益的保护就多了一道屏障。

有学者断言“竞价排名服务不是法律上的广告行为”，其理由是“广告的本质在于介绍产品或服务”，“但搜索引擎商在竞价排名服务中仅仅是链接客户的网站，只有被链接的客户网站才可能真正地起到介绍产品的作用”[1]。这种观点完全不符合我国广告行业的现状和广告法的相关规定。从目的上看，广告就是为了推销产品或服务。搜索引擎企业不仅为其竞价排名服务客户发布业务介绍、名称、地址、电话、网址等信息，更有甚者，有的信息还符合要约邀请的条件。这类客户购买竞价排名服务之目的不是推销其产品、服务又是什么呢？这与只刊载广告主名称、地址、电话等联络信息的传统报刊广告又有何本质区别？从调整对象看，我国广告法所调整的广告行为既包括广告主的行为，也包括广告经营者的行为，还包括广告发布者的行为。所以，搜索引擎企业的竞价排名、固定排名等营销服务，本质上是为广告主、广告经营者发布广告的行为，应受广告法的调整和规制。

三、对搜索引擎营销的法律规制

虽然目前还没有关于搜索引擎广告客户所推广产品或服务的消费者起诉搜索引擎企业的案件报道，但是搜索引擎企业被这类消费者投诉到工商部门的案例却不胜枚举。中国消费网 2009 年 5 月 25 日报道，根据北京工商局的统计，2008 年度受理互联网类投诉 1016 件，名列榜首的是百度[7]。百度的上榜理由是因为百度公司的“竞价排名”使得修理服务业中“李鬼”售后维修部（即冒称是品牌产品厂家指定的售后服务部）严重侵害了消费者利益。因此，对搜索引擎营销进行以保护消费者利益为目的的法律规制就显得非常迫切。鉴于本文的目的，下文将仅从广告法、消费者权益保护法的角度阐述如何对搜索引擎营销进行规制。

其一，根据我国广告法的相关规定，广告不得含有虚假的内容，不得欺骗和误导消费者，广告主、广告经营者、广告发布者都有保证广告内容真实的义务。我国《消费者权益保护法》第 19 条规定，经营者应当向消费者提供有关商品或者服务的真实信息，不得做引人误解的虚假宣传。根据该法第 39 条的规定，经营者利用虚假广告提供商品或者服务，侵害消费者合法权益的，应承担赔偿责任。广告的经营者发布虚假广告的，消费者可以请求行政主管部门予以惩处。广告的经营者不能提供经营者的真实名称、地址的，应当承担赔偿责任。很显然，从文义上可以看出，《消费者权益保护法》所说的“广告的经营者”指的是“广告发布者”。因此，无论是根据广告法还是消费者权益保护法，具有广告发布者身份的搜索引擎企业，有义务对在其搜索引擎上发布的网络广告内容的真实性、合法性进行审查。对于药品、医疗器械等商品的广告，搜索引擎企业在广告发布之前还应要求广告主提供广告审查机关的审查决定文件。

北京市工商行政管理局已于 2001 年 5 月 1 日率先制定了《北京市网络广告管理暂行办法》，将以旗帜、按钮、文字链接、电子邮件等形式发布的广告纳入监管范围。通过搜索引擎竞价排名等营销方式展现出来的客户网址、业务描述、联系方式等均被设置了链接，只要搜索用户点击该链接，即可进入搜索引擎客户网站。因此，竞价排名等营销推广方式属于该办法所说的网络广告。根据该办法相关规定，百度、谷歌等搜索引擎企业应当到注册登记地的工商行政管理机关申请办理广告经营登记，取得《广告经营许可证》，并到原注册登记机关办理其企业法人经营范围的变更登记。

北京市工商行政管理局的上述办法只是一种规范性文件，效力相当有限。尽管笔者已经阐明了搜索引擎竞价排名等营销推广方式就是广告，但是考虑到我国执法、司法机关在将现有法律原则适用于新问题方面往往很保守(如上海第二中级人民法院和广州白云区人民法院的上述判决)，笔者仍然建议，国家工商行政管理总局应当制定或与信息产业部、卫生部等相关机构联合制定行政规章，规范搜索引擎广告在广告发布者层面以及政府主管机构层面的审查、审核程序。最高人民法院亦应制定司法解释，以指导全国各地法院在审理搜索引擎广告纠纷时准确适用法律，尽可能地实现执法统一。

其二，我国广告法要求，通过大众传播媒介发布的广告应当有广告标记，应与其他非广告信息相区别，不得使消费者产生误解。但是，谷歌、百度这方面的做法都不够合规。谷歌搜索结果页面左侧上部的竞价排名广告区域和右侧的关键词广告区域，右上角均有“赞助商链接”字样。百度搜索结果页面左侧的竞价排名广告原来是与自然搜索结果排名混排在一起的。目前百度的竞价排名广告仍然有两种展现方式，一种是搜索结果首页左侧排名靠前的网页链接地址后有“—推广”字符，这属于“竞价排名”的搜索结果，一般不超过十个，而不带“—推广”字符的搜索信息属于自然搜索结果，也就是说竞价排名结果与自然搜索结果仍然存在混排现象，广告与非广告信息的区分很不清晰。另一种展现方式是位于搜索结果首页左侧最上方的一个灰色区域，该区域右上角标注“赞助商链接”字样，表明灰色区域中的搜索信息属于“竞价排名”的搜索结果，而出现在灰色区域以下的搜索信息是自然搜索结果。百度搜索结果页面右侧也有广告，但是没有标注“赞助商链接”字样。我国广告法要求广告须有广告标记，而且普通民众更熟悉“广告”这种称谓，所以含义模糊不清的“赞助商链接”并不等于是广告标记。更何况，谷歌、百度的“赞助商链接”字样也不够醒目，很容易导致消费者误解。笔者认为，广告主管部门应当明确要求搜索引擎企业在其搜索结果页面左右侧的广告区域都标注“广告链接”字样，以免消费者误解。

其三，根据《广告法》第 38 条的规定，广告发布者明知或者应知广告虚假仍然发布的，应当依法承担连带责任，其不能提供广告主的真实名称、地址的，应当承担全部民事责任。虽然很难证明搜索引擎企业“明知”广告虚假，但是，如果搜索引擎企业只要尽到合理注意义务就能发现广告虚假却未尽此义务，我们就有充分理由认定其“应知”广告虚假。作为广告发布者，搜索引擎企业核实广告主的真实姓名、地址等信息，既是广告法规定的义务，也是保证自己免责的必要手段。所以，笔者认为，在目前的广告法框架中，如果搜索引擎所推广的产品或服务的消费者将搜索引擎企业诉诸法院，是完全正当的，法院也应当受理这种案件，将涉及消费者的搜索引擎广告纠纷纳入司法管辖范围。

第四，根据《消费者权益保护法》第 39 条规定，广告的经营者发布虚假广告且不能提供经营者的真实名称、地址的，才应当承担赔偿责任。根据该法，如果搜索引擎企业能够提供其广告客户的真实名称和地址，即便明知或应知广告内容虚假，也无须承担赔偿责任。这对消费者的保护显然较弱。当然，遭遇虚假广告之害的消费者可以援引《广告法》第 38 条来追究搜索引擎企业发布虚假广告之责任。尽管如此，《消费者权益保护法》亦应作相应修改，才能强化搜索引擎企业的广告审查责任，更好地保护消费者利益。

基于上述阐述，笔者认为，为将搜索营销推广纳入广告法、消费者权益保护法的调整范畴，需要修改《消费者权益保护法》第 39 条，另从制定行政规章、司法解释的层面对搜索营销推广进行规制。具体而言，作为广告行业和消费者权益保护的国务院行政主管机关，国家工商行政管理总局可以制定规章来明确搜索引擎广告的审核、许可或备案程序、广告主、广告经营者、广告发布者的义务和责任等问题。鉴于搜索引擎广告的辐射越来越广泛，搜索引擎新技术与法律问题的交织也越来越深刻，最高人民法院应就搜索引擎广告相关纠纷的法律适用问题出台司法解释，以尽可能避免受害人的损害无从救济、各地法院判决互相抵牾的局面。笔者相信，合理的规制绝非是对搜索引擎广告的限制。从长远看，只有合理的规制，才能使消费者权益得到有效保护，搜索引擎广告产业得以健康有序发展。如果未来的搜索引擎广告长期沦落到像 2008 年百度公司因竞价排名而被口诛笔伐那样的地步，它的生命活力也就丧失了。

参考文献

[1] 邓宏光，周园．搜索引擎商何以侵害商标权？知识产权，2008，(5)：59-64.

[2] 上海市第二中级人民法院．(2007) 沪二中民五（知）初字第 147 号. 民事判决书．http：//www. shezfy. com/spyj/cpws _ view. aspx？ id＝8888 [2009 - 07 - 20]．

[3] 姜晖，王浣尘，关树永．基于 GSP 拍卖模型的搜索引擎竞价排名机制研究．软科学，2008，(12)：24.

[4] 李彦宏．百度 80％收入来自竞价排名．http：//it. sohu. com/2004/01/08/26/article218222629. shtml [2009 - 08 - 01]．

[5] 艾瑞咨询集团．2008～2009 年中国网络广告行业发展报告简版．http：//www. iresearch. com. cn/html/Consulting/online _ advertising/Free _ classid _ 3 _ id _ 1252. html [2009 - 08 - 01].

[6] 艾瑞咨询集团．2008～2009 年中国搜索引擎行业发展报告简版．http：//www. iresearch. com. cn/html/Consulting/search _ engine/Free _ classid _ 15 _ id _ 1248. html [2009 - 08 - 01]．

[7] 张恒瑞．搜索引擎引发商标侵权规范关键字广告成必然．http：//www. ccn. com. cn/news/315/2009/0525/262482. html [2009 - 07 - 28]．

我国就业领域反基因歧视之法治困境*

2010 年 2 月，广东省佛山市禅城区人民法院开庭审理了一起特别的诉讼：2009 年佛山市公务员考试体检中，有 31 名考生因为带有地中海贫血基因而被淘汰，其中 3 人将佛山市人力资源和社会保障局告上法庭[1]。该案件的出现在中国历史上有划时代的意义，它标志着基因歧视问题在我国已经从“可能”成为了“现实”。然而，究竟怎样的行为构成就业领域的基因歧视？是否就业领域一切基于基因信息的区别对待行为都构成基因歧视？学界对这些问题缺乏统一认识。本文拟从揭示就业领域基因歧视的概念入手，分析就业领域反基因歧视的法理基础以及面临的现实困难，进而积极探讨如何在就业领域构建适合我国国情的反基因歧视制度。

一、就业领域基因歧视的概念辨析

对“基因歧视”以及“就业领域基因歧视”的概念理解必须根据其发展历程来把握。从词源学的角度来考量，“基因歧视”一词的产生是基因检测技术发展的结果，且人们对该术语的运用也一直同人类基因组计划紧密联系

---

* 本文作者为张艳、宦吉娥、李媛媛，原载《青海社会科学》，2011 年第 3 期，第 103～106、111 页。

在一起。学者纳特维兹等人将基因歧视界定为："单独基于个人基因构造与'正常'基因组的差异，而歧视该个人或其家族成员。"[2]从该定义可以得知，基因歧视中的歧视依据"并不是指由基因决定的，已经表现出的疾病或其他状况，而是指与未来有可能发生，但尚未发生的疾病或其他状况之间存在联系的基因情况"[3]。现实生活中，只要某个人携带与正常人不同的缺陷基因，不论其是否发病，都有可能受到歧视。而且，如果该家族中有一人携带变异基因，那么其他的家族成员也可能受到歧视。不过，如果该社会成员是因为该遗传因素导致发病之后才遭受歧视，这种情形就不属于基因歧视，因为疾病已经表现，则该歧视是针对疾病，而不是单纯依据基因[2]。就业领域基因歧视是基因歧视在就业领域的体现，即雇主出于维护员工队伍稳定、减少管理费用和医疗开支或其他目的，在录用或聘用雇员时对缺陷基因携带者予以不公平的差别对待[4]。

二、就业领域反基因歧视的学理思考

就业平等是现代社会文明进步的衡量尺度，也是保障人的基本生存与发展的重要途径。在严峻的就业压力下，我国就业领域中的基因歧视问题也逐步凸显，日趋严重，因此，针对就业领域基因歧视的本质及反基因歧视的价值进行分析，进而全面开展就业领域反基因歧视实践，是当前我国法治建设的迫切任务。

众所周知，歧视是人类社会的一种客观存在，"反对歧视，追求平等正义"是各国立法的重要价值追求。国外反歧视运动发端于 20 世纪 60 年代的反种族歧视运动，后来反歧视逐渐扩展到社会生活的各个领域[5]，成为世界性潮流。其中，反对就业歧视一直是世界反歧视运动的最主要内容之一。

究其本质，当前就业领域中出现的基因歧视问题是就业歧视在现代生物科技背景下的新表现形式。同其他类型的就业歧视一样，它是雇主对于雇员的不平等对待，违背了社会正义原则。美国学者罗尔斯曾提出，人们的不同生活前景受到政治体制和一般的经济、社会条件的限制和影响，也受到人们出生伊始所具有的不平等的社会地位和自然禀赋的深刻而持久的影响，然而这种不平等却是个人无法选择的。因此，这些最初的不平等就成为正义原则的最初应用对象[6]。法律作为社会利益冲突的调解杠杆以及社会价值的风向标，应当立足于维护社会正义的宗旨，反对由某些超出个人选择或控制能力的因素所导致的劳动者就业机会的事实不平等。当然，法律也不能无视社会成员的个体差异，采用整齐划一的方式实行绝对平等化，而是应当在尊重社会成员个体差异的前提下，鼓励社会成员通过竞争追求自身的更大发展，实现社会资源的合理配置[7]。在就业领域的基因歧视问题上也是如此。随着现代基因技术的发展，人们认识到某些疾病与社会个体自身所携带的基因缺陷存在关联性，特定缺陷基因携带者未来患某种疾病的可能性要高于常人。雇主如果根据这些遗传信息，对携带缺陷基因的雇员进行歧视对待，侵犯其公平就业权利，就会出现就业领域中的基因歧视问题。

需要指出的是，同其他形式的就业歧视相比，基因歧视有其特殊性。就业领域的基因歧视不是对雇员的既存显性缺陷的歧视，而是对其未来可能出现的隐性疾病缺陷的歧视，即就业领域的基因歧视不是针对雇员之间事实状况差异的不公平区别对待，而是对雇员之间未来可能状况差异进行的事先不公平对待。

既然就业领域基因歧视是就业歧视在新的社会背景下的新表现形式，那么，为什么要倡导并开展就业领域反基因歧视工作，其价值及目的何在？一方面，就业领域反基因歧视是对基因检测技术滥用的矫正，它有效规制了基因技术所引发的负面社会效应。基因歧视现象是随着现代基因检测技术发展而衍生的新社会问题，它违背了基因检测研究的价值初衷，带来了很多负面社会影响。基因检测技术研发的最初目的，是为了帮助医生准确分析被检测者的病情，便于医生和被检测者提前了解其易发病倾向，进而采取必要的防范措施，促进公共健康事业的发展。然而，如果雇主出于自己的经济利益、人力成本风险等因素的考虑而将基因检测的结果应用于雇员选择之中，对携带缺陷基因的应聘人进行歧视性对待，则构成就业领域的基因歧视，从根本上违背了基因检测技术的价值初衷。

而另一方面，就业领域反基因歧视是推进社会公平正义，实现社会健康、可持续发展的保证。从长远来看，就业领域的基因歧视容易引发大规模的社会群体事件，危害社会秩序，不利于整个社会的可持续发展。改革开放以来，社会经济的发展是我国近三十年所取得的最重要的成就之一。但在现代化进程所带来的经济繁荣背后，社会不平等问题始终存在，反映在就业歧视问题上则尤为严重。基因歧视是我国就业歧视的新形式。缺陷基因携带者关于就业平等的迫切需求同就业歧视客观存在的现实之间的矛盾不断挑战着我国的社会价值体系，动摇着法治建设的根基。不仅如此，就业领域中基因歧视问题是一些恶性社会群体事件的根源所在，它的存在严重动摇了社会民众对于社会正义的信仰，对我国社会秩序的稳定也带来了隐患[8]。以广东佛山公务员招聘中的基因歧视事件为导火索所引发的社会讨论和抗议活动已经给我国带来了不良影响。如果不正视这些现实问题，不能及时采取应对措施，必将造成更大的社会问题。可见，解决我国就业领域中的基因歧视问题已迫在眉睫。

三、就业领域反基因歧视的困境探究

确立相对完善的公平就业法律保障体系，对于实现社会正义，促进社会人力资源的有效配置，积极维护社会弱势群体的正当权益有着重要的作用。然而，我国就业领域中基因歧视现象的愈演愈烈与现行法律规制的软弱无力之间的强烈反差却是不争的事实。无论从意识层面，还是规范和实践层面，我国就业领域的反基因歧视工作正面临着诸多困难。

其一，在文化理念层面，几千年的封建专制传统导致封建等级文化在我国影响深远，导致我国歧视文化盛行。有学者指出："在我国，趋炎附势、媚上欺下的劣根性在社会上有相当的市场。将歧视别人作为被别人歧视的心理报复也广泛存在。"[9]尽管在几十年的法制建设之后，我国公民的权利意识已有了很大的提高，但在就业领域，"需方主导"的氛围没有从根本上扭转，导致雇主在选择和雇用雇员的过程中往往处于一种优位状态，认为自己高人一等，可以任意践踏他人的人格和尊严，而雇员往往出于保住"饭碗"的考虑，不得不屈服于雇主的歧视行为。在这样一种文化背景下，尽管歧视的内容变化多样，从性别到年龄，从户口到身高，不一而足，但其实质并未改变。而就业领域中的基因歧视也不过是基因检测技术背景下就业歧视的新表现形式，它将就业歧视的内容从传统的身高、年龄、性别变成了"是否携带缺陷基因"的遗传信息，是歧视文化的延伸，其实质仍是歧视意识主导下的歧视文化的现实反映。

其二，在立法层面，我国现行立法远远落后于就业领域反基因歧视的现实需要。为了应对基因检测技术所带来的挑战，一些国家和地区先后颁布了法律、法规及行政命令等，专门对基因科技所引发的隐私权和基因歧视问题予以规定。如欧洲理事会于 1997 年就通过了《人权与生物公约》，其中第 11 条规定，“以基因特征为基础的任何形式的歧视都应当被禁止”[1]。2000 年，美国发布《禁止在联邦雇佣进行基因歧视》的行政命令，禁止政府利用基因资讯来决定是否雇请应征者或提拔员工，旗帜鲜明地表明美国政府反对基因歧视的立场。2008 年 5 月，美国制定《反基因信息歧视法案》（GINA），其主要内容是禁止保险公司仅仅基于基因信息，拒绝健康的个人投保，或者向他们收取高额保费。此外，还禁止雇主在聘用、解聘或者人事更迭中使用基因信息而歧视携带缺陷基因的雇员[10]。

反观我国，至今为止尚未出台一部专门针对基因歧视的法律规范，相关内容仅散见于《基因工程安全管理办法》（1993 年 12 月 14 日颁布并实施）和《人类遗传资源管理暂行条例》（1998 年 6 月 10 日颁布并实施）等级别不高的规范文件中[1]。2007 年 8 月 30 日，第十届全国人民代表大会常务委员会第二十九次会议通过的《中华人民共和国就业促进法》对平等就业作了专门规定。但正如李雄等学者所言，该法所规定的平等就业制度仍然存在“系统性缺陷”，无法承担起“实现平等就业权，反对就业歧视”所应有的基本功能[11]，更谈不上对就业领域中的基因歧视行为进行有效规制。当前我国基因歧视立法缺位的现状导致司法机关及一些行政机关在应对由基因歧视而引发的案件时，往往难以找到具体的法律规范作为其判案的依据，无法在规制就业领域基因歧视行为中发挥其应有的作用。

其三，在实施层面，我国反基因歧视工作受到诸多主客观因素的制约。以就业领域基因歧视行为的认定为例。实践中，人们往往是依据该歧视行为所引发的社会后果来辨别基因歧视行为的正当性，从而得出该行为是否侵权的判断。然而，针对具体基因歧视行为，采用何种侵权认定标准也是一个备受争议的问题。根据传统的侵权理论，认定某一行为构成侵权不仅需要有损害行为的发生，损害后果的存在以及损害行为与损害后果之间存在关联性，还要求行为人在实施该损害行为时存在主观过错，即故意和过失。如果遵循这种认定准则，现实生活中一些基因歧视行为就无法纳入法定的侵权行为范畴，因为很多基因歧视行为的发生并非因行为主体出现错误判断或出于不道德的目的，即基因歧视的行为主体不具有侵权的故意或过失，但其行为事实上对携带缺陷基因的社会成员造成了不良影响，包括心理上和待遇上的伤害。由此可见，如果在基因歧视侵权认定中采用传统的侵权认定标准无法从根本上解决就业领域的基因歧视问题。就业领域中基因歧视侵权的认定及责任追究必须结合其自身特色来选择恰当的适用标准。

四、就业领域反基因歧视的实施之道

任何法律制度在立法宗旨及价值诉求上都应该有一个倾向性的价值选择。同样，在就业领域反基因歧视的问题上，必须通过各种形式的立法明文规定就业领域反基因歧视的主张，以宣告这样的价值立场，即“任何形式的基因歧视都是禁止的”。那么，如何在具体的制度安排上体现这一立法宗旨和立法原则？这客观上要求我们立足于本国国情来研究就业领域反基因歧视之制度构建。

（一）推动就业领域反基因歧视信念的普及

要真正落实就业领域反基因歧视措施，首先必须克服对缺陷基因携带者的偏见，树立尊重缺陷基因携带者的信念，这就需要采用多种方式、多种途径在全民范围内展开宣传教育，特别是要在制度上鼓励和支持公众积极参与反基因歧视实践，推动反基因歧视信念的传播。例如，可以考虑在就业领域反基因歧视问题上建立“公益举报”和“公益诉讼”机制，规定不仅受歧视的缺陷基因携带者本人或其监护人可以向行政主管部门或行业协会举报特定企事业单位的歧视性措施或者直接向法院提起诉讼，而且，缺陷基因携带者的维权组织，作为自愿成立的、以维护其成员利益为宗旨的组织，也可以就特定企事业单位的歧视性措施，向行政主管部门或行业协会举报或者向法院起诉。这些措施可以让个体缺陷基因携带者的弱势地位通过利益组织化而得到一定的扭转，通过借助利益团体的力量在更大范围内促进就业领域的反基因歧视[12]。

（二）确立"间接歧视"的侵权认定标准

就业领域基因歧视的侵权认定是从法律层面有效制止基因歧视行为的关键所在。然而，人们对于以直接歧视抑或间接歧视作为就业领域基因歧视的认定标准仍存在争议。其中，直接歧视是指，非因工作内在需要，设定某项规定、标准或做法，明确将某人或某类人置于极其不利的地位。间接歧视则是指"某项规定、标准或做法看似中立和平等，实际上却将某人或某类人置于极其不利的地位"[13]。实践表明，如果以直接歧视作为就业领域基因歧视的认定标准，会导致雇主出于规避法律责任的考虑而以其他理由为名行基因歧视之实。如此一来，就业领域基因歧视问题无法从根本上得到解决。因此，在就业领域基因歧视问题上确立间接歧视的侵权认定标准更具合理性。

具体而言，间接歧视通常表现为"歧视者将某种要求同时施加于被歧视者和其他人，其结果可能是大多数的其他人符合或能够符合要求，而被歧视者却很难达到"[13]。同直接歧视相比，间接歧视更具隐蔽性，它至少在表面上看来是非故意的，很难发现其有针对性地歧视某一群体，且间接歧视所造成的区别待遇往往是在没有偏见和敌意的情况下发生的，更难觉察和认定存在歧视性[14]。显然，在就业领域基因歧视的认定中适用"间接歧视"标准能够有效减少就业中的不平等，更有利于维护缺陷基因携带者的合法权益，实现反基因歧视的目标。

（三）健全就业领域的基因歧视例外制度

区分就业领域中的"基因歧视"与"合理的差别对待"，保障缺陷基因携带者的正当权益是就业领域反基因歧视无法回避的问题。现实生活中，基因歧视的界定非常复杂。虽然基因歧视以区别对待为前提，但并不意味着只要对于缺陷基因携带者进行区别对待就必然构成基因歧视。

无可否认，缺陷基因携带者与非携带者是有差别的，但这种差别原则上不至于导致两个群体在就业机会的获得和享有上出现天壤之别。而且，在特定情形下，合理的差别对待又是非常必要的[12]。如前所述，缺陷基因携带者在相同条件下比非缺陷基因携带者更容易患上某种疾病，如果特定的工种或者工作条件更容易诱发该种疾病，显然会给缺陷基因携带者带来更大的健康风险。按照这种逻辑，对于可能诱发该种疾病的工种或者工作条件，可以对缺陷基因携带者的就业进行限制。于是，从依法规制就业领域基因歧视的角度，必须明确基因信息合理使用以及基于基因信息而合理区别对待的范畴。要做到这一点，我们应严格遵循就业领域反基因歧视的宗旨，在明确基因信息禁止被用于拒绝雇用和保险等领域作为区别对待依据的立场的同时，对例外情况进行特别立法规定[1]，如可以在立法中规定："任何企事业单位，不得对缺陷基因携带者的就业进行歧视或者限制，但容易诱发该类疾病的工种或者工作，以及法律、行政法规或规章明确规定的在就业中需要在特定不利于缺陷基因携带者健康的环境下工作的工种除外"[12]。

参考文献

[1] 张田勘．中国基因歧视第一案．当代工人，2010，(11)：38，39.

[2] 何建志．基因信息与保险：社会政策与法理分析//编委会．北大法律评论（第5卷第1辑）．北京：法律出版社，2003：4，5.

[3] 王迁．论"基因歧视"的概念．科技与法律，2003，(4)：67-69.

[4] 王迁．论"基因歧视"及其法律对策．北京：中国人民大学出版社，2005：162.

[5] 金俭．国外反歧视立法与借鉴．求索，2004，(7)：98-100.

[6] 约翰·罗尔斯．正义论．何怀宏，何包钢，廖申白译．北京：中国社会科学出版社，1988：100.

[7] 何琼，裘璆等．论就业歧视的界定——欧盟"正当理由"理论对我国的启示．法学，2006，(4)：112-118.

[8] 秦奥蕾．香港反就业歧视法律及其实施机制概述．重庆社会科学，2007，(9)：85-89.

[9] 岳颂东．就业歧视寻根溯源．中国发展观察，2007，(3)：17-19.

[10] 项剑，谷振勇．基因检测技术与基因隐私权法律保护．科技与法律，2009，(5)：89-93.

[11] 李雄，刘山川．论我国平等就业权重构的必然性．甘肃政法学院学报，2009，(5)：103-108.

[12] 沈岿．反歧视：有知和无知之间的信念选择——从乙肝病毒携带者受教育歧视

切入. 清华法学，2008，(5)：30-33.

［13］陈静熔．间接歧视的悖论及其破解．法学家，2007，(3)：124-131.

［14］李薇薇．论国际人权法中的平等与不歧视．环球法律评论，2004，(2)：226-233.

主题索引

作者简介*

宦吉娥，武汉大学博士，中国地质大学（武汉）公共管理学院法学系讲师，主要从事宪法与行政法研究。

李　慧，中国科学院大学硕士。

李　敏，中国科学院研究生院硕士，石家庄汇融农村合作银行职工。

李顺德，中国科学院大学人文学院法律与知识产权系主任，中国社会科学院法学研究所研究员、教授、博士生导师、高级工程师，主要从事知识产权法研究。

李媛媛，中国科学院大学法律与知识产权系硕士，主要从事知识产权法研究。

刘　朝，北京大学博士，中国科学院大学人文学院法律与知识产权系讲师，主要从事知识产权法研究。

---

* 以姓氏拼音为序。

芦慧芬，中国科学院大学硕士。

罗先觉，中国科学院研究生院博士，中国科学院大学竞争法研究与咨询中心副主任，副教授，主要从事知识产权法和反垄断法研究。

师洪波，中国科学院大学硕士。

唐素琴，中国科学院研究生院博士，中国科学院大学知识产权法研究与咨询中心副主任，副教授，主要从事知识产权法和科技法研究。

王健飞，中国科学院大学硕士。

王晓晔，德国汉堡大学博士，中国科学院大学竞争法研究与咨询中心主任，中国社会科学院法学研究所研究员、教授、博士生导师，主要研究方向为反垄断法。

魏然然，中国科学院大学硕士。

闫文军，中国社会科学院研究生院博士，中国科学院大学人文学院法律与知识产权系副系主任，副教授，主要从事知识产权法研究。

尹锋林，中国社会科学院研究生院博士，中国科学院大学人文学院法律与知识产权系讲师，主要从事知识产权法研究。

张　靖，中国科学院大学硕士。

张　艳，武汉大学博士，中国科学院大学人文学院法律与知识产权系副教授，主要从事知识产权法和行政法研究。

张　瑜，中国科学院研究生院硕士，北京永新专利商标代理有限公司代理人。